ADAC-Reiseführer
Kreta

Von Erica Wünsche

EIN
ADAC
BUCH

Dieses Buch entstand in Zusammenarbeit zwischen
dem ADAC Verlag und dem Prestel-Verlag.

In der ADAC-Reiseführer-Reihe sind erschienen:
Barcelona, Berlin, Brasilien, Bretagne, Brüssel, Budapest, Côte d'Azur, Dresden, Florenz, Gardasee, Hamburg, Irland, Israel, Karibik, Köln, Kreta, Loire, London, Mallorca, München, New York, Paris, Peloponnes, Portugal, Prag, Provence, Rom, Salzburg, St. Petersburg, Südtirol, Toskana, Türkei-Südküste, Türkei-Westküste, Ungarn, Venedig, Wien

Umschlag-Vorderseite: Besonders malerisch gelegen –
die Kirche von Nea Anatoli bei Ierapetra
Foto: laif/Rainer Hackenberg, Köln

Umschlag-Innenseite: Die ›Eisernen Pforten‹ der Samaria-Schlucht
Foto: Knut Liese, Ottobrunn

Lektorat: Johannes Graf v. Preysing
Abbildungen: siehe Bildnachweis S. 144
Karten: Wolfgang Mohrbach, München
Titelgestaltung: Graupner & Partner, München
Reproduktion: eurocrom 4, Villorba/Italien
Satz: Filmsatz Schröter GmbH, München
Druck, Bindung: Passavia Druckerei GmbH, Passau
Printed in Germany

ISBN 3-87003-697-4

Gedruckt auf chlorfrei gebleichtem Papier

© ADAC Verlag GmbH und Prestel-Verlag
  München 1996

Redaktion ADAC-Reiseführer:
Mandlstraße 26, 80802 München
Tel. (0 89) 39 43 25, Fax (0 89) 34 14 86

Inhalt

Kultisches Spendegefäß aus Knossos

Inhalt

BULGARIEN

Goce Delčev
Sandanski
Petrič
Kilkis
Serrai
Drama
Kavala
Smoljan
Xanthi
Komotini
Kardzali
Thasos
Alexandroupolis
Samothrake
Thessaloniki
Limnos

Edirne
Kirklarelı
Babaeski
ISTANBUL
Tekirdağ
Marmara Adası
Kapıdağı Yarimadası
Gelibolu
Gökçeada
Çanakkale
TÜRKEI
Bozcaada
Edremit
Balıkesir

GRIECHEN-

Volos
Argalaste
myros
Skiathos
Alonissos
Skopelos
Skyros
Euböa
Levadeia
Chalkis
Thivai
Lepoura
Salamis
Korinth
Piräus
ATHEN
Ägina
Eustratios
Mytilene
Lesbos
Psara
Chios
Çeşme
Bergama
Akhisar
Manisa
Turgutlu
Urla
IZMIR
Aydın

ÄGÄISCHES MEER

Andros
Kea
Tinos
Ikaria
Samos
Süd l.
Sporaden
MEER

Syros
Mykonos
Patmos
Leros
Milâs
Bodrum

Kythnos
Hydra
Spetsai
LAND
Serifos
Paros
Sifnos
Kyklad en
Naxos
Amorgos
Kalimnos
Kos
Datça
Simi

Sparta
Monemvasia
Sikinos
Ios
Milos
Astypalaia
Anafi
Santorin
Tilos
Chalki
Rhodos
Dodekanes

Kythera
Antikythera

KRETISCHES
MEER

Karpathos
Kasos

Chania
Kreta
Rethimnon
Iraklion
Sitia
Mires
Ierapetra

Gavdos

40 km

5

nach Piräus

nach Patra, Thessaloniki,
Ancona

✈ Flughafen
♁ Kirche
▆ Kloster
♁ Klosterruine
♟ Burgruine
∴ Antike Fundstätte
∩ Höhle

K R I T I K O

Panormo
Πανορμο
Skepasti
Σκεπαστη
E 75
Sises
Σισες
10 Fode
Φοδε

Rethimnon
Ρεθυμνο
Stavromenos
Σταυρομενος
Prinos
Πρινος
Perama
Περαμα
Melidoni
Μελιδονι
Garazo
Γαραζο

E 75
Platanias
Πλατανιας
Loutra
Λουτρα
42 **Margarites**
Μαργαριτες

Vrissinas
858
43 ✝ **Moni Arkadi**
Archea Eleftherna
Αρχεα Ελευθερνα
8 **Axos**
Αχος
Sklavo-kampos

Prassies
Πρασσιες
Kavoussi
Καβουσσι
Sentoni Andro ∩
Zoniana
Ζωνιανα
6 **Anogia**
Ανωγεια

Armeni
Αρμενοι
77
∩
Sivritos **Thronos**
Θρονος
O r o s   I d i

Koxare
Κοξαρε
Patsos
Πατσος
Meronas
Μερονας
44 **Amari-Tal**
Monastiraki
Μοναστηρακι
Psiloritis
▲
2456
Skinakas
Ideon Andron ∩
(Zeus-Höhle) 1752
7 **Nida-Hochebene**

Spili
Σπηλι
Amari
Αμαρι
Vizari
Βιζαρη
Fourfouras
Φουρφουρας

Asomatos
Ασωματος
Kato
Moni Preveli
Kedros
▲
1776
Spileo Kamaron ∩
Vorizia
Βοριζα
12 **Moni Vrondissi**
Gerger
Γεργερ

✝ Moni Preveli
Kamares
Καμαρες
Moni Valsamonero
13
11
Ano Zaros
Ανο Ζαρος

Agios Pavlos
Αγος Παυλος
Agios Georgios
Αγος Γεωργιος
Agia Galini
Αγια Γαλινι
Timbaki
Τυμπακι
Vori
17
Mires
Μοιρες
16 Gortis/
Gortys
15 Agii Del
Αγιοι Δε

77
19
Agia Triada
Festos/Phaistos
18
97
M
e
s

Kolpos Messaras
Pitsidia
Πιτσιδια
Sivas
Σιβας
Kommos
Listaros
Λισταρος

Paximadia
Παξιμαδια
∩
Matala
Ματαλα
20
Moni Odigitria
21

A
s
t
e
r

Kali Limenes
Καλοι Λιμενες
Lendas
Λεντας

L I V I K O

Chania
Iraklion
Sitia
Rethimnon
Mires
Ierapetra

6

nach Piräus, Venedig

nach Izmir, Kusadasi

Zentralkreta

Nr. 1 - 25, 42 - 44

0   7 km

P E L A G O S

Dia
Δια

Glaronisi
Γλαρονησι

Paximadi
Παξιμαδι

nach Thira, Rhodos

nach Karpathos

hlada
λαδα

Agia Pelagia
Αγια Πελαγια

E 75

9

oni
avathiana

Rogdia
Ρογδια

Iraklion
Ηρακλειο

troumboulas
800

Ammoudara
Αμμουδαρα

1

Amnissos
Αμνισσος

Gournes
Γουρνες

E 75

Chersonissos
Χερσονησσος

5 Tilissos
Τυλισσος

2

Knossos
Κνοσσος

Eileithyia-
Höhle

22

Nirou Chani

Elia
Ελια

Skalani
Σκαλανι

Stalis
Σταλιδα

Kolpos
Malion

23

Mohos
Μοχος

Malia
Μαλλια

Agios Mironas
Αγιος Μυρωνας

3

Fourni
Anemospilia

Archanes
Αρχανες

Jouchtas

24

Mirtia
Μυρτια

Apostoli
Αποστολοι

25

Pigi
Πηγη

Potamies
Ποταμιες

Andou
Αβδου

Krasi
Κρασι

Gonies
Γωνιες

Kera
Κερα

Krousonas
Κρουσωνας

4

Vathypetro

Agios
Pandeleïmon

Kato Metochi
Κατω Μετοχι

Lassithi

Profitis Ilias
Προφιτις Ηλιας

Choudetsi
Χουδετσι

Kastelli
Καστελλι

Psychro
Ψυχρο

Rhizenia

Thrapsano
Θραψανο

Dikteon Andron

ia **Varvara**
α Βαρβαρα

Arkalochori
Αρκαλοχωρι

Nipiditos
Νιπιδιτος

Afendis
Xristos
2141

97

Vourvoulitis
Βουρβουλης

Panagia
Παναγια

Asimi
Ασημι

Ligortinos
Λιγουρτινος

Martha
Μαρθα

97

Ano Viannos
Ανω Βιαννος

Pefkos
Πευκος

97

Skinias
Σκινιας

Amiras
Αμιρας

s   i   a

Sternes
Στερνες

Pirgos
Πιργος

Kefalo Hondrou
735

Arvi
Αρβη

Kofinas
1231

Kremasto
969

7

nach Thira, Rhodos

K R I T I K O

nach Iraklion

nach Iraklion

Vrouhas
Βρούχας

Milatos
Μιλάτος

Nofalias
Νοφαλιας

Chersonissos
Χερσονησσος

E 75

Stalis
Σταλιδα

Kolpos
Malion

Malia

Plaka
Πλακα

Spinalonga

Mohos
Μοχος

Malia
Μαλλια

Elounda
Ελουνδα

30

Spinalonga
Σπιναλογκα

Potamies
Ποταμιες

Krasi
Κρασι

Neapoli
Νεαπολη

Olous

Pigi
Πηγη

Andou
Ανδου

26

Moni
Κardiotissa

Selena

Gonies
Γωνιες

Kera
Κερα

1559

Kolpos

E 75

Kastelli
Καστελλι

Tzermiado
Τζερμιαδο

29

Ag. Pandes
Αγ. Παντες

Agios Nikolaos
Αγιος Νικολαος

Kato Metochi
Κατω Μετοχι

Lassithi

27

32

Lato

Mirambello

Psychro
Ψυχρο

Agios Georgios
Αγιος Γεωργιος

Kritsa
Κριτσα

Panagia
Kera

31

Dikteon Andron
(Diktäische Grotte)

Katharo

Konida
Κονιδα

Nipiditos
Νιπιδιτος

O
r
o
s

Dikti

Dikti
2148

D i k t i

Kalo Chorio
Καλο Χωριο

90

E 75

33

Gournia

Panagia
Παναγια

Afendis
Xristos
2141

Males
Μαλες

Pachia Ammo
Παχεια Αμμο

Martha
Μαρθα

Monastiraki
Μοναστηρακ

97

Ano Viannos
Ανω Βιαννος

Pefkos
Πευκος

28

Kato Simi
Κατω Συμη

Amiras
Αμιρας

Kalamafka
Καλαμαυκα

Anatoli
Ανατολη

O
r
n

Kato Horio
Κατω Χωριο

Koutsouna
Κουτσουνα

Kefalo Hondrou
735

Arvi
Αρβη

Mirtos
Μυρτος

97

34

Ierapetra
Ιεραπετρα

Chrisi
Χρηση

Chrisi
Χρηση

L I V I K O

8

Chania

Iraklion

Sitia

Rethimnon

Mires

Ierapetrá

nach Piräus

Ostkreta

Nr. 26 - 40

0   7 km

P E L A G O S

nach Karpathos

nach Kassos, Rhodos

Paximada
Παξιμαδα

Dionisades
Διονυσαδες

Dragonada
Δραγοναδα

Gianisada
Γιανυσαδα

Itanos
Ιτανος

Elassa
Ελασσα

**Palmenstrand Vai
(Vaï Finikodasos)**
Βαι Φινικοδασος

38

37

**Moni
Toplou**

Palekastro
Παλαικαστρο

Ormos
Grandes

Grandes
Γρανδες

Sitia
Σητεια

36

Ormos
Sitas

39

Roussolakkos

Petsofas

215

Skopi
Σκοπη

E 75

90

Ag. Fotia
Αγ. Φωτια

Mohlos
Μοχλος

Psira
Ψειρα

Exo Mouliana
Εξω Μουλιανα

Piskokefalo
Πισκοκεφαλο

97

Mitato
Μητατο

Ormos
Karoumbes

Platanos

936

O r n o   O r o s

1237

1179

Zakros
Ζακρος

Kavousi
Καβουσι

ndis Stavromenos

ripti 1476
ύπτη

h r i p t i s

Lithines
Λιθινες

Ziros
Ζιρος

40 **Kato Zakros**
Κατω Ζακρος

Koutsouras
Κουτσουρας

erma
ερμα

97

Analipsi
Αναληψη

Kalo Nero
Καλο Νερο

35

Moni Kapsa

Kavalli
Καβαλλι

Pranonisi
Πρανονισι

Stenon Koufonision

Strongylo
Στρογγυλο

Koufonisi
Κουφονησι

Trachilos
Τραχηλος

P E L A G O S

9

nach Kithira, Githio

Diktynna

K R I T I K O

Agria Gramvousa
Αγρια Γραμβουσα

Rodopou

Gramvousa
Γραμβουσα

Kolpos Kissamou

Kolpos Chanion

Gramvousa

56
Kloster Gonias
(Moni Odigitria)
Kolimbari
Κολυμβαρι

55
Maleme
Μαλεμε

Agii Theodori
Αγιι Θεοδωρι

Platanias
Πλατανιας

51
Chani
Χανια

61
Falasarna/
Phalasarna

Kastelli Kissamos
Καστελλι Κισσαμος

E 65

Spilia
Σπηλια

90

Agia Marina
Αγια Μαρινα

E 65

90

Platanos
Πλατανος

Kaloudiana
Καλουδιανα

Erzengel-Michael-Rotunde
Episkopi Kisamou
57 Επισκοπη Κισαμου

Moni
Chrysopig

Polyrhinia

Voukolies
Βουκολιες

Alikanos
Αλικανος

Fournes
Φουρνες

Sfinari
Σφιναρι

Topolia
Τοπολια

Nea Roumata
Νεα Ρουματα

Theriso
Θερισ

Kefali
Κεφαλι

Vathi
Βαθη

Elos
Ελος

Lakki
Λακκοι

L e f k a

Kandanos
Κανδανος

58
Anisaraki
Ανισαρακι

Omalos
Ομαλος

Omalos-
Hochebene

54

Pachn

62 **Moni**
Chryssoskalitissa

Voutas
Βουτας

Rodovani
Ροδοβανι

Moni
Μονη

Xylokastro
Ξυλοκαστρο
Gingilos
▲
2080

Samaria
Σαμαρια

2453

63

Elafonisi
Ελαφονηση

Koundoura
Κουνδουρα

60
Lisos

Sougia
Σουγια
Ormos
Sougias

Agia Roumeli
Αγια Ρουμελη

Ormos
Agia Roumelis

59
Kastell
Selinou

Paleochora
Παλεοχωρα

L I V I K O

Chania

Iraklion

Sitia

Rethimnon

Mires

Ierapetra

Gavdopoula
Γαυδοπουλα

10

Westkreta

Nr. 41, 45 - 63

0   7 km

P E L A G O S

Stavros
Σταυρος

✝ **Moni**
■ **Gouverneto**

✝ **Moni**
■ **Agia Triada**

52

Akrotiri

Chordaki
Χορδακι

Sternes
Στερνες

Souda
Σουδα

Palaia Souda
Παλαια Σουδα

Ormos Soudas

Megala Chorafia
Μεγαλη Χωραφια

53

Aptera
Απτερα

Vamos
Βαμος

Kefalas
Κεφαλας

Ormos Almirou

41 **Rethimnon**
Ρεθυμνο

90

E75

Platanias
Πλατανιας

Vryssses
Βρυσσες

Georgioupoli
Γεοργιουπολι

E75

49
Alikambos
Αλικαμπος

Episkopi
Επισκοπη

Minoische
Nekropole

Vrissinas

▲ 858

Prassies
Πρασσιες

Kastro
▲ 2218

Katre-
Schlucht

Limni
Kournas

45

Armeni
Αρμενοι

Askifou
Ασκιφου

Askifou-Hochebene

Argiroupolis
Αργιρουπολις

77

50
Imbros
Ιμπρος

47 **Miriokefala**
Μιριοκεφαλα

Spili
Σπηλι

Aradena
Αραδενα

Anopolis
Ανοπολις

Sellia
Σελλια

Koxare
Κοξαρε

outro
ουτρο

Komitades
Κομιταδες

Rodakino
Ροδακινο

Asomatos
Ασωματος

Chora Sfakion
Χωρα Σφακιων

48
Frangokastello

✝ **Kato**
□ **Moni Preveli**

✝ **Moni Preveli**

46

P E L A G O S

11

Kreta – Ursprung Europas

Jahr für Jahr kommen mehr Urlauber nach Kreta. Jahr für Jahr entstehen neue Hotels, fliegen mehr Jets nach Iraklion und Chania, legen noch mehr Kreuzfahrtschiffe im Hafen von Iraklion an. Auch wenn es vielen Kretern und ihren Freunden nicht gefällt: Kreta entwickelt sich zum Ziel des Massentourismus. Die Ferienprospekte versprechen 300 Sonnentage im Jahr, Badesaison von Mai bis Ende Oktober, Wassersport, herrliche Wanderrouten, liebenswerte, gastfreundliche Einheimische, sehenswerte archäologische und byzantinische Stätten und – alles stimmt. Aber es sind eben Versprechungen: einlösen muß sie jeder Kreta-Reisende selbst.

Wer sich auf Kreta an den Badestrand oder Pool seiner Hotelanlage zurückzieht, wird sich prächtig erholen. Doch ihm entgeht viel. Denn Kreta ist weit mehr als eine schöne sonnige Insel, Kreta ist die **geistige Heimat Europas**. Hier existierte lange bevor das Festland erwachte eine Hochkultur, von der das Europa der Aufklärungszeit als ›Goldenem Zeitalter‹ hätte träumen können – wenn es diese Kultur gekannt hätte! Die Geschichte der Entdeckung dieser frühen europäischen Blütezeit ist fast so aufregend wie die Epoche, die ans Licht kam. Denn bis zum Ende des 19. Jh. standen die **Mythen** der Griechen für die Anfänge Europas, galten die – ein frühes Idiom des Griechischen sprechenden – Mykener als die ›ersten Europäer‹. Unsere Vorfahren lernten sie als Phantasiegestalten Homers kennen und staunten nicht schlecht, als Heinrich Schliemann ihre Königssitze aufspürte und ausgrub.

Zur gleichen Zeit beschäftigte sich Arthur Evans in England mit ungewöhnlichen Siegelsteinen, die weder ägyptisch noch mykenisch waren. Er fand heraus, daß sie von Kreta stammten: geheimnisvolle Boten einer unbekannten Epoche. Und als 1878 der Kreter Minos Kalokerinos auf einem türkischen Landgut bei

Oben: *Fresko der ›Damen in Blau‹ aus dem Ostflügel des Palastes in Knossos (Original Museum Iraklion).* – **Unten:** *Die fruchtbare Landschaft um den Berg Jouchtas ist Kretas bedeutendstes Weinanbaugebiet.* – **Links unten:** *Kloster Preveli liegt aussichtsreich an der Steilküste über dem Libyschen Meer*

Iraklion Magazine mit großen Vorrats-
gefäßen entdeckte, waren sie die ersten
Hinweise auf diese unbekannte frühe
Kultur.

Doch erst 1898, als die Insel Kreta aus
dem Osmanischen Reich herausgelöst
war, konnte Evans das Grundstück er
werben. Am 23. März 1900 begann er auf
eigene Kosten am Hügel Kephala, dem
antiken Knossos, zu graben und kam
25 Jahre nicht mehr von ihm los. Was er
der Weltöffentlichkeit berichtete, erregte
ungläubiges Staunen: Hier gab es eine
architektonisch raffinierte, riesige, ver-
winkelte Palastanlage; Fresken von be-

Oben: *Gewebte und bestickte Wandbehänge
zeugen von der Kunstfertigkeit kretischer
Frauen und sind heute wertvolles Sammler-
gut (links). Ikonostase im Kloster Preveli. Die
von Mönchen gemalten Bilder vermitteln
nicht nur das Glaubensgut, sie repräsentieren
die Heiligen (rechts). –* **Unten:** *Ehrwürdiger,
mehrere hundert Jahre alter Ölbaum. –*
Rechts oben: *Blick zum Kloster Kera Kardiotissa. Bis ins späte Frühjahr blüht Ginster
am Wegrand. –* **Rechts unten:** *Der berühmte
Palmenstrand von Vai*

zaubernder Farbigkeit, die ein heiteres,
ganz unkriegerisches Dasein vor Augen
führten; Kultgegenstände, die von Göttinnen, Heiligtümern und Stierspielen be-
richteten; Archive, die auf ein perfektes
Verwaltungswesen hinwiesen; kurzum:
eine frühe, von tiefer Religiosität gepräg-
te, strahlende **Hochkultur.**

Seither haben Archäologen an vielen Orten auf Kreta Zeugen dieser frühen Kultur gefunden und festgestellt, daß die
frühgriechische Zeit unmittelbar an diese
›minoische‹ Kultur anknüpfte. Im Mythos, Kult und Rechtswesen wurde vieles
bewahrt – doch der heitere, friedliche
Grundtenor ging verloren. Schon die
kampflustigen Mykener, die ab 1450
v. Chr. in Knossos herrschten, waren in
dieser Beziehung aus anderem Holz ge-
schnitzt und insofern echte Protagonisten
der europäischen Geschichte. Das ›Goldene Zeitalter‹ blieb nur als Ideal im
Bewußtsein Europas.

Landschaftlich ist Kreta von einer Viel-
gestalt, wie sie keine andere Mittelmeer-
insel bietet. Die Nordküste der 260 km
langen Insel ist weitgehend flach, doch
dicht hinter dem Küstenstreifen steigen

die aus Kalken aufgebauten Bergmassive bis auf Höhen von 2500 m auf. Zur Südküste stürzen sie in wilden Steilhängen ab. Erosion hat die Kalkberge ausgehöhlt wie einen Schweizer Käse: Auf keiner Insel gibt es so viele Höhlen (mehr als 3000) wie auf Kreta, nirgends haben Winterregen und Flüsse so zahlreiche steilwandige, schmale und bizarr geformte Schluchten ins Gestein gegraben.

Die vielbegangene *Samaria-Schlucht* [Nr. 54] ist nur die berühmteste unter ihnen.

Daß auch die **Pflanzenwelt** mit ihren rund 3000 Arten (von denen ca. 150 endemisch sind, also nur auf Kreta vorkommen) etwas Besonderes ist, wird nicht jeder Kreta-Reisende sofort bemerken. Denn wer im Herbst die aus-

farben Mandelbäume und Asphodelen, Kirsch- und Apfelbäume; unter den Olivenbäumen breiten sich Kronenmargeriten und Mohn wie prachtvolle gelbe und rote Teppiche aus, die Weinberge stehen in hellem Grün, an den Berghängen leuchten zartfarbene Orchideen, rote Zistrosen und signalgelber Ginster. Und ab Mitte Mai entfalten Hibiskussträucher in den Gärten ihre scharlachrote Farbenpracht, während an Bach- und Straßenrändern Oleanderbüsche verschwenderisch blühen.

Wer Kreta durchwandert oder -fährt, wird immer den **Menschen** begegnen. Sie sind zurückhaltend und stolz, hilfsbereit und liebenswürdig, und nur derjeni-

Oben: *Auf der Lassithi-Hochebene.* – **Unten:** *Schaftstiefel und schwarzes Stirntuch gehören zur kretischen Männertracht.* – **Rechts oben:** *Der geruhsame Hafenort Sitia wird von einem Kastell beschützt.* – **Rechts unten:** *Romantische Altstadtgasse in Chania*

getrocknete Landschaft sieht, ist eher enttäuscht. Dafür zeichnen sich dann die schroffen, wildzackigen Gesteinsformen klarer und deutlicher vor dem blauen Himmel ab, und im Binnenland schimmern im Herbstwind die ausgedehnten Olivenhaine wie Silberseen (die Unterseiten der lanzettförmigen Olivenblätter sind weiß-silberglänzend behaart). Für Botaniker ist die aus dornigen, stacheligen und halbkugeligen Polstern gebildete ›Phrygana‹ die interessanteste Flora Südgriechenlands, die sich mit ihren kleinen, lederharten oder zu Dornen mutierten Hartlaub-Blättern der Sommertrockenheit angepaßt und durch ätherische Öle und bitteren Milchsaft dem Viehfraß widersetzt hat.

Wer kein Botaniker, aber ein Freund der Pflanzen ist, wird im Frühjahr kommen. Dann blühen zuerst blaßweiß und rosa-

ge, der ihre **Geschichte** kennt, wird sie wirklich verstehen. Denn nach dem minoischen Zeitalter und der Einwanderung dorischer Stämme kamen zuerst Römer als Besatzer, dann Sarazenen, ab 1212 katholische Venezianer und schließlich für 250 Jahre muslimische Türken. Erst seit 100 Jahren (1898) können die Kreter selbstbestimmt leben. Daß sie während der 700 Jahre dauernden Herrschaft Andersgläubiger ihrem griechisch-orthodoxen Glauben treu blieben, ja, daß dieser Glaube ihren Widerstandswillen prägte und stärkte, spürt auch der unwissende Besucher, der die ungezählten byzantinischen Kapellen und Kirchen, die vielen, heute z. T. verlassenen Klöster sieht. Obwohl die meisten der Kirchen klein, fast unscheinbar wirken, überraschen sie den Eintretenden mit der warmen, dunklen Leuchtkraft ihrer Fresken und Ikonen,

16

sind Zeugen der ›orthodoxen‹ (rechtgläubigen) Welt. Heute findet auf Kreta eine friedliche Invasion statt, die nicht minder bedrohlich ist, weil moderne Lebensweise, technischer Fortschritt und materielle Profite das Leben rascher verändern als die Zeit der Unterdrückung. Jeder Ausländer sollte sich bemühen, in Verhalten und Kleidung die Traditionen der Kreter zu respektieren. Daß er dabei durchaus wachsam und mit Humor auf den – jedem Griechen angeborenen – Geschäftssinn reagieren kann, sei nur am Rande vermerkt.

Dieser **Führer** will dem Reisenden bei der Begegnung mit Kreta, mit seiner Geschichte, den Denkmälern und Menschen helfen. Um den Band handlich zu halten, werden die wichtigsten Ereignisse der *Geschichte und Kultur* kurz vorgestellt. Der *Hauptteil* ist in drei große Kapitel unterteilt, die zunächst dem Herz der Insel, Zentralkreta, danach Ostkreta und schließlich dem lange vernachlässigten, jetzt mit enormem Tempo dem Tourismus erschlossenen Westen gewidmet sind. Innerhalb dieser Hauptkapitel sind die sehenswerten Stätten und Orte in numerierte Einzelkapitel gegliedert, so daß jeder Urlauber rasch diejenigen Ziele ausmachen kann, die für ihn nicht nur interessant, sondern auch erreichbar sind. Innerhalb der Einzelkapitel werden dort, wo es notwendig erscheint, die wichtigsten Denkmäler auf *Rundgängen* vorgestellt. Doch kann an Hand der Texte und Pläne auch hier jeder Interessierte seine eigene Route wählen. Die Auswahl der Sehenswürdigkeiten ist auf Grund langjähriger Reiseleiter-Erfahrung erfolgt. Daß nicht alle Wanderwege, Mountainbike-Routen, Wassersportzentren erwähnt werden können, liegt auf der Hand. In eckige Klammern [ ] gesetzte Querverweise stellen Verbindungen zu anderen Kapiteln her. Die ›blauen Texte‹ sollen die Informationen vertiefen und dem Leser Lust machen, sich näher mit speziellen Themen und der so reich vorhandenen Originalliteratur und Musik zu befassen. Schließlich stammen mehrere der bekanntesten modernen Dichter und Musiker Griechenlands von Kreta. Am berühmtesten: Nikos Kazantzakis; nicht minder bekannt: der aus Rethimnon stammende Dichter Prevelakis. Und daß jemand nach dem Welterfolg des Films ›Alexis Zorbas‹ den Komponisten Mikis Theodorakis nicht kennt, ist wohl ausgeschlossen. – Der Infoteil ›*Kreta aktuell*‹ soll bei der Vorbereitung und dem Aufenthalt im Land in praktischen Fragen behilflich sein. Und so wünschen wir: »Kaló taxídi!« – »Gute Reise!«

Neolithikum (6000–2600 v. Chr.)

ab 6500 v. Chr. Spuren erster Besiedlung. Einige Höhlen werden sporadisch bewohnt, Tote im rückwärtigen Teil der Höhle beigesetzt. In Knossos und Festos entstehen Häuser, die im unteren Teil aus Bruchstein, im oberen aus Ästen und Lehm gefügt sind. Werkzeug aus Knochen, Stein und Obsidian, der von der Kykladeninsel Milos importiert wurde. Weibliche Fruchtbarkeitsidole.

Vorpalastzeit (2600–1900 v. Chr.)

ab 2600 v. Chr. Entwicklung der Landwirtschaft, stärkere Beziehungen zur ägäischen Inselwelt, Einführung von Bronzewerkzeugen. Kuppelgräber in der Mesara-Ebene. Lokale Herrscher in Siedlungen von Vassiliki und Myrtos bei Ierapetra. Tonidole der Göttin der Fruchtbarkeit (z. B. Idol von Kato Ierapetra), Kykladenidole werden importiert. Reiche Grabbeigaben, auch Töpferware, in Gräbern von Fourni (Archanes), Insel Mochlos (Mirabello-Golf), Mesara. In der Keramik starke Verwandtschaft mit der Töpferware Kleinasiens (Bügel- und Schnabelkannen).

Fayencestatuette der Schlangengöttin (Museum Iraklion)

um 2200 v. Chr. Erstmals Verwendung der Töpferscheibe. Goldschmiedekunst hoch entwickelt (Granulationstechnik). Scheibenräder (Ochsenkarren) in Gebrauch. – Siegelsteine werden als Schmuck, Amulett und Verschluß von Behältern und Türen verwendet.

Zeit der Alten Paläste
(1900–1700 v. Chr.)

ab 1900 v. Chr. Konzentration der Macht auf einige Plätze. Größter Palast in Knossos, ferner Festos, Malia, Zakros, Archanes und vielleicht Kydonia (Chania). Die Paläste besitzen mehrere Stockwerke, sind vorwiegend aus Stein unter Verwendung von Holz (Erdbebenschutz?) erbaut, haben Flügeltüren und Fenster, Boden- und Wandschmuck. Gruppierung der Bauten um einen zentralen Hof, große Magazine. Städte umgeben die unbefestigten Paläste. ›Minoische Seeherrschaft‹: Handel mit Ägypten und dem Vorderen Orient, Niederlassungen auf Milos, Kythera und in Kleinasien. – Großartige Entwicklung der Töpferkunst, sog. Kamares-Ware (schwarze Oberfläche mit Ornamenten in weißer und roter Farbe). Starke Bedeutung der Religion, Kultstätten in Palästen, Herrenhäusern, auf Bergen und in Höhlen. Hieroglyphenschrift (auf Siegeln, Steinaltar von Malia, Doppelaxt von Arkalochori, Diskus von Festos u. a.). – Schwere Erdbeben beenden die Alte Palastzeit.

Zeit der Neuen Paläste
(1700–1450 v. Chr.)

um 1700 v. Chr. Das ›Goldene Zeitalter‹ Kretas beginnt. Erneuerung der bestehenden Kultur auf höherem Niveau. Das politische, religiöse und wirtschaftliche Leben konzentriert sich weiterhin in den Palastanlagen. Imponierend hier die Lichtführung (Lichtschächte, Säulenhallen) und Abwasserleitung. Große Städte mit mehrstöckigen Häusern. Auf dem Land weitläufige Herrenhäuser. Auch Privathäuser mit z. T. reliefierten Fresken geschmückt (z. B. auf Psira, Mirabello-Golf). Bedeutender Seehandel, Handelsniederlassungen in Afrika, Kleinasien und auf ägäischen Inseln.

Weiterhin keine Betonung kriegerischer Elemente, obwohl Ausgrabungen eine große Zahl von Angriffs- und Verteidigungswaffen ans Licht brachten.

Blüte der Handwerkskunst (Töpferei: ›Flora-‹ und ›Meeresstil‹; Glyptik: Siegelsteine) und Landwirtschaft. Anhaltende Verehrung der Göttin der Fruchtbarkeit; wichtiges religiöses Symbol ist die Doppelaxt (Labrys).

Besondere Stellung der Frau, sie nimmt frei an allen Veranstaltungen teil, trägt Schmuck und genähte, aufregende Kleidung. Frauen werden Priesterinnen.

Entwicklung und weite Verbreitung der Linear-A-Schrift, die bis heute nicht entschlüsselt ist. Bestattung der Toten in Tonsärgen (Larnakes) oder Tonwannen mit Beigaben.

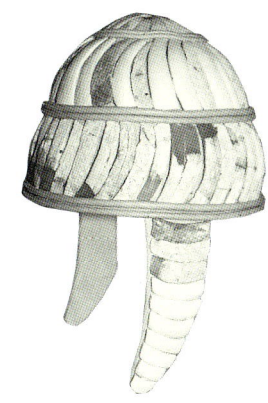

Der von Homer beschriebene ›mykenische Eberzahnhelm‹ (Museum Iraklion)

um 1450 v. Chr. Eine Katastrophe [s. S. 82] beendet die Blütezeit der minoischen Kultur; Paläste, Herrenhäuser, Städte werden zerstört und großenteils nie wieder bewohnt, nur der Palast von Knossos bleibt partiell erhalten.

Nachpalastzeit (1450–1100 v. Chr.)

ab 1450 v. Chr. Achäer (nach ihrem bedeutendsten Königssitz auch Mykener genannt) übernehmen die Macht auf Kreta. Sie sprechen, wie die Entschlüsselung der in Knossos gefundenen Linear-B-Täfelchen ergab, ein frühes Griechisch. Der Palast von Knossos wird wiederaufgebaut, die Schreiber müssen die minoische Linear-A-Schrift der frühgriechischen Sprache anpassen, es entsteht die Linear-B-Schrift. Auch sie dient vorwiegend archivalischen Zwecken (1953 entziffert).

Die Achäer siedeln sich auf der ganzen Insel an und leben anscheinend friedlich mit den Minoern zusammen. In der Keramik Verlust an künstlerischer Phantasie und Vielfalt, es herrscht der schematisierende sog. Palaststil, auch die Fresken wirken starrer (Thronsaal in Knossos). Grab-Beigaben zeigen stärker kriegerischen Charakter, doch noch bleibt das kulturelle Niveau hoch, wie die Grab-Beigaben von Fourni (Archanes) zeigen.

um 1380 v. Chr. Schwere Erdbeben, der Palast von Knossos wird durch Feuer endgültig zerstört. Dennoch keine Unterbrechung der mykenischen Zeit, in Agia Triada und Tylissos entstehen Bauten im mykenischen ›Megaronstil‹. Blüte der Metallverarbeitung. Kultidole mit erhobenen Armen.

ab 1200 v. Chr. Im gesamten Mittelmeerraum Unruhen und Zerstörungen, Ende der Hochkultur auf Kreta.

Protogeometrische Zeit (1100–900 v. Chr.)

ab 1100 v. Chr. Neue Einwanderer kommen nach Kreta, vorwiegend griechischstämmige Dorer. Die eingesessene Bevölkerung wird unterjocht oder zieht sich in die Berge zurück (dann ›Eteokreter‹, wahre Kreter genannt), z. B. nach Praisos/Thripti-Berge.

In der Religion dominiert die männliche Gottheit, die Verehrung der Vegetationsgöttin wird an lokale Kulte geknüpft (Diktynna, Britomartis).

Eisen wird bevorzugtes Material für Waffen und Schmuck. Die Kleidung wird

Archaische Sitzstatue einer Göttin von Prinias (Museum Iraklion)

Fresko in der Michaelskirche von Aradhena:
›Nikolaus rettet die Schiffbrüchigen‹

nicht mehr genäht, sondern nur mit Eisenfibeln gesteckt. In der Keramik Verarmung der Formenvielfalt und Dekorationsmuster.

Zeit der griechischen Stadtstaaten
(900–67 v. Chr.)

ab 900 v. Chr. Bevorzugt in Berglagen entstehen dorische Stadtstaaten, die nach dem Vorbild Spartas organisiert und ausgesprochen kriegerisch sind. Landwirtschaft und Viehzucht werden betrieben, doch auch Handel mit Ägypten und dem Vorderen Orient. So zeigen Metallverarbeitung (z. B. die ›Kouretenschilde‹ der Idäischen Grotte) und Keramik orientalische Einflüsse.

um 650. v. Chr. Unter dem Einfluß Ägyptens entsteht der ›dädalische Stil‹: Klare Kompositionselemente, wie Dreiecksformen und Reihung, lassen auch kleinere Reliefs und Plastiken ›groß‹ wirken (z. B. Reiterfries aus Prinias). Die auf Kreta entwickelte Stilrichtung gewinnt Einfluß auf das griechische Festland. Auch in der Rechtsprechung nimmt Kreta einen hohen Rang ein (Gesetzestext von Gortys), es heißt z. B., daß sich Solon auf Kreta Anregungen für seine Gesetzgebung holte.

ab 500 v. Chr. Kreta bleibt im Vergleich zum übrigen Griechenland zurück. Dennoch profitieren die Städte vom Handel, in der Kunst werden die Stile des Festlands übernommen (schöne Grabstele des 5. Jh. aus Agia Pelagia, Museum Iraklion).

ab 200 v. Chr. Von Kreta aus operieren Seeräuber und stören zunehmend die Interessen Roms.

67 v. Chr. Der römische Konsul Quintus Cecilius Metellus unterwirft Kreta nach dreijährigem Kampf. Er erhält den Ehrennamen ›creticus‹.

Kreta unter römischer, byzantinischer und arabischer Herrschaft
(67 v. Chr. – 1204 n. Chr.)

ab 67 v. Chr. Kreta wird für Rom ein wichtiges Verbindungsglied zu Afrika. Die einzelnen Stadtstaaten werden aufgelöst, Hauptstadt der Provinz ›Creta und Cyrenaica‹ wird Gortys. Künstlerische Impulse gehen von Kreta nicht aus, dennoch gute Metallarbeiten (z. B. Bronzestatue eines Jünglings aus Ierapetra, Museum Iraklion). Großzügiger Ausbau der Städte (Tempel, Odeon, Theater, Bäder). Während der Friedensperiode nimmt die Bevölkerung Kretas wieder zu (Schätzung: ca. 300 000 Einwohner).

58 n. Chr. Auf der Reise nach Rom setzt der Apostel Paulus seinen Mitarbeiter Titus als ersten Bischof der Insel ein. Das Christentum findet rasch Anhänger.

105 Tod von Titus.

um 250 Bei der Christenverfolgung unter Kaiser Decius (248–251) werden in Gortys zehn Christen enthauptet (Agii Deka).

395 Kreta wird während der Regierungszeit von Kaiser Theodosius byzantinische Provinz und steht unter der Verwaltung eines Feldherrn. Das Bistum Kreta bleibt bis zum 8. Jh. dem Papst in Rom unterstellt, dann gehört es zum Patriarchat von Konstantinopel. Rege Kirchenbautätigkeit, Überreste von 40 frühchristlichen Basiliken sind nachgewiesen.

824 Aus Spanien vertriebene sarazenische Araber landen unter ihrem Anführer Abu Hafs an der Südküste und unterwerfen in kurzer Zeit die ganze Insel. Die Städte werden zerstört, Bau der Festung Chandak (heute Iraklion). Nach Chandak wird während des Mittelalters die Insel benannt: Candia. Byzanz versucht mehrfach, Kreta zurückzugewinnen.

960 Der byzantinische Feldherr und spätere Kaiser Nikephoros Phokas erobert die Insel schließlich zurück.

961–1204 Kreta gehört wieder zum Byzantinischen Reich. Politische und religiöse Neuordnung, Verlegung der Bischofssitze (z. B. wird Chandak anstelle von Gortys Metropolitankirche des hl. Titus). Missionare wie Joannis o Xenos gründen Klöster (Miriokefala) und

Löwenreliefs schmückten alle venezianischen Kastelle. Das Attribut des Evangelisten Markus symbolisierte hervorragend den Machtanspruch der Markusstadt

Kirchen. Kaiser Phokas siedelt Veteranen auf Kreta an.

im 11. Jh. Zuzug von Siedlern aus Byzanz; Entstehung einer neuen byzantinisch-kretischen Aristokratie.

Venezianische Herrschaft (1204–1669)

1204 Eroberung von Byzanz durch die Kreuzfahrer, Kreta wird kurz darauf an Venedig verkauft.

1212 Die Venezianer bringen die Insel, auf der die Genuesen – Venedigs Handelskonkurrenten – schon 14 Festungen errichtet haben, unter ihre Kontrolle. Errichtung des ›Regno di Candia‹ für viereinhalb Jahrhunderte.

1239 Bau der katholischen Markus-Basilika in Iraklion, kurz darauf San Francesco und San Nikolaos in Chania. Griechisch-orthodoxe Metropoliten und Bischöfe müssen Vertretern der lateinisch-römischen Kirche weichen, kretische Großgrundbesitzer Land und Rechte an venezianische Adelige abgeben. 14 große Aufstände erschüttern in den folgenden Jahrhunderten die Insel, den längste und für Venedig verlustreichste **1283–99** unter dem kretischen Anführer Alexios Kallergis.

1299 Friedensvertrag (Pax Calergii): Steuererleichterungen und ein verbesserter Status des kretischen Klerus werden erreicht. Mit bewundernswerter Zähigkeit verteidigen die Kreter ihre griechische Sprache und den orthodoxen Glauben gegenüber den lateinisch sprechenden, katholischen Venezianern; die griechisch-orthodoxen Klöster werden – wie auch später in der Türkenzeit – zu Hütern

der Tradition. Errichtung zahlreicher (fast 1000) Einraumkapellen mit Freskenschmuck auf der ganzen Insel.

1. H. 14. Jh. Der Freskenmaler Johannes Pagomenos malt u. a. Fresken in der Panagia-Kirche von Alikambos.

14. Jh. Trotz Festhaltens am ikonographischen Programm der byzantinischen Kirche entsteht aus der Nähe zu lateinischen Elementen eine ganz spezielle Kunst, u. a. erscheint Franz von Assisi unter den Heiligen (erstmals in der Panagia-Kera-Kirche, Kritsa).

1453 Konstantinopel wird von den Osmanen erobert. Viele griechische Flüchtlinge kommen nach Kreta, speziell Iraklion, und setzen neue Impulse für das geistige und geistliche Leben. Die ›kretische Renaissance‹ entsteht, sie vereinigt in einzigartiger Weise byzantinische und venezianische Elemente. Mehr als 100 Ikonenmaler in Iraklion sind sowohl für Katholiken wie für Orthodoxe tätig, Gestaltungselemente (Licht, Schatten) der italienischen Malerei beeinflussen die kretische Bildkunst. Beginn der Blütezeit kretischer Ikonenmalerei, Maler Andreas Ritzos und Angelos Akotantos.

16.–17. Jh. Zentrum der ›kretischen Renaissance‹ ist die Katharinenkirche in Iraklion; eine Art Universität, an der Maler, Theologen, Juristen, Humanisten ausgebildet werden.

1540 (1541?) El Greco als Domenico Theotokopoulos in Fodele geboren. Er gehört zunächst zu den Malern in Iraklion, lebt dann bis zu seinem Tod (1614) in Spanien.

El-Greco-Denkmal in Iraklion

*Relief vom Moschee-Brunnen in Ierapetra.
Nur wenige Monumente und Inschriften
erinnern an die lange Türkenzeit*

2. H. 16. Jh. Michael Damaskinos, be-
kanntester Meister der Ikonenmalerei.

1644 Ausbruch des fünften venezia-
nisch-türkischen Krieges.

1645 Chania fällt an die Türken, nur
drei Jahre später ist der größte Teil Kretas unter osmanischer Herrschaft.

1669 Iraklion muß nach dreijähriger
Endbelagerung kapitulieren. Das Land ist
verwüstet, die Bevölkerung von 287 000
auf 133 820 Einwohner dezimiert.

Türkische Besatzungszeit (1645–1898)

ab 1645 Christliche Kirchen werden in
Moscheen verwandelt, andere müssen
die Glockentürme schleifen (Ausnahme:
Kloster Arkadi, das deshalb ›Kloster mit
der Glocke‹ heißt). Türkische Siedler
kommen nach Kreta, viele Kreter wandern auf die ägäischen Inseln aus. Neu-
verteilung des Grundbesitzes zugunsten
von Türken. Zahlreiche Aufstände erschüttern die Insel, alle werden blutig
niedergeschlagen.

1770 Joannis Kornaros malt die Groß-
ikone ›Groß bist Du, Herr‹ (Kloster
Toplou). Während des russisch-türki-
schen Kriegs Aufstand unter Daskalojannis aus der Sfakia. Er wird mit falschen
Versprechungen nach Iraklion gelockt
und bei lebendigem Leib gehäutet.

1821–28 Erneut Aufstände anläßlich
des griechischen Befreiungskriegs.

1830 Der ägyptische Vizekönig Moha-
med Ali erhält von der Hohen Pforte
(Sultan) Kreta als Lohn für die Hilfe
beim griechischen Aufstand.

1840 Kreta wieder unter osmanischer
Herrschaft.

1856 Gesetz zur Gleichstellung von
Muslimen und Christen (paritätisch be-
setzte Gerichtshöfe in Candia/Iraklion
und Chania, hohe Steuerlasten für alle).

1866–68 Der ›Große kretische Aufstand‹, Höhepunkt die Zerstörung von
Kloster Arkadi. Die europäischen Mächte erreichen im Vertrag von Chalepa
größere Mitsprache der Kreter bei der
Verwaltung, u. a. Zulassung der griechischen Sprache vor Gericht.

1883 Nikos Kazantzakis, der bedeutendste Dichter Kretas, wird in Iraklion
geboren (Tod 1957).

1895–97 Erneuter Aufstand, Intervention griechischer Truppen.

1898 Der britische Konsul wird bei
einer Schießerei getötet. Internationale
Truppen landen: Russen in Rethimnon,
Franzosen in Chania, Briten in Iraklion,
dazu Österreicher und Deutsche. Kreta
erhält auf Betreiben Englands Autono-
mie unter Oberhoheit des Sultans.

Kreta im 20. Jahrhundert

1898 Prinz Georg, Sohn des griechischen Königs, wird als Hochkommissar
Kretas in Chania jubelnd empfangen.
Doch die Kreter wünschen die Vereinigung (Enosis) mit Griechenland.

1900 Sir Arthur Evans beginnt mit der
Ausgrabung von Knossos, die ›minoische Kultur‹ wird entdeckt.

1905 Erste Unruhen unter Führung von
Eleftherios Venizelos, Anwalt aus Cha-

*Dem großen Staatsmann Eleftherios
Venizelos verdankt Kreta den Anschluß an
Griechenland (1913)*

Vielbesucht – das Delphinfresko im ›Megaron der Königin‹ von Knossos

nia, der seit 1889 für die Liberalen in der (machtlosen) kretischen Nationalversammlung sitzt.

1906 Prinz Georg muß abdanken.

1908 Eleftherios Venizelos proklamiert (erfolglos) die Enosis.

1909 Pandelis Prevelakis in Rethimnon geboren.

1910 Venizelos wird griechischer Premierminister und nimmt kretische Abgeordnete ins griechische Parlament auf.

1911 Der Lyriker Odysseas Elytis, Literatur-Nobelpreisträger 1979, wird unter den Namen Alepoudelis in Iraklion geboren.

1913 Der Sultan verzichtet im Vertrag von London auf Kreta.

Dezember 1913 Die griechische Fahne wird auf der Festung Firka in Chania gehißt – Kreta gehört zu Griechenland.

1923 Nach der vergeblich versuchten Annexion West-Kleinasiens werden alle Griechen aus der Türkei vertrieben (1,4 Millionen); im Gegenzug müssen die verbliebenen Türken (30 000) Kreta verlassen.

1926 Schweres Erdbeben auf Kreta, große Schäden in Iraklion. Evans befürchtet den Einsturz der Rekonstruktionen in Knossos, doch die Betondecken und -säulen halten stand.

1940 Griechenland wird von Italien angegriffen (Ochi-Tag).

20.–30. Mai 1941 Invasion deutscher Luftlandetruppen auf Kreta.

1941–45 Kreta von deutschen Truppen besetzt. Heftiger bewaffneter Widerstandskampf der Kreter, viele Opfer unter der Zivilbevölkerung durch deutsche Vergeltungsmaßnahmen.

1946–49 Griechischer Bürgerkrieg.

1950 Beginn einer für Kreta segensreichen, friedlichen Entwicklung. Wiederaufbau der Städte und Dörfer, Aufblühen der Landwirtschaft. Vermehrte Ausgrabungstätigkeit der minoischen und griechisch-römischen Stätten.

1962 Unter Nikolaos Platon beginnen die Ausgrabungen in Kato Zakros.

1967–74 Militärdiktatur (›Obristenregime‹) in Griechenland, unter der auch Kreter leiden, z. B. Mikis Theodorakis, der einige Zeit im Konzentrationslager sitzt und dann im Ausland lebt.

ab 1970 Verstärkt einsetzender Tourismus, zunächst konzentriert auf die Nordküste östlich von Iraklion und den Golf von Mirambello. Ausbau der Infrastruktur: Strom, Telefon, Straßen.

1972 Gründung der Kretischen Universität. Iraklion wird Hauptstadt.

1974 Nach Sturz der Militärjunta Übergang zur Demokratie unter dem konservativen Ministerpräsidenten Karamanlis.

1981 Griechenland wird EG-Mitglied. Politische Wende nach Wahlsieg der sozialistischen PASOK: Andreas Papandreou Ministerpräsident. Starke Inflation.

ab 1985 Kreta entwickelt sich zu einem der wichtigsten Urlaubsländer im Mittelmeerraum.

1990 Die konservative Nea Demokratia gewinnt mit knapper Mehrheit die Wahlen, neuer Ministerpräsident wird der Kreter Kostas Mitsotakis. Sein Versuch, den Staatshaushalt zu konsolidieren, macht ihn rasch unpopulär.
Große Gemälde-Ausstellung in Iraklion anläßlich des 450. Geburtstags von El Greco. Die Stadt kauft Grecos Bild ›Katharinenkloster auf dem Sinai‹ (Historisches Museum, Iraklion).

1993 Erneuter Wahlsieg der PASOK unter Papandreou. Zunehmende Staatsverschuldung Griechenlands.

Kreta – ein faszinierendes Inselparadies mit einsamen Klöstern, minoischen Palästen und idyllischen Stränden.

Archäologisches Museum Iraklion *Seite 31*

Als einziges Museum der Welt dokumentiert es Europas erste Hochkultur: wunderschöne Keramik- und Steingefäße, Göttinnen, Schmuck und Fresken.

Palast von Knossos *Seite 34*

Tempel der großen Göttin? Herrscherpalast? Behausung des menschenfressenden Minotaurus? Noch ist Knossos voller Rätsel. Faszinierend die architektonischen Detaillösungen und die hochinteressanten Fresken.

Ida-Gebirge *Seite 44*

In minoischer und griechischer Zeit Sitz der Götter – hier wuchs Zeus, vor seinem Vater Kronos versteckt, auf. Die Besteigung des 2456 m hohen Psiloritis ist das schönste Bergsteigererlebnis auf Kreta.

Festos *Seite 53*

An den minoischen Palast von Festos grenzte eine große Stadt. Die Palastgebäude wurden nur geringfügig restauriert und beeindrucken durch die phantastische Lage über der fruchtbaren Mesara-Ebene.

Hochebene von Lassithi *Seite 68*

Wenn im Frühsommer Hunderte von Windrädern ihre weißen Leinensegel entrollen, gleicht die fruchtbare Hochebene einer blühenden Margeritenwiese.

Golf von Mirabello *Seite 71*

Ein Platz für Götter: grünes Schwemmland, hellblauer Himmel, tintenblaues Meer vor einer grandiosen Kulisse schroff-grauer Felswände.

Panagia-Kera-Kirche bei Kritsa *Seite 77*

Die dreischiffige Kirche der ›Gottesmutter der Herrin‹ (Panagia i Kera) besitzt die vollständigsten byzantinischen Freskenzyklen Kretas. Die Nähe zum hübschen Dorf Kritsa am Mirabello-Golf erhöht noch die Zahl ihrer Besucher.

Palmenbucht von Vai *Seite 89*

Überraschendster Landschaftseindruck an der sonnigen Ostküste! Eine Bucht mit feinem hellen Sandstrand, Palmen und Oleander: ein Stück Karibik – klein, aber bezaubernd.

Chania *Seite 113*

Liebenswerte Stadt am Saum der ›Weißen Berge‹. Von der Mole hat man den schönsten Blick über Stadt und Hafen, der abends zur großen Bühne für Einheimische und Urlauber wird.

Samaria-Schlucht *Seite 121*

Sie gilt als längste begehbare Schlucht Europas und ist nahezu ein ›Muß‹ für jeden Kreta-Urlauber. Bei den ›Eisernen Pforten‹ rücken die Felswände auf nur 3 m zusammen.

Kretas Mitte –
Fünftausend Jahre Zentrum der Macht

Vier kahle grauweiße Gebirgsstöcke ragen aus der langgestreckten Insel empor wie ausgebleichte Wirbel eines Riesentiers: die Weißen Berge, das Ida-Gebirge, das Dikti-Massiv und die Berge von Sitia (von W nach O). Sie gliedern, wenn auch in nicht ganz gleichmäßigen Abständen, das Land; Ida- und Dikti-Gebirge rahmen Kretas Mitte. Hier, wo im Norden rund um den **Berg Jouchtas** die sanften Terrassen der Weinberge die Landschaft bestimmen und im Süden die große **Tiefebene der Mesara** liegt, ist Kretas wasserreichstes, fruchtbarstes Gebiet. Hier ließen sich bereits im Neolithikum Menschen nieder, hier entstanden seit 2000 v. Chr. mindestens drei der großen Palastanlagen des minoischen Kreta (ein vierter in Archanes gilt als wahrscheinlich).

Dreimal wurde Kreta jahrhundertelang vom Land zwischen den Dikti- und Ida-Bergen beherrscht: In minoischer Zeit von Knossos, in römischer Zeit vom südlicher liegenden Gortys und in der Neuzeit vorwiegend von Iraklion aus. Die Verlegung der Machtzentrale gibt dabei deutliche Hinweise auf die verschiedenen Interessen der jeweiligen Machthaber. Für die Minoer lag **Knossos** im Mittelpunkt ihres Inselreichs; die Besatzungsmacht Rom, für die das Mittelmeer zum ›mare nostrum‹ wurde, kontrollierte von **Gortys** aus nicht nur die Insel, sondern auch einen Teilbereich Afrikas. Die Venezianer benutzten Kreta als südliches Bollwerk ihres Herrschaftsgebiets, folgerichtig wurde das an der Nordküste liegende **Candia/Iraklion** Hauptstadt und wichtigster Hafen. Und auch heute signalisiert die im Norden liegende Hauptstadt die Hinwendung nach Norden: Seit 1913 gehört Kreta zu Griechenland. Kretas Mitte bedeutet: fünftausend Jahre **Reichtum und Macht**, aber auch: fünftausend Jahre dramatisches **Ringen um Freiheit**. Denn das fruchtbare Zentralkreta weckte Begehrlichkeiten fremder Mächte, brachte Besatzung und Fremdbestimmung. Kein Wunder, daß Kretas Mitte nicht nur für Historiker und Archäologen lange Zeit das interessanteste Gebiet war, sondern seit Beginn des Tourismus auch die meisten Besucher anlockt. Selbst der kürzeste Inselaufenthalt beinhaltet den Besuch von **Iraklion** [Nr. 1] und **Knossos** [Nr. 2]; bei etwas mehr Zeit sind **Gortys, Festos** und **Agia Triada** [Nr. 16, 18, 19] am Rande der fruchtbaren Mesara ›im Programm‹. In die herbe **Berglandschaft des Ida** führt der Ausflug nach **Zaros** [Nr. 11] oder die Fahrt über **Tilissos** [Nr. 5] und **Anogia** [Nr. 6] auf die Nida-Hochebene. Und den Abstecher zu den lieblichen Weinterrassen um den Berg Jouchtas mit dem Städtchen **Archanes** [Nr. 3] und dem minoischen Gutshof **Vathypetro** [Nr. 4] kann man mit einer Weinprobe in Archanes beenden.

So scheint es fast selbstverständlich, daß die **Strände** zwischen Iraklion und Malia als erste für den Tourismus erschlossen und zu Hochburgen der Ferienindustrie wurden. Schon immer war Kretas Mitte stärker besiedelt als der Osten und Westen – noch heute leben zwei Drittel der Bevölkerung in diesem Raum. Möglich, daß die uralte Kulturlandschaft die Menschen besonders geprägt hat, sie schneller auf neue Situationen eingehen läßt. Jedenfalls gibt es einstweilen die meisten Hotels, Pensionen, Privatzimmer, Restaurants und Autovermieter noch immer in Kretas Mitte.

1 Iraklion

Lebhafte, unkontrolliert expandierende Hauptstadt mit einzigartigem Museum.

Geschichte Bereits in minoischer Zeit lag in der Nähe der heutigen Stadt einer der vier Häfen von Knossos. Die Dorer nannten den Ort ›Herakleia‹, nach ihrem Heros Herakles, der mit der Bändigung des kretischen Stiers die siebte seiner zwölf legendären Taten auf Kreta vollbracht haben soll. Bei den Arabern hieß die neu angelegte Festung ›Rabd el Kandak‹ (Stadt mit dem Graben), in byzantinischer Zeit wurde daraus ›Chandax‹, bis sich in der venezianischen Ära der Name zu ›Candia‹ abschliff, womit Stadt und Insel gleichermaßen bezeichnet wurden. Erst Anfang des 20. Jh. knüpfte die vom Türkenjoch befreite Stadt wieder an altgriechische Traditionen an und nannte sich Iraklion.

Iraklion: Blick über den Yacht- und Fischerhafen zum venezianischen Kastell

Aus der langen Periode vor 1204 blieb kein Bauwerk erhalten, dagegen erinnert vieles an die venezianische Besatzungszeit. Die von Venedig eingesetzten Großgrundbesitzer und Adeligen wurden verpflichtet, in der Stadt Paläste zu bauen und mehrere Monate im Jahr zu bewohnen. Der ›Herzog von Kreta‹ und der katholische Erzbischof residierten in Candia, die Stadt avancierte zum Mittelpunkt des politischen, wirtschaftlichen und kulturellen Lebens der Insel. Ab 1462 wurde unter dem Eindruck der osmanischen Expansion der Befestigungsring erweitert und verstärkt, von 1648 an belagerten die Türken 21 Jahre lang Candia; dramatischer Höhepunkt waren die letzten drei Jahre, als sich im venezianischen Generalkapitän (und späteren Dogen) Francesco Morosini und dem osmanischen Großwesir Kiouprouli zwei kongeniale Feldherren gegenüberstanden. Während der erst 1898 beendeten Türkenzeit blieb die von den Kretern ›Megalo Kastro‹ genannte Stadt für Nicht-Muslime gesperrt und verlor ihre Bedeutung. Der Aufschwung im 20. Jh. wurde durch schwere Bombenschäden im Zweiten Weltkrieg unterbrochen, seit 1972 ist Iraklion wieder Kretas Hauptstadt (anstelle von Chania, das die Türken bevorzugt hatten) und

erhielt mehrere Fakultäten der Kretischen Universität. 1994 wurden 116178 Einwohner gezählt (Gesamtkreta: 540054).

Besichtigung Auf den ersten Blick enttäuschen die häßlichen Betonbauten Iraklions. Doch beim Rundgang lassen sich viele bemerkenswerte Zeugen der Vergangenheit finden. Genügend Zeit muß man zusätzlich für die Museen einplanen, so daß man gut zwei Tage für die Besichtigung benötigt.

Iraklion besitzt heute zwei Häfen, der große **Fähr- und Handelshafen** [1] gehört zu den bedeutendsten Griechenlands, der benachbarte **venezianische Hafen** [2] bleibt den Yachten und Fischerbooten vorbehalten. Hier liegt am Ende der Mole das von den Venezianern erbaute **Kastell** [3], das in der Türkenzeit den Namen Koules erhielt (kule = Turm), lange als Gefängnis diente und seit der Renovierung besichtigt werden kann. *Marmorlöwen* über den Portalen erinnern an den Schutzpatron der Markusstadt, der *Minarettstumpf* an die Türken. Auch die überwölbten hohen venezianischen Schiffs- und Lagerhallen am Hafen – **Arsenale** [4] – wurden renoviert.

Man folgt der 25. August-Straße (Odos Ikosipende Avgoustou) nach Süden

(Nr. 19: schöner Adelspalast) und trifft am Titusplatz auf die **Tituskirche** [5], die deutlich erkennen läßt, daß sie in der Türkenzeit als Moschee diente. In der nördlichen Seitenkapelle der Vorhalle befindet sich unter einem Baldachin das hochverehrte *Kopfreliquiar* von Titus, Kretas erstem Bischof und Schutzheiligen. Die Reliquie kam erst 1966 nach Iraklion zurück (bei der türkischen Eroberung brachten sie die Venezianer nach Venedig, zusammen mit der wundertätigen Marien-Ikone der Tituskirche).

An den Titusplatz grenzt die Armeria (Zeughaus, 17. Jh.), das heutige **Rathaus** [6]. Der Bau ist durch einen schönen mehreckigen Innenhof mit der restaurierten venezianischen **Loggia** [7] verbunden, dem prächtigsten Renaissancebau der Stadt (1626–28). In ihm trafen sich die Adeligen und Beamten; der aufwendige dorische Fries verrät, daß die Markusrepublik auch bei geselligen Anlässen

ihre Stärke demonstrierte, denn die Metopen schmücken Waffen, Schilde und Fackeln (Originale im Historischen Museum). Wir sind hier im Zentrum des venezianischen Candia: in Sichtweite liegt der berühmte **Morosini-Brunnen** [8], der 1628 vom Onkel des späteren Stadtverteidigers eingeweiht wurde. Die *Reliefs* der acht Brunnenbecken zeigen Meereswesen der griechischen Mythologie und Sage, darunter auch ›Europa auf dem Stier‹. Die vier *wasserspeienden Löwen*, die das obere Becken tragen, wirken zu Recht altersschwach, denn sie stammen von einer älteren Brunnenanlage des 14. Jh. Schräg gegenüber steht die 1239 erbaute **Markuskirche** [9], einst Grablege der Herzöge von Candia. Heute dient die dreischiffige Basilika als *Kunsthalle*, in der 1990 Werke des kretischen Malers El Greco gezeigt wurden und 1993 die große Ausstellung byzantinisch-kretischer Kunst zu sehen war.

Die nach dem Zweiten Weltkrieg restaurierte venezianische Loggia – Kretas schönster Profanbau der Renaissancezeit – gehört heute zum Rathaus von Iraklion

Der Platz um den Morosini-Brunnen (offiziell **Platia Eleftherios Venizelou** genannt) ist Treffpunkt der Touristen und Studenten, in den kleinen angrenzenden Fußgängerzonen reihen sich Bars und Restaurants aneinander, die gegen Abend mit romantisch flackernden Windlichtern zum Aperitif und Essen locken. Auch um den recht bescheidenen *El Greco Park* entstehen neue Boutiquen, Bars und Restaurants, wichtiger Anlaufpunkt ist hier das **Telefonamt OTE** [**10**].
Die Straße des 25. August trifft etwas weiter südlich auf die Hauptkreuzung der Stadt (Nikephoros-Platz). Nach Osten führt die elegante Geschäftsstraße Dikeosinis zum begrünten Freiheitsplatz (Platia Eleftherias) und Archäologischen Museum, im Süden beginnt die vielbesuchte **Marktstraße** (Odos 1866). Sie wird auch Agorá genannt und besitzt durch ihre Betriebsamkeit und Buntheit noch viel von ihrem alten Charme, obwohl immer mehr Händler ihre Läden hinter den offenen Ständen aufwendig ausbauen. Alles, was Kretas Boden hergibt, läßt sich hier entdecken: Gemüse, Obst, Kräuter, verschiedene Olivensorten, Weintrauben, aber auch Fleisch, Käse und die aus Salzteig gebackenen Hochzeitsbrote. Am Ende der mit Segelplanen überdachten Gasse, am Platia Kornarou, steht das anmutig wirkende **Brunnenhaus** der abgerissenen Valide-Moschee, das jetzt als Kafenion dient. Im

Schatten der Bäume kann man sich ein wenig ausruhen und den Anblick des benachbarten **Bembo-Brunnens** [**11**] besser verkraften, dessen harmonische Renaissance-Proportionen durch eine kopflose, bei Ierapetra gefundene römische Statue gestört werden.
Enge Gassen führen in nordwestlicher Richtung zum **Ekaterini-Platz** mit drei Kirchen. Die **Große Minaskirche** [**12**] entstand 1862–95 im neobyzantinischen Stil und wirkt als Bischofskathedrale repräsentativ, sehr viel stimmungsvoller ist die benachbarte **Kleine Minaskirche**

Der Lyriker Odysseas Elytis

1979 mit dem Nobelpreis für Literatur ausgezeichnet, aber viel zu wenig bekannt, ist der Lyriker Odysseas Elytis (1911 in Iraklion geboren). Sein Hauptwerk ›To Axion Esti‹ (Gepriesen sei) wurde von Mikis Theodorakis vertont. Wie Theodorakis engagierte er sich im Widerstand gegen die Obristendiktatur. Kein anderer hat griechische Gegenwart, Vergangenheit, Mythen und eigene Seelenwelt in so knappen, wunderbaren Sprachbildern assoziiert wie Elytis. Seine Gedichte zaubern die sinnenfrohe, lichtdurchtränkte Ägäis tief in die Seele.

Nur selten zeigt sich Iraklions Morosini-Brunnen in ganzer Pracht, dafür lassen sich ohne Fontänen die Reliefs genauer betrachten. Der Brunnenplatz ist ein beliebter Treffpunkt

[**13**] aus dem frühen 18. Jh., besonders, wenn gegen Abend die Gläubigen Kerzen entzünden und andächtig die durch Glas geschützten Ikonen küssen. Nördlich dieser beiden Kirchen steht am Rand eines kleinen Platzes die traditionsreiche **Katharinenkirche [14]**. Sie wurde 1555 als Klosterkirche erbaut und ist heute, zusammen mit der später angefügten Nebenkirche Agii Deka, Kretas bedeutendstes Ikonenmuseum.

Das Ekaterini-Kloster gehörte zum gleichnamigen Kloster vom Berg Sinai und war vom 15. bis 17. Jh. das wichtigste kulturelle Zentrum Kretas. An der hier untergebrachten Sinai-Schule lehrten und studierten Theologen und Künstler aus dem ganzen griechischsprachigen Raum, die Ikonenmaler verbanden in einzigartiger Weise byzantinische Traditionen mit Einflüssen der venezianischen Renaissance.

Nach der großen Ausstellung byzantinischer Malerei im Jahre 1993 blieb das **Ikonenmuseum** 1994 geschlossen, ist aber nun wieder geöffnet (Platia Ekaterini, Tel. 24 21 11, tgl. außer So 10–13; Di, Do und Fr auch 16–18 Uhr). Hier kann nur auf die wichtigsten Exponate verwiesen werden. Dies sind vor allem die sechs großen *Ikonen von Michael Damaskinos*, welche 1801 aus dem Kloster Vrondissi nach Iraklion kamen. Der Maler Michael Damaskinos wird von 1570 bis 1591 in den Akten erwähnt, er arbeitete nicht nur

in seiner Heimatstadt Candia/Iraklion, sondern auch in Venedig und auf Korfu; er ist der berühmteste Maler der ›Kretischen Schule‹. Themen seiner sechs Bilder sind: ›Anbetung der Könige‹, ›Abendmahl‹, ›Muttergottes‹, ›Noli me tangere‹, ›Konzil von Nikäa‹ und die ›Heilige Liturgie‹.

Vom Ikonenmuseum geht es südwärts zur **Martinengo-Bastion [15]**, dem schönsten Aussichtspunkt Iraklions, mit dem eindrucksvoll-schlichten **Grab von Nikos Kazantzakis** (1883–1957). Der in Iraklion geborene Dichter wurde durch die Verfilmung seiner Romane ›Alexis Sorbas‹ und ›Griechische Passion‹ weltberühmt, während sein Lebenswerk, das riesige Versepos ›Odyssee‹ weniger bekannt ist. Als die Kirche dem freidenkenden Dichter ein Grab in geweihter Erde versagte, wurde er hier auf der Martinengo-Bastion zur letzten Ruhe gebettet. Der von ihm gewählte, in seiner Handschrift wiedergegebene Grabspruch lautet: »Ich erhoffe nichts, ich fürchte nichts, ich bin frei.«

Die Martinengo-Bastion ist wegen der herrlichen Aussicht der meistbesuchte Platz der venezianischen Festungsanlagen. Im Norden liegen Stadt und Meer, im Westen ragt der markante Kegel des Stroumboulas auf, im Südwesten stehen die bis zum späten Frühjahr schneebedeckten Ausläufer der Ida-Berge und im Süden liegt der Jouchtas. Weil seine

Silhouette einem bärtigen Männerprofil ähnelt, wird dieser seit alters ›der schlafende Zeus‹ genannt (**Tip:** gegen Abend liegt der Jouchtas besonders gut im Licht).

Mehr als hundert Jahre (ab 1462) wurde an dem sternförmigen **Verteidigungsring** [**16**] gebaut, jeder Einwohner mußte pro Jahr eine Woche lang mitarbeiten. Ab 1538 leitete der berühmteste Festungsbaumeister seiner Zeit, Michele Sanmicheli aus Verona, den Bau der noch heute beeindruckenden *Mauern* und *Bastionen*. Vier gut geschützte, z. T. reliefverzierte *Tore* unterbrachen die rund 4 km lange Mauer, sieben nach außen pfeilförmig vorspringende Bastionen entsprachen dem neuesten Stand der Militärtechnik. Mauern, Wälle und Tore wurden nach 1960 von Anbauten befreit und restauriert.

 Viel Zeit braucht man für das im Schatten der Mauer liegende **Archäologische Museum Iraklion**, abgekürzt AMI genannt [**17**]. Es ist das einzige Museum der Welt, in dem minoische Kultur und Kunst umfassend repräsentiert werden (Odos Xanthoudidou, Tel. 22 60 92, 22 46 30; tgl. 8 – 19, Mo nur 12.30 – 19 Uhr). **Tip:** Wer nicht durch eine Führung zeitlich gebunden ist, sollte die etwas ruhigere Mittagszeit für den Besuch wählen.

Die Exponate sind chronologisch und nach Fundstellen geordnet.

Saal I: Neolithikum (6000 – 2600 v. Chr.) und Vorpalastzeit (2600 – 1900 v. Chr.). Marmoridole; Keramik im Vassiliki-Stil (typisch: durch ungleichmäßiges Brennen entstandene scheckige Oberfläche); Goldschmuck von der Insel Mochlos; Idole, Schmuckstücke und Dolche aus den Gräbern von Fourni.

Saal II: Funde aus Knossos und Malia sowie aus den Bergheiligtümern Mittel- und Ostkretas (1900 – 1700 v. Chr.). Sog. Stadtmosaik (Fayenceplättchen, die zwei- und dreistöckige Hausfassaden abbilden); Keramik im Kamares-Stil (formen- und dekorreich, polychrom); sog. Eierschalen-Ware aus der Kamares-Höhle (extrem dünnwandig).

Saal III: Vorwiegend Funde aus Festos/Phaistos (1900 – 1700 v. Chr.), u. a. der berühmte *Diskus von Phaistos/Festos* (Tonscheibe mit beidseitig eingestempeltem Text aus bis heute nicht lesbaren Hieroglyphen).

Archäolog. Museum Iraklion: Die Hieroglyphen des Diskus von Phaistos sind bis heute nicht entschlüsselt

Saal IV: Neue Paläste von Knossos, Festos und Malia (1700 – 1450 v. Chr.). Spielbrett aus Elfenbein mit Intarsien; Idole der *Schlangengöttin* in typisch minoischer Frauenkleidung; *Stierkopfrhyton* (Gefäß für flüssige Spenden); kleiner, vollplastischer Stierspringer aus Elfenbein; Königsschwert aus Malia (auf dem mit Goldblech beschlagenen Schwertknauf ein Akrobat).

Saal V: Funde aus Knossos und Agia Triada (1450 – 1400 v. Chr.). Tontäfelchen mit Linear-A-Schrift und der daraus entwickelten Linear-B-Schrift (1953 durch die Engländer Michael Ventris und John Chadwick als frühes Griechisch erkannt und entziffert).

Saal VI: Grabfunde (1400 – 1350 v. Chr.). Ring aus dem Grab von Isopata/Knossos

Das schönste Schmuckstück aus minoischer Zeit ist die goldene ›Biene von Malia‹. Sie wurde in der Nekropole am Meer gefunden

Archäolog. Museum Iraklion: Eine Schleife im Nacken (der sog. Knoten) weist die ›kleine Pariserin‹ von Knossos als Priesterin aus (oben). Steatitgefäß aus Agia Triada mit Wettkampf- und Stierfangszenen (unten)

mit Frauen beim Tanz; Kästchen und Ring von Archanes (Totenklage für Vegetationsgott); ›mykenischer‹ *Eberzahnhelm* (Knossos).

Saal VII: (1650–1400 v. Chr.). Große Doppeläxte; drei berühmte Steatitgefäße aus Agia Triada: die sog. *Schnittervase* (von Musikern geführte Erntearbeiter), ein Rhyton mit Wettkampfszenen (Faust- und Ringkämpfer, Stierspringer) und der sog. *Prinzenbecher*. Ferner Goldschmuck, u. a. die ›Biene von Malia‹. Bronzetalente (handelsübliche Währung).

Saal VIII: Palast von Zakros (1650–1450 v. Chr.). Rhyton aus Bergkristall; Steinrhyton mit Abbildung eines Bergheiligtums; Steatitrhyton in Stierkopfform.

Saal IX: Funde aus Siedlungen Palekastro, Gournia, Psira u. a.

Saal X: Nachpalastzeit (1450–1100 v. Chr.). Großfigurige Tonidole (Göttin mit erhobenen Armen).

Saal XI: Gefäße der protogeometrischen und geometrischen Epoche (1100–800 v. Chr.). Fibeln (Nadeln, mit denen die Dorer ihre in Bahnen gewebten Gewänder steckten).

Saal XII: Gefäße im orientalisierenden Stil (800–650 v. Chr.).

Saal XIII: (Halle mit Treppe zum Obergeschoß): Minoische kisten- und wannenförmige Tonsarkophage aus verschiedenen Gegenden Kretas.

Saal XIV: (Obergeschoß): Wandbilder der Jüngeren Palastzeit (1600–1400 v. Chr.), u. a. Relieffresken vom Palast in Knossos: Teil des Prozessionsfrieses (ursprünglich ca. 350, z. T. lebensgroße Figuren) und der sog. Lilienprinz, beide vom Südteil; Galoppierender Stier vom Nordeingang; die ›Blauen Damen‹; Delphine und das legendäre *Stierspiel* (Springer im Salto über Stierrücken). In der Saalmitte der berühmte *Steinsarkophag* von Agia Triada mit Totenritual (um 1400 v. Chr.).

Saal XV: Sog. *Pariserin* (durch Haarknoten als Priesterin ausgewiesen); Zuschauer bei Kultveranstaltung; Greifen aus dem Thronsaal.

Saal XVI: ›Krokuspflücker‹; ›Anführer der Schwarzen‹; ›Tänzerin‹.

Saal XVII und **XVIII:** Minoische und griechische Antiken der Sammlung des

Marktstraße (Agora) in Iraklion. Die Ware ist stets frisch und von bester Qualität – Kreter sind kritische Käufer!

Arztes Giamalakis (1962 vom AMI erworben). In der Saalecke die schöne, fast lebensgroße Bronzefigur eines Jünglings aus Ierapetra, einzige hellenistische Großbronze Kretas.

Saal XIX: (Erdgeschoß rechts): Monumentalkunst der archaischen Zeit (700–600 v. Chr.). Reliefs von der Akropolis in Gortys und den Tempeln von Prinias. Bronzeschilde aus der Idäischen Grotte; Bronze-Idole von Dreros, wohl Leto mit Apollon und Artemis.

Saal XX: Plastiken aus der klassischen bis römischen Zeit (450 v. Chr.–300 n. Chr.). Aphrodite (Kopie nach Praxiteles); Apollon von Gortys.

Wer auch die Denkmäler der nachminoischen Zeit kennenlernen möchte, sollte das Historische Museum besuchen. Es liegt an der nördlichen Uferstraße (gegenüber vom Xenia-Hotel) in der Nähe der seit Jahren in Restaurierung befindlichen venezianischen Paulus-Kirche.

Das **Historische Museum** [18] wurde im klassizistischen Wohnhaus des ersten Ausgräbers von Knossos, Kalokerinos, untergebracht (Odos Kalokerinou, Tel. 28 32 19, tgl. außer So und feiertags 9–14 Uhr). Die Sammlung ist über drei Stockwerke verteilt und chronologisch geordnet.

Untergeschoß: Plastiken, Reliefs, Brunnen und Grabstelen aus venezianischer und türkischer Zeit. Wandfresken aus dem Haus von Fazil Bey in Iraklion.

Erdgeschoß: Byzantinische Fresken, Schnitzarbeiten und Stickereien, u. a. aus Potamies und Assomatos. Byzantinische und osmanische Münzen.

1. Stock: Stiche nach alten Inselkarten und Städteprospekten. Fotos von der Schlacht um Kreta (Mai 1941). Arbeitszimmer von Nikos Kazantzakis mit allen Manuskripten seiner Werke. Raum Emmanuel Tsouderos (kretischer Gelehrter, Ministerpräsident bis zur deutschen Besatzung 1941).

In einem eigenen Raum ist das nach der Greco-Ausstellung von 1990 erworbene **Gemälde El Grecos** ausgestellt, das um 1570 entstand und das Katharinenkloster auf dem Sinai darstellt (Tempera und Öl auf Holz, ca. 60 cm breit, 40 cm hoch). Unter einem wild bewegten, im rosafarbenen Glanz der untergehenden Sonne leuchtenden Wolkenhimmel steht das von spitzen Felsen überragte Kloster im Mittelgrund, im Vordergrund erkennt man Pilger. Die Farbskala wirkt düster durch erdfarbene Ocker- und Brauntöne.

2. Stock: Kretische Volkskunst, Web- und Stickarbeiten, Trachten, z. B. Festtagstracht aus Sfakia (mit Dolch im Bund). Nachbildung eines typischen Hausinneren mit Rundbogen als Raumteiler, Webstuhl und Bett. Musikinstrumente, u. a. Kretische Lyra.

Ausflüge

Vom Standort in und um Iraklion kann man viele der im folgenden beschriebenen Sehenswürdigkeiten auf **Tages-,** oft auch **Rundfahrten** besuchen: 1. Knossos und Archanes – 2. Gortys, Festos (evtl. Agia Triada) und Matala – 3. Über Tilissos und Anogia zur Nida-Hochebene – 4. Malia – 5. Über Mirtia und Kastelli zur Kirche von Pigi. – Schließlich Moni Savathiana – Agia Pelagia.

Praktische Hinweise

Tel.-Vorwahl Iraklion: 0 81
Postleitzahl: 71500
Information: Fremdenverkehrsamt EOT, Odos Xanthoudidou 1 (gegenüber AMI), Tel. 22 82 25, Fax 22 60 20. Geöffnet Mo–Fr 8–14.30 Uhr

Hotels
**** Astoria, am sehr belebten Eleftherias-Platz 6, Tel. 22 90 02, Fax 22 90 78. Gepflegtes, gut geführtes Haus mit hübscher Cafeteria im Erdgeschoß, 273 Betten.
**** Galaxy, Odos Dimokratias 67, Tel. 23 88 12, Fax 21 12 11. Elegantes Stadthotel mit Pool, etwas südlich vom Zentrum, 264 Betten.
**** Xenia, Odos Sofia Venizelou 2, Tel. 28 40 00-3. An der Uferpromenade, Zimmer mit Blick aufs Meer, 156 Betten. Die Bäder der schönen Anlage seit 20 Jahren nicht renoviert, Pool nicht in Benutzung.
*** Atrion, Odos K. Paleologou 9, Tel. 22 92 25, Fax 22 32 92. Nahe Xenia-Hotel, einfaches sauberes Stadthotel mit kleinem Innenhof.

4–7 km westlich vom Zentrum:
**** Agapi Beach, Ammoudara, Tel. 25 05 02, Fax 25 87 31. Luxuriöse Anlage am Strand, 391 Betten.
**** Santa Marina Beach, Ammoudara, Tel. 26 11 03. Hauptbau mit drei Stockwerken, Reihenbungalows, 420 Betten, am schönen Strand.

Restaurants
Vardia, am venezianischen Hafen, viele Spezialitäten – **Platanos** am Titusplatz. Hier sitzt man im Schatten der Platanen – **Kyriakos,** Odos Dimokratias 53 (südl. Eleftherias-Platz). Große Auswahl, gemütliche Atmosphäre – **Europe,** Odos Demokratias 9. Gut, exklusiv – **Giovanni,** Korai 12 (Gasse vom Morosini-Brunnen zum AMI). Kleiner Vorgarten, angenehm – **Ionia,** Odos Evans 5. Typische griechische

Küche – Vorsicht in der bei eiligen Touristen beliebten Dedalou-Gasse: das Preis-Leistungsverhältnis stimmt hier nicht.

2 Knossos

5 km südlich von Iraklion, gut ausgeschildert. Während der Saison auf einem der Privatparkplätze (ab 1 km vor dem Haupteingang) parken, sonst den offiziellen Parkplatz unmittelbar hinter dem Eingang benutzen. Die Buslinie Nr. 2 fährt in kurzen Abständen von Iraklion (Busbahnhof nahe vom Hafen) nach Knossos.

Größte und berühmteste minoische Palastanlage.

Vor hundert Jahren ahnte niemand, daß bereits lange vor der griechischen Zeit eine Hochkultur in Europa existiert hatte. Die Ausgrabung des Palasts von Knossos ab 1900 war daher ein wahrhaft epochemachendes Ereignis, das durch die folgenden, bis heute anhaltenden Grabungskampagnen auf weiteren Plätzen noch an Bedeutung gewann. Obwohl jetzt mehrere Herrscherpaläste auf Kreta bekannt sind, bleibt der Rang von Knossos als zentrale, kultisch bedeutendste Palastanlage der minoischen Zeit unbestritten.

Geschichte Knossos gehört zu den wenigen, bereits in der Jungsteinzeit in größerem Umfang besiedelten Plätzen Europas. Um 2000 v. Chr. wurde der ältere Palast auf dem nach Norden, Osten und Süden abfallenden Hügel errichtet und um 1700 v. Chr. durch Erdbeben zerstört. Der an gleicher Stelle erbaute neue Palast war noch prächtiger und größer (ca. 20 000 m² Grundfläche) als der alte; rings um die Anlage entstanden kleinere Herrenhäuser (u. a. die ›Königliche Villa‹) und eine schließlich bis zu 100 000 Einwohner zählende Stadt. Um 1450 v. Chr. fanden erneut starke Zerstörungen statt, dennoch wurde der Palast nochmals aufgebaut und bis ca. 1380 v. Chr. von einem achäischen Herrscher bewohnt. Ab 1200 v. Chr. crlosch im nun endgültig zerstörten Palast das Leben, während die Stadt bis in die frühbyzantinische Zeit existierte. Die über viele Jahrhunderte benutzte Nekropole dehnte sich bis an den heutigen Stadtrand von Iraklion aus. In der griechischen Überlieferung blieb die Bezeichnung ›**Labyrinth**‹ wohl wegen der Unübersichtlichkeit der Anlage mit Knossos verbunden. Vielleicht leitet

Am Nordeingang des Knossos-Palastes imponiert ein Stierfresko hinter der monumentalen Säulenarkade

sich der Name vom lydischen Wort labrys = Doppelaxt ab: Doppeläxte gehörten zu den vielfach gefundenen Kultsymbolen der Minoer. Geheimnisumwittert blieb auch das Geschehen am Hof des Minos, dem die frühen Achäer (um 1600–1450 v. Chr.) tributpflichtig waren. Die Sagen vom Labyrinth und dem dort hausenden Menschen-verschlingenden Ungeheuer **Minotauros** spiegeln die Angst vor der fremdartigen minoischen Welt, die erst der attische Königssohn Theseus mit Hilfe der knossischen Prinzessin Ariadne (durch Tötung des Minotauros) überwand. Wahrscheinlich war ›Minos‹ der Name einer ganzen Herrscherdynastie.

Ausgrabung: Bereits Ende des 19. Jh. entdeckte der Grieche Minos Kalokerinos mehrere Magazinräume; der Troja-Ausgräber Heinrich Schliemann versuchte vergeblich, das Gelände zu kaufen. Nach Abzug der Türken erwarb der englische Gelehrte Arthur Evans den Kephala (Kopf) genannten Hügel. Er grub und restaurierte 25 Jahre in Knossos, die Ergebnisse seiner Arbeit veröffentlichte er in einem vierbändigen Werk. Seine vielfach belächelten Restaurierungsmaßnahmen halten neueren Erkenntnissen im wesentlichen stand.

Besichtigung Geöffnet tgl. 8–19, So und feiertags 8.30–15 Uhr. Wegen des enormen Publikumandrangs (600 000 Besucher pro Jahr) sind einzelne Palastabschnitte gesperrt, man muß sich beim Rundgang mit dem Blick auf bzw. in die entsprechenden Raumabschnitte begnügen.

Der Rundgang beginnt auf dem gepflasterten **Westhof** [**1**], der von zwei schmalen *Prozessionswegen* überquert wird. Im Südteil des Hofs liegen drei runde Vertiefungen, deren Bedeutung nicht geklärt ist. Ein Prozessionsweg führt nach Norden zum Theater, man geht jedoch zunächst in südlicher Richtung zum **Eingang**, wo neben einem Wachraum der **Prozessionskorridor** [**2**] beginnt. Dessen Wände waren mit Fresken lebensgroßer Opferträger geschmückt (im ganzen Palast nur Kopien, Originale im Archäolog. Museum Iraklion). Der Korridor knickte im rechten Winkel nach Osten ab (Südabschnitt zerstört, von hier guter Blick auf das tiefer liegende sog. Südhaus). Das mächtige ›Stiergehörn‹ aus Porosstein läßt man rechts liegen, links befindet sich der prächtig gestaltete Südeingang des Palasts, das **Südpropylon** [**3**]. Eine breite Treppe führt von den beiden einst säulengestützten Räumen zum Obergeschoß, das Evans als ›Piano nobile‹ bezeichnete, weil sich dort Festsäle und ein Heiligtum befanden (Rekonstruktion umstritten).

Im Erdgeschoß ist im **Südkorridor [4]** das Fresko des sog. Lilienprinzen zu bestaunen. Nun kommt man auf den 46 m langen, 22 m breiten **Mittelhof [5]**, der nach Meinung mancher Forscher Schauplatz der akrobatischen Stierspiele war (wahrscheinlicher ist jedoch das Gelände am Fuß des Palast-Ostflügels). Den langen Hof muß man sich von mehrstöckigen Gebäuden umrahmt vorstellen: An den Schmalseiten lagen die monumentalen Nord- und Südeingänge, die Langseiten wurden vom West- und Ostflügel begrenzt, ›Stierhörner‹ schmückten den Sims der Flachdächer.

Der **Westflügel** war sakralen und repräsentativen Räumen vorbehalten. Auch die lange Reihe der **Magazinräume [6]**, die an den Westhof grenzt, muß in diesem Kontext gesehen werden, denn der Königshof war gleichermaßen Kult-, Regierungs- und Wirtschaftszentrum. Von den 150 ausgegrabenen, z. T. mannshohen Vorratsgefäßen (Pithoi) stehen viele in situ (am alten Ort), ungefähr 400 Gefäße für Wein, Öl, Getreide und auch Honig hatten in den Magazinen Platz (guter Blick auf die Gefäße vom Obergeschoß ›Piano nobile‹ aus). Besonders faszinierend im Nordabschnitt des Westflügels ist

Knossos

1 Westhof	**8** Schatzkammer	**15** Hof der steinernen
2 Prozessionskorridor	**9** Dreiteiliges Heiligtum	Wasserleitungen
3 Südpropylon	**10** Großes Treppenhaus	**16** Ostbastion
4 Südkorridor	**11** Megaron des Königs	**17** Westbastion
5 Mittelhof	**12** Megaron der Königin	**18** ›Zollstation‹
6 Magazinräume	**13** ›Boudoir der Königin‹	**19** Theater
7 Thronsaal mit Kultbad	**14** Räume für Handwerker	

Stierspiel-Fresko aus Knossos

Die Stierspiele der Minoer

Wer etwas vom Stierkampf versteht, hält es für unmöglich, was kretische Fresken und Statuetten zeigen: Daß ein Athlet den mit gewaltiger Kraft und gesenktem Haupt heranstürmenden Stier bei den Hörnern packt, sich mit dem Aufschwung des Stierkopfes im Salto auf seinen Rücken katapultiert und abspringt. Dies alles mit höchster Eleganz!

Den Ursprung der unblutigen Stierspiele, das Einfangen des Stiers, zeigen schon Tonplastiken des 3. Jt. v. Chr. aus den Gräbern der Mesara. Die später bei religiösen Festen zelebrierten Spiele besaßen sicher rituellen Charakter und wurden vielleicht zuerst von freiwilligen jungen Leuten, evtl. aus dem Adel, praktiziert.

Erst als der Adel nicht mehr genug

Freiwillige für dieses waghalsige und sicher oft tödlich ausgehende ›Spiel‹ stellte, wurden andere junge Leute gesucht. Es könnten die neun Mädchen und neun Jünglinge sein, die Athen alle sieben Jahre als Tribut an den Königshof von Knossos liefern mußte; die Abscheu der Athener vor dem ›menschenfressenden‹ Ungeheuer Minotauros wäre dann verständlich.

Eine Parallele könnte die Entwicklung des (aus völlig anderen Ursprüngen hervorgegangenen) blutigen Stierkampfs in Spanien darstellen, der zunächst auch vom Adel praktiziert wurde. Noch Kaiser Karl V. stieg anläßlich der Geburt seines Sohnes Philipp in die Arena und tötete einen Stier. Erst gegen Ende des 16. Jh. übernahmen professionelle Stierkämpfer den Job.

der **Thronsaal** [7] mit Vorraum und Kultbad. Im Thronsaal steht der einzigartige, aus einem Block gearbeitete *Alabaster-Thron*, der ›Thron des Minos‹. Er wird von Steinbänken flankiert, über denen vor rotem Grund das Fresko der Greifen beeindruckt (Mischwesen aus Löwenkörpern und Adlerköpfen). Wozu der westlich angrenzende, etwas vertiefte Raum diente (kultische Waschungen, Salbungen, Schlangenhaltung), bleibt ungeklärt; Anlage und Grundriß dieser ›Kult-‹ oder ›Lustralbad‹ genannten Räume gleichen sich in allen Palastanlagen. Südlich vom Thronsaal führt eine breite Treppe ins obere Stockwerk, im Erdge-

schoß grenzen südlich an das Treppenhaus zwei sog. Pfeilerkrypten, die **Schatzkammer** [8] (in der u. a. die berühmten Statuetten der Schlangengöttin gefunden wurden) und das **dreiteilige Heiligtum** [9], das nach seiner dreifach gegliederten Fassade benannt wurde.

Der **Ostflügel** des Palasts beherbergte die königlichen Privatgemächer. Hier fällt das Gelände zum Fluß Kairatos ab, zwei Stockwerke liegen am Hang unterhalb des Hofs, erst das dritte Stockwerk erreicht das Niveau des Mittelhofs und besaß mindestens noch ein weiteres Obergeschoß. Blickpunkt ist das elegante, durch Säulen zum Lichthof geöffnete

Palast von Knossos: Der freskierte Thronsaal des Minos war geheimnisumwittertes Macht-zentrum des minoischen Reichs

große Treppenhaus [10]: ein Architek-turkonzept, das in Europa erst in der Barockzeit wieder realisiert wurde. Die von Evans in Beton nachgegossenen Säulen bestanden aus Zypressenholz, ihr Durchmesser nimmt im oberen Schaftab-schnitt zu.

Beim Hinabsteigen kommt man zunächst in die sog. **Halle der Garde**, einen mit Schilden in Form einer 8 bemalten Vor-raum, und ein Stockwerk tiefer durch die **Halle der Doppeläxte** in das **Megaron des Königs [11]**. Hier sind die Sockel der für minoische Bauten typischen Poly-thyra (›viele Türen‹) zu erkennen, die den Raum erweiterten und mit Licht erfüll-ten. Von der angrenzenden Loggia aus bietet sich ein schöner Blick über das Tal. Etwas weiter südlich liegen auf gleicher Geschoßhöhe die **Gemächer der Köni-**

Vor allem Wein und Öl lagerten in den großen Tongefäßen der zahlreichen Magazine. Die Paläste waren Kult- und Wirtschaftszentren

gin. Westlich vom freskengeschmückten (Delphine, Tänzerin) **Hauptraum** [12] befindet sich ein kleiner Raum mit Tonwanne, und von der Südwestecke des Megarons kommt man in das mit einem Abfluß versehene ›**Boudoir der Königin**‹ [13], neben dem eine Toilette mit Wasserspülung lag.

Nach Rückkehr zum großen Treppenhaus gelangt man in den Nordabschnitt des Ostflügels. Hier befanden sich **Räume für Handwerker** [14]. Die Nähe zu den Königsgemächern wird durch die Dädalos-Sage verständlich: Der König wacht eifersüchtig über ›seinen‹ Künstler, der nicht nur mit wertvollen Materialien arbeitet, sondern durch Erfindungsreichtum und Kunstfertigkeit Ruhm und Prestige des Hofes steigert.

Für bautechnisch Interessierte ist der **Hof der steinernen Wasserleitungen** [15] interessant: hier wurde das Regenwasser des Lichthofs gesammelt und unterirdisch durch Rohrleitungen abgeführt. Auch die Wasserführung an den Treppen der **Ostbastion** [16], bei der Senkkästen den Schwung der Winterregen bremsten, war hervorragend durchdacht.

Im Norden führte ein schmaler, abschüssiger Korridor zum Zentralhof (auf der Westseite die restaurierte **Westbastion** [17], ein rampenartiger Gang mit Relieffresko eines Stiers). Am Nordeingang stand eine große Pfeilerhalle, die von Evans als ›**Zollstation**‹ [18] bezeichnet wurde, weil hier der von den Häfen kommende gepflasterte Weg endete.

Nun verläßt man den Palast und geht am (überdachten) Kultbecken vorbei zum **Theater** [19]. Hier treffen zwei breite Treppen im rechten Winkel aufeinander, wahrscheinlich saßen bei zeremoniellen Vorführungen die Zuschauer auf den Stufen, während der Herrscher auf dem erhöht zwischen den Treppen liegenden Podest (sog. Königsloggia) Platz nahm.

Vom Theater kann man noch ein kleines Stück der **Heiligen Straße** nach Westen folgen und dann zum Westhof zurückkehren.

An der nach Knossos führenden Straße gibt es viele einfache **Restaurants**, die im Angebot und in den Preisen wenig unterschiedlich sind.

Bei Archanes wachsen seit minoischer Zeit Rebstöcke. Die ganze Familie hilft bei der Ernte, die als Wein, Tafeltrauben und Rosinen auf den Markt kommt

3 Archanes – Fourni – Anemospilia

Von Iraklion über Knossos nach Süden (15 km). 300 m südlich von Knossos links unterhalb der Straße die sog. Karawanserei aus minoischer Zeit, nach weiteren 3 km Reste eines 1832–40 erbauten Aquädukts, der Iraklion versorgte.

Wohlhabende Winzergemeinde – Einst Herrschersitz mit Nekropole auf dem Hügel Fourni und Heiligtum Anemospilia auf der Nordterrasse des Jouchtas-Berges.

Das östlich vom Berg Jouchtas in 400 m Höhe liegende **Archanes** ist von Weinbergen umgeben; die köstlichen Rosaki-Trauben werden zu Wein verarbeitet oder als Tafeltrauben exportiert.

Unter dem Ortsteil Tourkogitonia befindet sich ein weiterer minoischer Palast aus der Zeit um 1600 v. Chr., den das Archäologen-Ehepaar Efi und Jannis Sakellarakis entdeckte und seit 1964 in einigen Partien freilegt. Die Nähe dieses Palastes zu Knossos gibt Rätsel auf (Sommersitz der dortigen Herrscher?). Der Palast wurde 1450 v. Chr. zerstört, der Platz jedoch weiter bewohnt. Im Ortsnamen lebt der seit dem 5. Jh. v. Chr. inschriftlich bezeugte Name der antiken Siedlung Acharna fort.

Minoischer Palastbezirk: Bei der Panagia-Kirche (mit hübscher Glockenarkade, wertvolle Ikonen) parken. Die Straße gabelt sich 100 m weiter südlich, man folgt der linken Einbahnstraße, geht die erste Gasse links, dann wieder rechts. Kein Zutritt, nur von der Straße aus ist das zwischen abgestützten Nachbarhäusern freigelegte Areal überschaubar. Fundamente aus Hau- und Bruchsteinen, Wasserrinne und Plattenbelag sind gut zu erkennen, die mit Polythyra (›viele Türen‹) versehenen Räume sind überdacht. Gefunden wurden Fresken und bewegliche Steinaltäre.

Gräberfeld Fourni: Die 1965 von Jannis Sakellarakis entdeckte Nekropole wurde 1500 Jahre lang benutzt (vom 3. Jt. bis 1250 v. Chr.) und ist das **bedeutendste prähistorische Gräberfeld** im ägäischen Raum. Anfahrt: Von Norden kommend liegt der Hügel Fourni vor dem Ortszentrum rechts (auf dem Hügel hinter dem Gebäude der Winzergenossenschaft). Beim ockerfarbenen Schulhaus rechts abbiegen (ausgeschildert ›Fourni‹, am besten hier parken. Zu Fuß (1 km) durch Ortsteil bergab, links über eine Brücke bis zum Ende der Erdpiste, dann 20 Minuten auf steinigem Pfad bergan. Das Gelände ist umzäunt, doch das untere Tor bleibt meist auch außerhalb der Saison geöffnet, so daß man einen Teil der Totenstadt besichtigen kann. Der Friedhof umfaßt *Beinhäuser, Kuppelgräber* und *rechteckige Grabbauten* aus der Vorpalast- und Älteren Palastzeit sowie sechs von einer mykenischen Ringmauer umgebene *Schachtgräber* – die einzigen außerhalb von Mykene. Das am Nordrand der Nekropole liegende Kuppelgrab A (1400–1350 v. Chr.) war ungeplündert und enthielt wertvolle Beigaben aus Gold, Bronze und Elfenbein (Museum Iraklion). Interessant auch: *Gebäude für den Grab- und Totenkult* (›Friedhofsdienst‹). Vom Hügel herrlicher Blick auf den Berg Jouchtas.

Der minoische **Tempel von Anemospilia** liegt etwa 4 km nordwestlich von Archanes am Nordhang des Jouchtas (schlechte, z. T. steile Erdpiste, gut ausgeschildert nördlich der Panagia-Kirche). Der Grabungsbezirk ist umzäunt (Öffnungszeiten: Di–Sa 8.45–15, So und feiertags 9.30–14.30 Uhr).

Das mit Hausteinblöcken errichtete Heiligtum bestand aus drei Haupträumen mit davor liegendem Korridor und wurde bei dem gewaltigen Erdbeben um 1700 v. Chr. zerstört. Die Ausgrabung durch das Ehepaar Sakellarakis erregte 1979 durch sensationelle Presseberichte über

das dort entdeckte Menschenopfer weltweites Aufsehen: Im Westraum lag auf einem Altar das Skelett eines gefesselten Jünglings, in dessen Brust ein 40 cm langer Bronzedolch steckte. Offensichtlich hatten Priester beim Einsetzen der Erdbeben die Götter zu besänftigen versucht – bisher der einzige Fall eines Menschenopfers im minoischen Kulturraum, das noch dazu vergebens war. Denn die vom einstürzenden Gebäude erschlagenen Priester und Gehilfen verloren kurz nach dem Opfer ihr Leben. Einmalig ist auch der Fund lebensgroßer Tonfüße, die zu einer hölzernen Kultstatue gehört haben müssen – lebensgroße minoische Statuen wurden auf Kreta bisher nicht gefunden.

Praktische Hinweise

Einfache Lokale in **Archanes** an Hauptstraße und Dorfplatz; vor Straßengabelung **Taverne Rodakinies** (mit Garten).

4 Berg Jouchtas und Vathypetro

2 km südlich von Archanes zweigt rechts die Erdstraße auf den Mittelgipfel des 811 m hohen Jouchtas ab (3 km). Seiner Silhouette wegen wird dieser, wie schon erwähnt, ›schlafender Zeus‹ genannt.

Heiliger Berg seit minoischer Zeit und prächtig gelegenes minoisches Gutshaus.

Eine Überlieferung sagt, daß Zeus in einer der vielen Höhlen des **Jouchtas** begraben liege – eine Vorstellung vom ›Unsterblichen‹, die nur auf vorgriechischer Tradition beruhen kann. Der Mittelgipfel, bei dem die Straße endet, ist sozusagen die göttliche Nasenspitze, auf ihr steht die *Kapelle Afendi Christou Metamorfosi*. Das Kirchenfest am 6. April wird hier bereits am Vorabend mit einem gut besuchten Vespergottesdienst gefeiert, an den übrigen Tagen des Jahres kann man den großartigen Rundblick in Ruhe genießen. Er umfaßt das Ida-Gebirge im Westen, Iraklion vor dem Meereshorizont im Norden, die Lassithi-Berge im Osten, und im Süden sind, meist im Dunst, die Asteroussia-Berge zu erkennen. In minoischer Zeit befand sich auf der heute mit einer Sendestation bestückten Nordhöhe ein Gipfelheiligtum. Zu Frühlingsbeginn entzückt nicht nur die grüne Hügellandschaft am Fuß des Jouchtas – an seinen Hängen blühen auch verschiedene Orchideenarten.

Der landschaftlich besonders schön gelegene Herrensitz Vathypetro wurde nur kurze Zeit (von 1600–1550 v. Chr.) bewohnt

Das minoische Gutshaus von Vathypetro liegt 4 km südlich von Archanes. Auf der Fahrt dorthin kann man einen Abstecher (Wanderung) zur Michaelskirche von **Assomatos** unternehmen (1,5 km südlich von Archanes beim Hotel Dhia Fußpfad, bei zwei Wegegabelungen links halten, 30 Minuten), die Einraumkapelle besitzt *Fresken* von 1315/16.

Die über Vathypetro nach Choudetzi führende Straße wurde 1994 verbreitert, dabei blieben zwar die Hinweisschilder zum **Gutshaus Vathypetro** erhalten, doch die Abfahrt auf den 200 m langen Feldweg wurde etwas erschwert. Die Ruinen liegen auf einer kleinen Anhöhe mit herrlicher Aussicht inmitten der Weinberge; die Anlage ist nicht offen zugänglich, jedoch einsehbar.

Der Gutshof wurde um 1600 v. Chr. angelegt, nur im Westteil vollendet und bereits nach 50 Jahren wieder verlassen. In der Nordostecke sind die Grundmauern eines sog. *dreischiffigen Heiligtums* zu sehen, wie es auch in Anemospilia [Nr. 3] ausgegraben wurde. Hier ist allerdings die Raumlänge sehr gering. Die Mauern bestehen an der Außenseite aus Quadern, innen aus Bruchsteinen, ein Teil der Räume ist überdacht. Im Inneren finden sich *Werkstätten*, die u. a. eine bestens erhaltene *Weinpresse*, eine Olivenpresse und einen Töpferofen aufweisen. Im (ebenfalls überdachten) Magazin stehen *16 Riesenpithoi*.

5 Tilissos

14 km westlich von Iraklion. Zunächst 10 km auf der alten Nationalstraße, dann 4 km auf der Straße Tilissos-Anogia (ausgeschildert).

Drei minoische Herrenhäuser am Nordfuß des Ida-Gebirges.

Die Besichtigung von Tilissos läßt sich gut mit einem Ausflug ins Ida-Gebirge und zur Nida-Hochebene verbinden. Die Fahrt nach Tilissos führt durch eine abwechslungsreiche Hügellandschaft mit üppigen Wein- und Olivenpflanzungen. Das Grabungsgebiet ist von außen einsehbar, geöffnet Di–Sa 9–15 und So 9.30–14 Uhr.

Geschichte Die sog. minoischen Herrenhäuser wurden in der Neuen Palastzeit errichtet und ungefähr bis 1450 v. Chr. bewohnt. Offensichtlich lag die kleine Siedlung an der wichtigsten Ost-West-verbindung der damaligen Zeit. Am Platz des Nordhauses entstand nach 1400 v. Chr. ein mykenisches Megaron. Im 1. Jt. v. Chr. war Tilissos eine autonome

Stadt mit eigener Münzprägung. Die Ausgrabungen fanden bereits 1902–13 durch Joseph Chatzidakis statt, die Funde kamen ins Archäolog. Museum Iraklion (u. a. große, bis zu 52 kg schwere Bronzekochtöpfe, ferner Keramik, Siegel, Tontäfelchen mit Linear-A-Inschriften und eine männliche Bronzestatuette in anbetender Haltung). Forscher vermuten, daß die Kochtöpfe der Versorgung einer militärischen Einheit dienten, welche die Ida-Pässe kontrollierte.

Die Ausgrabungen liegen beim noch sehr ursprünglich wirkenden Dorf Tilissos, das vorwiegend vom Weinanbau lebt. Im Herbst bewachen alte Männer die Weinberge vor Vogelfraß, anschließend hilft die ganze Familie bei der Traubenernte.

Besichtigung Die drei Häuser werden mit A, B und C bezeichnet und besaßen alle eine ähnliche Raumaufteilung: im Erdgeschoß lagen Magazine und Werkstätten, Steintreppen führten zu den Hauptwohnräumen im Obergeschoß. Die Wände waren mit Quadern im Mörtelverbund gebaut, eingelassene senkrechte Holzpfeiler dienten der Abfederung bei Erdbeben. Durch das relativ kleine **Haus B** rechts (im Süden) trifft man dann von Westen auf die Rückseite des größten **Hauses A**. Der Eingang mit einem durch zwei Pfeiler gestützten Vorraum befand sich auf der Ostseite. Im Südteil des Hauses lagen mehrere Zimmer und Treppen, im Nordabschnitt pfeilergestützte Magazine.

Haus C mit Resten einer zweiläufigen Treppe zum Obergeschoß steht etwas weiter im Norden. In der Nordostecke dieses Hofes liegt eine spätminoische *Zisterne* mit Stufen.

Praktische Hinweise

Restaurant **Akropolis** am Ortsausgang Richtung Anogia.

6 Anogia

36 km von Iraklion.

Stark touristisch geprägtes Bergdorf im Ida-Gebiet mit wechselvoller, vom Kampf gegen die Unterdrückung geprägter Geschichte.

Auf dem Weg nach Anogia fährt man durch eine Schlucht (ein *Denkmal* erinnert hier an im August 1944 liquidierte Partisanen), kommt an der Ruine des minoischen Herrenhauses von *Sklavokam-* *pos* vorbei und durchquert das prächtig am Hang gelegene Dorf *Gonies*.

Kahle Bergpanoramen rahmen das in 740 m Höhe gelegene **Anogia**; seine Bewohner waren stets besonders freiheitsliebend und mußten während der Besatzungszeiten mehrfach (1821, 1866 und 1944) dafür büßen. Im Zweiten Weltkrieg wurden nach der Entführung des auf Kreta kommandierenden deutschen Generals Kreipe alle Männer des Dorfes erschossen und die Häuser zerstört, weil eine Spur der Entführer nach Anogia führte.

Heute ist Anogia auf Touristen eingestellt, viele Frauen verkaufen z. T. noch handgefertigte Textilien. Besonders die buntgewebten *Teppiche aus Schafwolle* sind berühmt, denn hier wohnen die Hirten, deren Schafe auf der Nida-Hochebene weiden. Das Dorf war von jeher für seine Musiker berühmt, so überrascht nicht, daß nun während des Sommers *Folklore-Veranstaltungen* (Musik- und Tanzaufführungen) geboten werden. Schließlich hat der ›Normaltourist‹ kaum Gelegenheit, ein original kretisches Familien- bzw. Dorffest mitzuerleben.

Unterhalb vom Rathausplatz steht die zweischiffige *Agios-Joannis-Kapelle*, die im Südschiff Fresken aus dem Anfang des 14. Jh. aufweist. Außergewöhnlich ist der ›Verrat des Judas‹ im Giebel der Westwand, darunter ist – als einzige Szene aus dem Leben der Kirchenpatrons – die ›Enthauptung Johannes des Täufers‹ zu erkennen. Das Zentrum des großen Bergdorfs liegt beim Ortsausgang Richtung Axos, Läden mit handgewebten Teppichen, Kafenia und Tavernen reihen sich aneinander, Treppengassen verbinden den oberen mit dem unteren Ortsteil.

Praktische Hinweise

Die Hotels sind sehr einfach und klein. Hübsch sitzt man in den Kafenia oberhalb vom Rathausplatz und am Platanenplatz (im unteren Ortsbereich).

Alltag auf dem Land: Schafhirten beim Melken. – Stundenlanges Dreschen und Worfeln auf kreisrunden Dreschplätzen in der Mittagshitze. – Sommerweide auf der bergumkränzten Nida-Hochebene (Mitte). – Weben ist Frauen-, Orangenernte Männerarbeit

7 Nida-Hochebene und Zeus-Höhle

21 km von Anogia entfernt, am Ortsbeginn (von Iraklion kommend) links abbiegen (ausgeschildert), teilweise asphaltierte Straße.

Heilige, von Mythen umwobene Höhle an Kretas höchstem Berg.

Der Mythos erzählt, daß Kronos, der höchste Gott, alle seine Kinder verschlang, weil ihm der Tod durch eines von ihnen vorhergesagt war. Um ihr Jüngstes zu retten, wickelte die Göttin Rhea nach der Geburt von Zeus einen Stein in Tücher. Kronos verschlang den Stein und Zeus konnte in der Idäischen Grotte heranwachsen. Das Weinen des Säuglings übertönten Diener, die Kureten, durch Lärmen mit ihren Schilden. Später tötete Zeus seinen Vater und wurde selbst zum höchsten Gott.

Auf der Fahrt zur Nida-Hochebene sieht man mehrfach nach alter Tradition ohne Mörtel gebaute *Rundhütten aus Bruchsteinen*, die früher den Hirten als Schutz- und Versorgungshütten dienten (heute kommen die Hirten zum Melken per Pickup von Anogia herauf). Große Schaf- und Ziegenherden weiden im Gebiet. Auf halbem Weg hat beim Platz Zominthos der Archäologe Jannis Sakellarakis ein großes *minoisches Gebäude* entdeckt und teilweise freigelegt.

Die bergumkränzte **Nida-Hochebene** (1370 m) ist eine abflußlose Senke von rund 1,5 x 2,5 km Größe, die nur als Weidefläche genutzt werden kann. Ende Mai beginnt hier die Schafschur, die Vliese werden teilweise gleich in Anogia verarbeitet. Im Sommer kommen viele Touristen auf die Hochebene, und natürlich sind ab dem späten Frühjahr bis zum Herbst Bergwanderer anzutreffen, die den höchsten Berg Kretas, den **Ida** (2456 m), besteigen. (Nicht sehr schwieriger Aufstieg von der Nida-Hochebene über Geröllhänge in 4½ Stunden; gute Kondition, feste Schuhe, Wasserflasche, Kälte- und Sonnenschutz erforderlich).

Für die Kreter ist der Gipfel des großartigen Ida-Massivs schlicht der ›Psiloritis‹ (= Höchste); auf ihm einen Sonnenaufgang zu erleben, übertrifft jedes andere Bergerlebnis. Denn vom ›Höchsten‹ schweift der Blick nicht nur über Berge und Täler, sondern sogar über zwei Meere: das Libysche im Süden und das Kretische Meer im Norden.

Spüren auch geschichtlich Uninteressierte etwas von der Erhabenheit des Ortes, so gilt für alle anderen Bergsteiger Erhart Kästners Bemerkung über die griechische Landschaft: »Was in diesem Lande gelebt und geglaubt, gedacht, gedichtet und geformt worden ist, das hat sich auf Täler und Höhen niedergelassen wie himmlischer Tau. Nicht vergebens haben die Götter allüberall hier gewohnt.« – Auf dem Ida vermählt sich die Schönheit der Landschaft mit dem ehrfürchtigen Wissen: Dies ist der Berg des Zeus, des höchsten Gottes der Alten.

So wandern jene, die den Ursprung Europas kennen, zur mythenumwobenen ›Kinderstube des Zeus‹, der **Idäischen Höhle** (Ideon Andron). Die ist auf wesentlich kürzerem Weg als der Berggipfel von der Nida-Hochebene aus über die Analipsi-Kapelle zu erreichen (halbstündige Wanderung auf Schotterpiste).

In den vergangenen Jahren war die in 1540 m Höhe liegende Zeus-Höhle wegen Grabungsarbeiten geschlossen, ihr 27 m breiter Eingang in der steilen Felswand ist meistens bis Juni schneeverweht.

Die ab 1884 vorgenommenen und bis in jüngste Zeit durchgeführten Ausgrabungen in der 40 m tief in den Berg greifenden Höhle haben gezeigt, daß sie zu Recht seit dem Altertum als *berühmteste Zeus-Höhle Griechenlands* gilt: in Haupt- und Nebenkammern wurden nicht nur Altäre, sondern auch eine enorme Zahl von Votivgaben, Lampen und Münzen, in tieferen Schichten sogar zwei minoische Siegel entdeckt. Die meisten Funde stammen aus nach-minoischer Zeit und belegen den Zeus-Mythos. Am eindrucksvollsten sind große *Rundschilde* (Tympana) mit Darstellungen aus dem Kuretenkult: beispielsweise zerreißt Zeus mit den Händen einen Löwen, während die Kureten auf ihre Schilde schlagen. In einem Depot des Vorplatzes entdeckte man den bisher umfangreichsten *Bronzeschatz* Kretas, der Äxte, Schilde, Dreifüße, Tassen und Kessel umfaßt (alle Funde im Archäolog. Museum Iraklion).

Praktische Hinweise

Am Westrand der Nida-Ebene steht neuerdings eine *Taverne*, bei der die Straße endet.

TopTen

8 Axos

46 km westlich von Iraklion.

Bergdorf, das einst fast 50 byzantinische Kirchen besaß, von denen zwei erhalten blieben.

Axos war bereits in dorischer Zeit eine wichtige Siedlung, die Lage am Nordausläufer des Ida machte den Ort fast uneinnehmbar. Viele Bewohner haben das Dorf verlassen, die Baugeschichten der Kirchen sind vorwiegend für Spezialisten interessant. An der Kurve vor dem Dorfeingang liegt die ruinöse *Agia-Paraskevi-Kirche*, die ins 12. oder 13. Jh. datiert wird.

Nach der ersten Straßengabelung steht links dominierend die aus dem 14./15. Jh. stammende **Agia-Irini-Kirche**; wie die meisten byzantinischen Kirchen überrascht sie durch ihre kleinen Maße. Es handelt sich um einen Kreuzkuppelbau, der einer älteren, schlichten Einraumkapelle als Narthex (Vorhalle) dient. Der klassische Kreuzkuppelbau besitzt in Grund- und Aufriß alle Charakteristika dieses Bautyps; in der Außenansicht besticht der hohe Tambour (Unterbau der Kuppel) mit zierlich wirkenden Blendarkaden, die elegant das runde Ziegeldach zu tragen scheinen. Der Innenraum weist lediglich im älteren Langschiff schlecht erhaltene Fresken auf. Hangaufwärts kommt man zur **Agios-Joannis-Kirche** in der Nähe des Friedhofs. Sie steht auf den Grundmauern einer frühchristlichen Basilika (spärliche Reste des Bodenmosaiks der Basilika sind erhalten) und besitzt *Fresken* vom Beginn des 15. Jh. (Schlüssel beim deutsch sprechenden Wirt des Kafenions erbitten).

Kloster Savathiana bei Rogdia, Detail der Antonios-Ikone

Im Bergdorf Axos standen einst fast 50 Kirchen. Unter den wenigen erhaltenen ist die Agia-Irini-Kirche die bedeutendste

Zentrum des Ortes ist der hübsche Dorfplatz mit Platane, Löwenbrunnen, Kafenion und Geschäften. Auch hier werden – wie in Anogia – Schafwollteppiche und -decken verkauft, die Preise sind hier etwas niedriger als im ganz dem Tourismus erschlossenen Nachbardorf. Axos ist auch Ausgangspunkt für die Besteigung des Psiloritis.

Hinweis: 7 km südwestlich von Axos liegt die **Sentoni-Höhle** beim Dorf Zoniana. Sie gilt als eine der schönsten und größten Tropfsteinhöhlen Kretas, ist aber einstweilen noch nicht für Touristen zugänglich.

9 Rogdia – Moni Savathiana – Agia Pelagia

Nordwestlich von Iraklion. Zunächst auf der alten Nationalstraße bis zur Abzweigung Rogdia-Achlada (7 km). Dann auf serpentinenreicher Strecke 9 km bis Rogdia. – Zum Kloster Savathiana: am Ortsanfang von Rogdia auf stark steigender Piste (nur teilweise asphaltiert) 4,5 km.

Hangdorf über dem Kretischen Meer in herrlicher Aussichtslage – Nonnenkloster in paradiesischem Grün – hübscher Badeort.

Das Dorf **Rogdia** liegt – von Iraklion aus gesehen – am Tag weißschimmernd, am Abend lichterfunkelnd über dem Meer am Nordhang des markanten Kegelberges Stroumboulas. Bis vor wenigen Jahren wirkte es noch sehr einsam, heute kommen Touristen von den nahe gelegenen Hotels in Ammoudara und Agia Pelagia für einen Kaffee oder Ouzo herauf. Die *Aussicht* vom Dorf, in dem früher sehr viele Webstühle klapperten, aufs Meer, die Bucht und die Hauptstadt Iraklion ist wunderschön.

Am Ortsbeginn zweigt die Piste zum **Kloster Savathiana** ab, das nach dem hl. Savas benannt ist. Die sehr gepflegte, weiß gekalkte Anlage liegt fast versteckt in einem Tal, üppig gerahmt von Zypressen, Orangen- und Zitronenbäumen. Die Nonnen bestellen die klostereigenen Gärten, Felder und Blumenrabatten – man spürt sofort, daß hier Frauen zu Hause sind. Mehrere wertvolle *Ikonen* des Klosters befinden sich heute im Ekaterini-Museum Iraklion [Nr. 1], so die ikonographisch bedeutende Ikone der ›Panagia Zoodochou Piji‹ (Muttergottes als Quelle des Lebens), die 1655 vom Mönch Christophoros gemalt wurde, und eine Gregor-Dialogos-Ikone (17. Jh.). In der Hauptkirche hängt heute u. a. die Antonios-Ikone aus der zweischiffigen Kirche in der nahen, quellenreichen Schlucht. Zu dieser, den Heiligen Savas und Antonios geweihten Kirche gelangt man über den Stationenweg.

Im Kloster wird noch immer der Schädel eines Kreters verwahrt, den der Abt gelegentlich zeigt. Wahrscheinlich gehört er dem Großvater von Nikos Kazantzakis, von dem der Vater des großen Dichters erzählt (Rechenschaft vor El Greco): »Meinen Vater hättest du sehen sollen, meinen Vater, er war ein richtiger Drache… Im hohen Alter, blind, griff er beim Aufstand von 1878 zu den Waffen und ging in die Berge zum Kampf; doch die Türken umringten ihn, fingen ihn mit einer Seilschlinge und schlugen ihm den Kopf ab vor dem *Kloster von Savathiana*. Ich sah eines Tages durch das Fensterchen des Altarraums, in dem die Mönche seinen polierten und mit heiligem Öl von der ewigen Lampe gesalbten Schädel bewahrten, die tiefen Kerben, die von den Schwerthieben herrührten.«

Hinweis: Das Kloster ist von 8–13 und 16–19 Uhr für Besucher zugänglich. Dezente Kleidung und eine angemessene Spende sollten selbstverständlich sein. Die Nonnen verkaufen Handarbeiten.

Auf der Fahrt nach Agia Pelagia taucht auf einem Felsen über dem Strand die Ruine des venezianischen *Kastells Palekastro* auf. Der Name, wörtlich ›altes Kastell‹, ist in Griechenland sehr häufig.

Die Ruine ist historisch von Bedeutung, denn hier fanden 1669 nach der erbitterten 21jährigen Belagerung Candias (Iraklions) die Übergabeverhandlungen statt, bei denen Morosini den ehrenvollen Abzug der Venezianer erreichen konnte.

An der Nordwestspitze der weiten Bucht liegt schließlich **Agia Pelagia**, das sich in den vergangenen Jahren von einem kleinen Fischerort zum Touristen- und Wassersportzentrum gemausert hat. Der lebhafte Ort besitzt einen schmalen, aber langen, windgeschützten Sandstrand; die Bucht mit Fels- und Kiessträngen ist reich gegliedert. Ab Ende Mai/Anfang Juni wird die anschließende Nordküste zum *Paradies für Wassersportler:* Surfen, Tauchen, Wasserski etc.

Praktische Hinweise

Hotels

***** **Capsis Beach,** Tel. 0 81/81 11 12, Fax 81 10 76 . Am Hang auf Halbinsel mit Kiesstrand, Haupthäuser und Bungalows, 1090 Betten, 900 m vom Ort, Wassersportzentrum.

**** **Peninsula,** Tel. 0 81/81 13 13, Fax 81 12 91. Terrassenförmig auf Anhöhe am Meer, Sand-Kiesstrand, 367 Betten. 1,2 km vom Ort. Barakuda-Club (Wassersport).

10 Fodele

Westlich Iraklion, zunächst auf neuer Nationalstraße 26 km, dann 3 km nach Süden (ausgeschildert).

Von Orangenhainen umgebenes Dorf, das sich rühmt, Geburtsort El Grecos zu sein.

Beweisen konnten es die Bürger nie, aber Zweifler konnten die Behauptung auch nicht widerlegen. Und so kann man in Fodele Büste und Geburtshaus des berühmten kretischen Malers (geb. 1540 oder 1541) sehen, der bereits mit 25 Jahren seine Heimatinsel Kreta verließ und über Italien nach Spanien kam. Er soll in Iraklion Schüler von Michael Damaskinos gewesen sein und in Venedig in Tizians Werkstatt gearbeitet haben. Ab 1577 arbeitete er in Toledo. Seinen schwierigen griechischen Namen Theotokopoulos gab er auf und nannte sich **El Greco**, der Grieche. Wie weit er sich nicht nur räumlich von seiner Heimat entfernte, zeigte die große Greco-Ausstellung 1990 in Iraklion (Kunsthalle St. Markus): Seine expressive Formgebung, seine wildleuchtenden, visionären Farben ließen ihn wie einen Maler vom anderen Stern erstrahlen.

Den hübschen Spaziergang zum vermutlichen Geburtshaus El Grecos im Nordwesten des Dorfs (1 km) kann man mit der Besichtigung der byzantinischen **Panagia-Kirche** von Lumbinies verbinden (ausgeschildert, von der Hauptstraße über die Brücke, dann rechts. Besichtigung der Kirche nicht immer möglich). Die kleine, aus Bruchsteinen aufgerichtete *Kreuzkuppelkirche* mit Tambour liegt inmitten von Orangenhainen, typisch für die byzantinische Zeit sind die Ziegeldächer und Blendarkaden. Die nur fragmentarisch erhaltenen Fresken im Innenraum entstanden im 13. Jh.

Praktische Hinweise

Im Dorf zahlreiche Kafenia und Tavernen, in denen man unter Platanen herrlich rasten kann, wenn nicht gerade mehrere Reisebusse angekommen sind. Frauen und Kinder verkaufen Handarbeiten.

11 Ano Zaros und die Rouwas-Schlucht

Südwestlich von Iraklion. Zunächst 29 km nach Süden auf der Hauptstraße zur Mesara, dann 15 km westlich Agia Varvara.

Berghotel mit der einzigen Forellenzucht Kretas und eindrucksvolle Schlucht.

Unmittelbar westlich von Agia Varvara senkt sich die asphaltierte Nebenstraße in mehreren Kehren in ein Tal am Fuß der Ida-Kette, das mit seinen Ölbaumhainen wie ein riesiger silbergrauschimmernder See wirkt.

Die Dörfer Gergeri, Kato und Ano Zaros sind quellenreich und versorgten bereits das antike Gortys über einen Aquädukt mit Wasser. Heute findet man eine Abfüllstation an der Straße; das Quellwasser von Zaros wird überall auf Kreta getrunken.

Im Dorf **Ano Zaros** biegt eine schmale Straße zum *Ida-Hotel* ab. Es befindet sich unterhalb der gewaltigen Rouwas-Schlucht und wurde durch seine schöne Lage und *Forellenzucht* bekannt. In mehreren Becken werden bei einer alten Wassermühle kanadische Forellen gehalten und in der Taverne köstlich zubereitet. 500 m weiter endet die Asphaltstraße am Ausgang der **Rouwas-Schlucht**. Die

Durchwanderung dieser Schlucht gehört zu den schönsten Touren auf Kreta. Sie beginnt normalerweise bei der Sternwarte auf dem 1752 m hohen *Skinakas* oberhalb von Anogia (7–8 Stunden), man kann aber auch sehr gut von Zaros aus 2 Stunden in die Schlucht hineinsteigen und dann umkehren. Der markierte und neu angelegte Weg führt an der *Kirche des Nikolaos-Klosters* (Moni Agios Nikolaos, Ikonen, Fresken 14./15. Jh.) vorbei zwischen 200–300 m hohen *Felswänden* bergauf, die Eindrücke sind fantastisch.

Praktische Hinweise

Geführte **Schluchtwanderungen** bieten alle kretischen Reisebüros an.

Hotel

Das 1980 eröffnete ** **Idi-Hotel** liegt in 900 m Höhe, sehr ruhig, 60 Betten. Tel. 08 94/3 13 02, 3 13 01; Fax 3 15 11, Haupt- und Nebenhaus, einige Bungalows, Pool. Im Winter geschlossen, Zimmer unbedingt vorbestellen.

Taverne

Man sitzt unter Platanen am plätschernden Bach neben dem Hotel; zum Forellenessen spielt und singt manchmal ein kretisches Duo Volkslieder und Tänze.

12 Kloster Vrondissi

2,5 km westlich von Zaros an der Straße nach Kamares, ausgeschildert. Abzweigung nach rechts, auf steiler, asphaltierter Straße 1,5 km bergauf.

Kloster mit stark venezianischen Einflüssen.

Geschichte Bereits um 1400 wird das auf einer schmalen Bergterrasse liegende Kloster Vrondissi erwähnt, das genaue Gründungsdatum ist unbekannt. Beim Aufstand gegen die Türken 1866 stellte hier der Anführer Korakas das erste bewaffnete Korps auf und rief die Revolution in Zentral- und Ostkreta aus. Daraufhin eroberten die Türken das Kloster und setzten es in Brand. Die heutige ummauerte Klosteranlage stammt aus den Jahren 1630–39. Nur noch ein Mönch bewohnt Vrondissi und hält es ohne feste Zeiten für Besucher geöffnet.

Besichtigung Parkmöglichkeit auf dem Vorhof im Schatten einer mächtigen Platane. Links steht der venezianische **Brunnen** (15. Jh.), der – einmalig in

Die Kirche des zerstörten Klosters Valsamonero liegt wunderschön am Südrand des Ida-Gebirges, nicht weit vom Bergdorf Kamares

gen, auch die kühles Quellwasser speienden Flußgötter darunter sind sehr beschädigt.

Die 1994 außen restaurierte **Kirche** ist zweischiffig, das nördliche Kirchenschiff ist höher als das südliche, beide sind mit Spitztonnen überwölbt. Die *Fresken* aus dem ersten Drittel des 14. Jh. sind von hoher Qualität (Fotografieren verboten). Der Kircheneingang liegt im *Nordschiff*, hier hängen an der Nordwand schöne Ikonen im venezianischen Stil, u. a. vom Maler Angelos (um 1600). Die Fresken im Agios Antonios geweihten *Südschiff*, der ursprünglichen Klosterkirche (Katholikon), zeigen Heilige und Märtyrer sowie den Festtags-Kalender (beschädigt). Ungewöhnlich sind hier die acht Heiligen- und Erzengelmedaillons am Triumphbogen, und einzigartig auf ganz Kreta ist die Abendmahlsszene in der Apsiswölbung anstelle eines Christus- oder Panagia-Bildes.

einem griechischen Kloster – mit zwei fast lebensgroßen Reliefs von Adam und Eva verziert ist: beide, wie Gott sie schuf, nur mit einer Weinlaub-Girlande bekleidet. Leider sind ihre Köpfe abgeschla-

Der qualitätsvolle Freskenschmuck der Panagia-Kapelle (14./15. Jh.) illustriert u. a. den ›Akathistos-Hymnos‹

13 Agios-Phanourios-Kirche des Klosters Valsamonero

Südlich der Straße Zaros – Kamares. Etwa 5,5 km westlich von Zaros am Dorfende von Vorizia: scharfe Linkskurve bergab, zunächst enge Dorfgasse, dann 2,5 km schmale, schlechte Erdpiste. Sonntags geschlossen, an übrigen Tagen im Dorf nach Phylakas (Wärter) fragen, man kann auch im Idi-Hotel [s. S. 47] den Wärter bestellen.

In mehreren Bauabschnitten entstandene Kirche des zerstörten, einst einflußreichen Klosters. Berühmter Freskenschmuck.

Einsame, wunderschöne Berglandschaft umgibt die Klosterkirche, nur das Blöken der Schafe und Pfeifen der Hirten durchbrechen gelegentlich die Stille.

Geschichte Der älteste Teil der Klosterkirche ist das 1328 errichtete, der Panagia (Gottesmutter) geweihte Nordschiff. Um 1400 erfolgte eine Erweiterung nach Süden durch die Johannes-Prodromos- (= Vorläufer) Kapelle. Vor beiden Kirchenschiffen liegt ein Doppelnarthex, der wahrscheinlich ebenfalls in zwei Bauphasen entstand. Ab 1426 wurde schließlich die dem hl. Phanourios gewidmete Kapelle der Vorhalle des Südschiffs integriert und 1428/31 von Konstantinos Rikos ausgemalt.

Besichtigung Die Kirche zeigt außen deutlich Einflüsse der venezianischen Gotik, sehr schön sind die beiden ver-

zierten Spitzbogenportale an der Südwand mit dazwischenliegender Glockenarkade.
Innen: Die kostbaren Ikonen kamen bereits Anfang des 19. Jh. nach Iraklion
(Ekaterini Ikonenmuseum). Zwar restauriert, dennoch nur teilweise gut erhalten
sind die sehr qualitätvollen Fresken des
14./15. Jh. Fotografieren leider verboten.
Panagia-Kirche: In der Apsiswölbung
die ›*Muttergottes*‹ flankiert von zwei Engeln, darunter ›*Liturgie feiernde Kirchenväter*‹ (diese Darstellung gehört zum
festen Programm spätbyzantinischer
Kunst). Am Triumphbogen anstelle der
›Verkündigung‹ das ›*Gastmahl Abrahams*‹ (die in der Ostkirche übliche Darstellung der Dreifaltigkeit) und Propheten. Im Langschiff 24 Bilder des ›*Akathistos-Hymnos*‹, des ›im Stehen‹ zu sin-
genden Marien-Hymnos der Fastenzeit.
Agios-Joannis-Kirche: In der Apsiswölbung ›*Joannis Prodromos*‹, darunter
Diakone. Im Triumphbogen ›*Beweinung
Christi*‹. Im Langschiff Szenen aus der
Vita von Johannes dem Täufer (Prodromos = Vorläufer).
Phanourios-Kapelle: Den recht selte-
nen Phanourios-Kult brachte Anfang des
15. Jh. der damalige Abt des Klosters
Valsamonero von Rhodos nach Kreta,
lange Zeit blieb Valsamonero Zentrum
dieser Heiligenverehrung. In der Apsis
›*Pantokrator*‹ (Christus als Weltenherrscher), darunter ›*Apostelkommunion*‹.
Am Triumphbogen eine auf Kreta einma-
lige Darstellung der ›*Dreifaltigkeit*‹ als
dreifacher Engel, umgeben von Evange-
listensymbolen und anbetenden Engeln.
Nord- und Ostwand: Szenen aus der Vita
des Heiligen. Im südlichen Joch sechs
christologische Szenen, ›Jüngstes Gericht‹ und Heilige.

Praktische Hinweise

Im Dorf **Vorizia** gibt es sehr einfache
Kafenia an der Hauptstraße.

14 Über Agia Varvara zur Mesara-Ebene

Kretas fruchtbarste Landschaften.

Die Straße von Iraklion zur Mesara ist die
wichtigste Nord-Südachse Kretas. Man
durchquert zunächst das *zentralkretische
Becken*, aus dem im Mittelalter der
berühmte Malvasier-Wein kam – noch
heute liegt hier das größte Weinanbauge-

biet Kretas. Wein, Tafeltrauben und
Rosinen werden produziert. Im Westen
erstreckt sich von Nord nach Süd der
markante Tafelberg *Patela*, auf dem die
Akropolis des antiken *Rhizenia* lag (bedeutende archaische Skulptur- und Ar-
chitekturreste im Archäolog. Museum
Iraklion). Das wohlhabende Landstädtchen **Agia Varvara** gilt als geographi-
scher Mittelpunkt Kretas, der Felsen am
Dorfeingang (mit Profitis-Elias-Kapelle)
trägt deshalb den Namen Omphalos (Na-
bel).
Nur wenig südlich von Agia Varvara ist
am 600 m hohen *Vourvoulitis-Paß* der
höchste Punkt der Strecke erreicht, man
hat von hier, ehe man in zahlreichen Kurven bergab fährt, einen umfassenden
Blick auf die **Mesara-Ebene**.
Diese ist mit 40 km Ost-West-Ausdeh-
nung und 6–12 km Breite die größte und
erdgeschichtlich jüngste Ebene der Insel.
Ihre Fruchtbarkeit verdankt die Mesara
der geschützten Lage zwischen Ida-Gebirge (im Norden) und den Asteroussia-
Bergen (im Süden) sowie der Bewässe-
rung durch den Fluß Geropotamos, der
zu den wenigen, auch im Sommer wasserführenden Flüssen Kretas gehört.
Die Mesara wird seit vorminoischer Zeit
kontinuierlich bewohnt, aus den bereits
im 19. Jh. dort entdeckten frühminoischen *Kuppelgräbern* stammen Siegel,
Schmuck, Keramik und Tonidole, die
u. a. bereits das Einfangen von Stieren
zeigen. Für weit über Kreta hinausrei-
chende Verbindungen des 3. Jt. v. Chr.
sprechen kykladische Marmoridole und
ägyptische Skarabäen.
Seit römischer Zeit war die Mesara Kretas Kornkammer; inzwischen sind die
charakteristischen kreisrunden Dresch-
plätze, die vom Vourvoulitis-Paß aus be-
eindruckten, großenteils überwachsen.
Heute werden in Plastikgewächshäusern
Gurken, Tomaten, Bananen und Frühgemüse gezogen und auf den europäischen Markt geliefert.

15 Agii Deka

Am Nordrand der Mesara; die von
Iraklion (44 km) kommende Straße
führt mitten durch das Dorf.

Ort der zehn Märtyrer von Gortys.

Die Geschichte des Dorfes Agii Deka
(›Zehn Heilige‹) ist noch wenig er-
forscht, ebenso die Baugeschichte der
Basilika Agii Deka, in der die **Märtyrer**

bestattet sein sollen. Die Zehn wurden während der von Kaiser Decius (249–51) angeordneten Christenverfolgung im nahen Gortys enthauptet, weil sie den heidnischen Göttern die Opfer verweigerten. Ihre Gebeine kamen gemäß der Überlieferung in konstantinischer Zeit nach Agii Deka.

Die **Kirche** liegt (von Iraklion kommend) 100 m links abseits der Hauptstraße am Ortsende – eine dreischiffige Basilika, die Anfang des 20. Jh. restauriert und in der Außenansicht verändert wurde. Wahrscheinlich steht sie auf den Grundmauern eines frühchristlichen Gebäudes. Der tief liegende *Narthex* scheint der älteste Teil zu sein, auffallend sind die *Kuppelbauten*, die im Norden und Süden in Höhe der drei Ostapsiden angebaut wurden und je fünf Märtyrern gewidmet sind. In der Kirche wird der *Stein* gezeigt, auf dem die Märtyrer enthauptet wurden.

Mehrere einfache Kafenia und Tavernen an der Hauptstraße. **Tip:** Bei Besichtigung der Basilika an der Durchfahrtsstraße parken, im Umkreis der Kirche wohnen recht freche Jugendliche, die sich am Wagen zu schaffen machen.

Europa kam aus dem Orient

Eines Tages sah Zeus die bezaubernde phönizische Königstochter Europa mit ihren Gespielinnen auf einer Wiese. Von Liebe entflammt, verwandelte er sich in einen makellos weißen Stier und näherte sich zutraulich den Mädchen. Die Prinzessin, von der kraftvollen Schönheit des Stiers beeindruckt, setzte sich im Spiel auf seinen Rücken. Sofort erhob sich das Tier, stürmte mit der sich festklammernden Europa zum Meer, durchschwamm es und landete schließlich auf Kreta. Dort hatten die Nymphen schon das Brautbett unter einer Platane bei Gortys bereitet, die seither nie mehr ihre Blätter abwarf. Europa schenkte dem Gott Zeus drei Söhne: Minos, Rhadamanthys und Sarpedon. Alle drei regierten später in Freundschaft und mit großer Gerechtigkeit ihr Volk.

16 Gortis Gortys

46 km südlich Iraklion am Nordrand der Mesara. Die Straße nach Mires führt mitten durch das Grabungsgelände.

Wichtigste griechisch-römische Ausgrabungsstätte auf Kreta mit dem ältesten schriftlich fixierten Gesetzestext des Abendlandes.

Der Mythos berichtet, daß Zeus seine Hochzeitsnacht mit der schönen Europa unter einer immergrünen Platane in der fruchtbaren Mesara verbrachte – Gortis rühmt sich, diese Platane zu besitzen.

Geschichte Gortys wird erst nach Einwanderung der Dorer im 10. Jh. v. Chr. als Stadt erwähnt; ab dem 8. Jh. v.Chr. löste es Phaistos als bedeutendste Siedlung der Mesara ab. Berühmt sind die zwischen 500 und 400 v. Chr. in Stein gemeißelten Gesetzestexte von Gortys. Die Römer eroberten die Stadt 67 v. Chr. und machten sie zur Hauptstadt ihrer Provinz Creta und Cyrenaica, bis im 4. Jh. Konstantin d. Gr. die Cyrenaica zur eigenständigen Provinz erhob.

Im Kap. 27,8 der Apostelgeschichte wird berichtet, daß der **Apostel Paulus** 58 n. Chr. als Gefangener auf seiner Fahrt nach Rom im ›Schönen Hafen‹ (Kali Limenes) nahe Gortys wegen der Herbststürme kurz Station machen mußte. Er ließ seinen Gefährten **Titus** zurück, der dann als erster Bischof Kretas wirkte und die Christianisierung der Insel voranbrachte. Im berühmten Brief an Titus steht nicht nur das Zitat »Kreter sind immer Lügner, böse, wilde Tiere, faule Bäuche«, sondern auch, daß Titus in jeder Stadt untadelige Älteste als »Verwalter Gottes« einsetzen solle.

200 n. Chr. wurde die Großstadt mit einer Stadtmauer umgeben, dennoch eroberten und zerstörten die Sarazenen Gortys (823–27). Vom Reichtum der frühchristlichen Bischofsstadt geben die zahlreichen, nur z.T. freigelegten Kirchen Zeugnis. Nach der Araberzeit wurde die Stadt nicht mehr aufgebaut, blieb aber Bischofssitz.

Erste Ausgrabungen begannen Ende des 19. Jh. durch italienische Archäologen, bis heute sind die Arbeiten nicht abgeschlossen.

Besichtigung Der größte Teil des einstigen Stadtgebiets wird vom silbrigen Grün eines ausgedehnten Olivenhains verborgen, nur einzelne Bereiche sind ausgegraben oder stehen als monumenta-

Gortis – Abendlicht über der Titus-Kirche. Die großartige Ruine steht wahrscheinlich dort, wo Titus, der erste Bischof Kretas, enthauptet wurde

le Ruinen. Wer alle Grabungsfelder sehen will, benötigt 2–3 Stunden. Der Eingang (Kasse) zum bedeutendsten, relativ kleinen Areal befindet sich am nördlichen Straßenrand (Öffnungszeiten: Mo–Fr 8–19 und Sa/So 8.30–15 Uhr). Direkt beim Eingang ins umzäunte Gelände stößt man auf die Ruine der **Titus-Basilika** [1]. Die vom Byzantinisten Anastasios Orlandos ins 7.–8. Jh. datierte Kirche steht wahrscheinlich an jener Stelle, an der Titus 105 n. Chr. enthauptet wurde, und besaß einen Vorgängerbau. Bis zur arabischen Eroberung war sie Sitz des Erzbischofs, ihre qualitätvolle Architektur besticht noch im ruinösen Zustand. Nur *Mittelapsis* und *Nebenapsiden* stehen, das sauber ausgeführte Quadermauerwerk verrät nicht zuletzt durch wiederverwendete Werkstücke (Spolien) antike Steinmetztradition. Dennoch ist die Baukonzeption sehr originell: die dreischiffige Kuppelbasilika besaß den Charakter einer Trikonchenanlage, die im Bema (dem erhöht liegenden Altarraum) nochmals wiederholt wird. In der nördlichen Seitenapsis (Prothesis) befindet sich ein kleiner Altar, vom Kirchenschiff sind nur Grundmauern und Säulenbasen erhalten. Hinter der Kirche führt ein kurzer Pfad zum römischen **Odeon** [2] (1. Jh.

n. Chr.), dessen Marmorboden und Sitzreihen gut erhalten sind. In eine Rückwand des halbrunden Hörer- bzw. Zuschauerraums ist die größte Sehenswürdigkeit des antiken Gortys eingelassen (heute meist nur durch Gitter zu sehen): das **Stadtrecht** (5. Jh. v. Chr.). Es galt bereits den Römern als schützenswerte Antike, so wurden die beschrifteten Steinblöcke in den Umgang der Rückwand eingemauert.

Auf 42 Steinquadern sind in 12 Kolumnen zu je 52 Zeilen *Rechtsnormen* für das Zusammenleben von Freien und Sklaven eingemeißelt, und zwar in der Anordnung »wie der Ochse pflügt«, d. h., der in der ersten Zeile (nach phönizischer Art) von rechts nach links laufende Text beginnt in der zweiten Zeile links und ist dort spiegelbildlich gesetzt (deutlich zu erkennen am Buchstaben E). Die Vorschriften beziehen sich auf straf- und zivilrechtliche Fragen wie Ehebruch, Scheidung und Erbrecht, aber auch auf die Regelung von Problemen der Mischehen zwischen Freien und Sklaven, die anscheinend nicht ganz so selten waren. Es handelt sich um die längste erhaltene griechische Inschrift in Griechenland, sie ist in altdorischem Dialekt verfaßt, den die Römer wahrscheinlich gar nicht lesen konnten. Faszinierend

sind die Gesetze auch deshalb, weil schon die minoische Rechtsprechung gerühmt wurde und das Recht Kretas in griechischer Zeit als vorbildlich galt.

Nördlich vom Odeon findet man außer Resten einer venezianischen Wassermühle die ›**Immergrüne Platane‹** [3] von Gortis, unter der Zeus und Europa Hochzeit gefeiert und Minos gezeugt haben sollen. Auf der anderen Seite des Flußbetts liegen die wenigen Ruinen des griechischen **Theaters** [4] und die **Akropolis** [5].

Um eine Vorstellung von der enormen Ausdehnung der alten Stadt zu bekommen, sollte man auch das Gelände südlich der Straße besuchen. Wer nur einen kurzen Überblick erhalten will, kann mit dem Auto ein Stück in die schräg gegenüber der Titus-Basilika nach Mitropolis und Lendas abzweigende Straße einfahren. Hier folgen in kurzen Abständen umzäunte, von außen einsehbare Ausgrabungsbezirke mit Ruinen einer **Zweikonchenkirche** [6], einer drei- oder fünfschiffigen **Basilika** [7] und schließlich die **Dreikonchenanlage** [8] von Mitropolis.

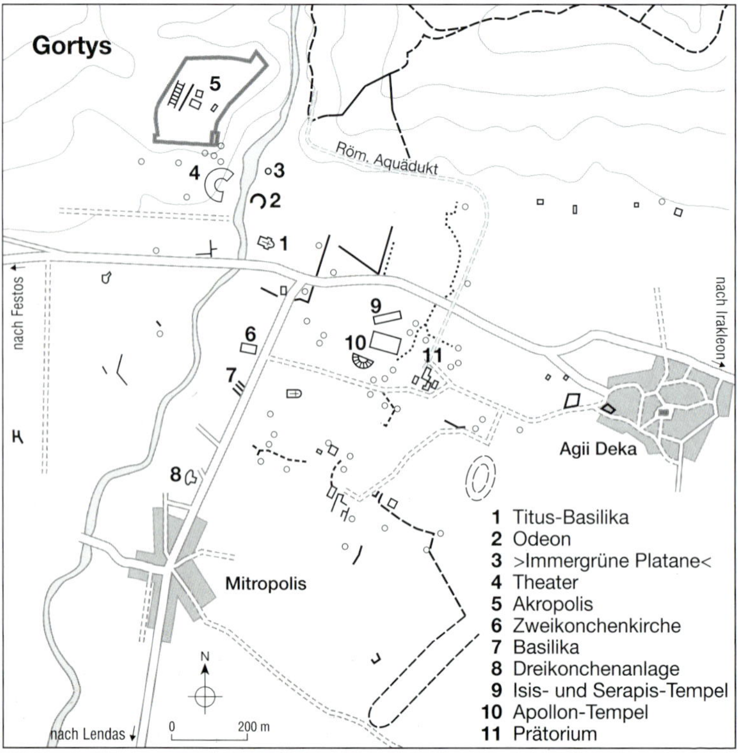

Gortis: Die berühmte Rechtsinschrift ist in altdorischem Dialekt verfaßt. Jede zweite Zeile verläuft in Spiegelschrift

Gortys

nach Festos

Röm. Aquädukt

nach Iraklion

Agii Deka

Mitropolis

nach Lendas

N

0   200 m

1 Titus-Basilika
2 Odeon
3 ›Immergrüne Platane‹
4 Theater
5 Akropolis
6 Zweikonchenkirche
7 Basilika
8 Dreikonchenanlage
9 Isis- und Serapis-Tempel
10 Apollon-Tempel
11 Prätorium

Zu Fuß lassen sich im Olivenhain die übrigen freigelegten Bauten der römischen Stadt erkunden. Man geht von der Tituskirche auf der Hauptstraße etwa 200 m nach Osten in Richtung Agii Deka und biegt in den Feldweg nach Süden. Links und rechts vom Weg finden sich die Ruinen des **Isis- und Serapis-Tempels [9]** mit Wasserbecken, des **Apollon-Tempels [10]** und des **Prätoriums [11]** (Sitz des römischen Statthalters). Insgesamt fasziniert die (im Sommer heiße) Wanderung weniger durch die Ruinen als vielmehr durch die beharrliche Kraft, mit der die Natur die einst so mächtige Metropole zurückerobert hat. Nur 40–60 cm unter dem Blütenteppich der Kronenmargeriten liegen Statuen von Göttern und Kaisern, Fragmente von Säulen und Mosaikböden.

Praktische Hinweise

Beim Ausgrabungsgelände kein Kafenion, zum Essen und Ausruhen fährt man am besten ins 24 km entfernte Matala.

17 Ethnologisches Museum Vori

3 km östlich von Timbaki, 1 km nördlich von der Hauptstraße 97, gut ausgeschildert. Am Dorfanfang parken, da in den engen Gassen des Dorfzentrums kaum Parkmöglichkeiten existieren.

Einfaches Dorf mit sehr modernem Kretischen Volkskundemuseum.

Das ›Museum of Cretan Ethnology, Vori‹ entstand auf private Initiative und wird auch privat geführt (geöffnet tgl. 10–18 Uhr). Von der europäischen Union wurde es als vorbildlich ausgezeichnet.
Das Museum liegt im ersten Stock eines alten Hauses und präsentiert seine vielfältigen Exponate hinter Glas. Hirten-Utensilien (Stock, Stiefel, Kürbisflasche) und Schafschur (Fotos) werden ebenso gezeigt wie Gegenstände des bäuerlichen Betriebs und Haushalts (Dresch-Schlitten, Handgetreidemühle, Olivenpresse, Spinnrad, Webstuhl). Ferner Werkstatt eines Schusters, Schreiners, Schmieds; Werkzeug der Korbflechter; Trachten. Besonders umfangreich: Musikinstrumente wie Kretische Lyra (drei Saiten), Tsampouna (Dudelsack), Laute (vier Saiten), Hirtenflöte u. a. Es wird ein ausführlicher Katalog (englisch) angeboten.

18 Festos Phaistos

TopTen

Abzweigung von der Hauptstraße 97 zwischen Mires (Samstagsmarkt) und Timbaki (Freitagsmarkt); ausgeschildert. Gute, asphaltierte Zufahrt, Parkplatz.

Besonders eindrucksvoller, nicht rekonstruierter minoischer Palast in beherrschender Lage über der Mesara.

Der Mythos berichtet, Phaistos sei von Minos gegründet und von dessen Bruder Rhadamanthys bewohnt worden. Die noch hoch anstehenden Ruinen mit Blick auf das Ida-Gebirge machen den Besuch von Festos zum unvergeßlichen Erlebnis.

Geschichte Neuere Grabungen haben am Fuß des 100 m hohen Hügels neolithische Siedlungsspuren aufgedeckt. In Festos sind große Teile des alten Palastes zu sehen, der von 1850 bis 1700 v. Chr. bestand und mehrfach durch Erdbeben beschädigt wurde. Bereits zur älteren Palastzeit grenzte eine Stadt an den Herrschersitz. Schon bald nach seiner Zerstörung wurde ab 1550 v. Chr. an gleicher Stelle der neue Palast errichtet, dessen Mauern z. T. unmittelbar auf verschütteten Räumen mit großen Pithoi stehen. Nach der Katastrophe von 1450 v. Chr.

Festos: Der Fußschemel neben dem Pithos im Palast-Magazin verrät, wie schwierig für die zierlichen Minoer die Handhabung der hohen Gefäße war

blieb nur die Siedlung am Hang bewohnt, sie verlor jedoch gegenüber dem aufsteigenden Gortys an Bedeutung und wurde schließlich im 2. Jh. v. Chr. von der Rivalin zerstört. Mehrere bekannte Männer stammten aus Phaistos, u. a. der Theologe und Schamane Epimenides (6. Jh. v. Chr.), dem der Satz »Alle Kreter sind Lügner« zugeschrieben wird.

Die **Ausgrabungen** begannen im 19. Jh. und dauern an. Sie werden vom Italienischen Archäologischen Institut Athen durchgeführt und konzentrieren sich z. Zt. auf die von minoischer bis in hellenistische Zeit bewohnte Stadt.

Besichtigung Das Palastareal (geöffnet tgl. 8–19 Uhr) ist vom **Nordhof** [1] aus gut überschaubar, etwas verwirrend wirkt allerdings, daß gleichzeitig Teile des alten und neuen Palastes zu sehen sind. Eine Treppe führt vom Nordhof auf den **Westhof** [2] hinunter, der zwei unterschiedlich hohe Abschnitte aufweist. Der tiefere Teil gehört zur älteren Palastanlage und wird von einem *Prozessionsweg* durchschnitten. Durch den Maschendrahtzaun sind die neueren Ausgrabungen am Westhang zu erkennen. Am Nordrand des Westhofes liegen acht 20 m

Blick von Nordosten: Die herrliche Lage über der Mesara prädestinierte den Hügel von Phaistos geradezu zum Herrschersitz!

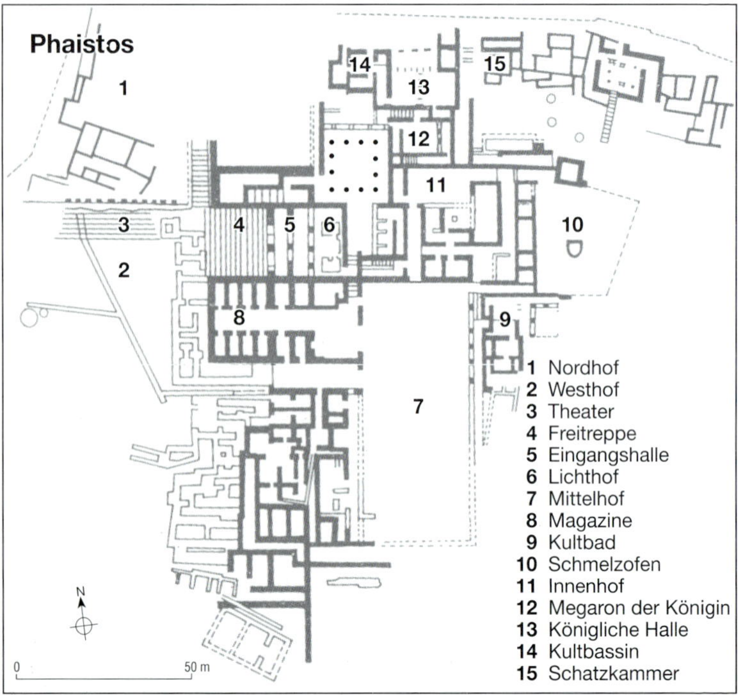

Phaistos

1 Nordhof
2 Westhof
3 Theater
4 Freitreppe
5 Eingangshalle
6 Lichthof
7 Mittelhof
8 Magazine
9 Kultbad
10 Schmelzofen
11 Innenhof
12 Megaron der Königin
13 Königliche Halle
14 Kultbassin
15 Schatzkammer

0   50 m

N

breite, von einer Mauer begrenzte Stufen, die als **Theater** [3] der alten Palastanlage gedeutet werden und als ältestes Theater der Welt gelten. Bei Erbauung des neuen Palastes wurde das Niveau des Westhofes angehoben und der Hof vergrößert (mehrere Räume des alten Palastes sind jetzt sichtbar). Eine 13,6 m breite **Freitreppe** [4] leitet zur **Vor- und Eingangshalle** [5] des neuen Palastes, an die ein schmaler Hof mit drei Säulen (**Lichthof**) [6] grenzt. Da die repräsentative Freitreppe praktisch zu keinem entsprechend großzügigen Palasteingang führte, ist die These, es könne sich bei Treppe, Vorhalle und dem dreiteiligen Raum um einen *Tempelbezirk* gehandelt haben, nicht von der Hand zu weisen. Die Säule in der Mittelachse (eine minoische Eigenheit) könnte sich dann auf einen alten Baumkult beziehen. Ein schmaler Gang führte von hier weiter zum Säulenhof und zu den königlichen Gemächern im Norden; ein repräsentativer Durchgang zum Mittelhof fehlt.

Wie in Knossos erstreckt sich dieser 22 x 46 m große **Mittelhof** [7] in Nord-Süd-Richtung, auf der Westseite des Hofes standen im alten Palast Pfeilerarkaden (Fundamente). Besonders interessant sind im *nördlichen Westflügel* die durch einen Mittelkorridor zugänglichen **Magazine** [8] mit Vorraum; im letzten Vorratsraum rechts stehen nicht nur riesige Vorratsgefäße in situ (am ursprünglichen Ort), sondern auch eine kleine Fußbank (moderne Überdachung).

Der am Hang liegende *Ostflügel* ist fast gänzlich abgestürzt, hier befanden sich Wohnräume, u. a. ein **Kultbad** [9], in dem wertvolle Spendengefäße gefunden wurden. Im Nordosten schloß sich an den Ostflügel ein *Wirtschaftshof* an, die Ausgräber identifizierten hier Reste eines **Schmelzofens** [10] mit Schlackenspuren und Metallrückständen.

Der eindrucksvollste Teil des Palastes ist zweifellos der *Nordflügel*. Vom Mittelhof zweigt ein Korridor ab, der an der Hoffassade von Wachnischen und Halbsäulen flankiert wird. Dieser Gang mündet in einen **Innenhof** [11], den das **Megaron der Königin** [12], die **Königliche Halle** [13] und ein **Kultbassin** [14] umgeben. Im ersten Stockwerk lagen über den privaten Königsräumen sicher Repräsentationsräume. Zum Schluß kann man noch im Nordosten des Palastbezirks die **Schatzkammern** [15] aufsuchen, in denen u. a. der berühmte Diskus von Phaistos gefunden wurde (Archäolog. Museum Iraklion, Saal III).

Unter Kiefern hat man nach Norden einen herrlichen Blick auf die Südflanke des Ida mit dem sattelförmigen Dhijennis. Unterhalb seines rechten Gipfels

Agia Triada: Die elegant wirkenden Treppen-stufen sind sorgfältig mit Platten belegt

zeichnet sich eine dunkle Stelle ab: es ist die **Kamares-Höhle** (Spileo Kamaron), in der die wunderbare ›Kamares-Kera-mik‹ gefunden wurde (vgl. Archäolog. Museum Iraklion, Saal II). Der Aufstieg zur Höhle vom Dorf Kamares aus ist an-strengend und dauert rund 4 Stunden.

Praktische Hinweise

Im **Touristenpavillon** gibt es ein Selbst-bedienungscafé und einen kleinen Laden. Man kann sehr schön im Freien sitzen und den Blick auf den Ida genießen.

19 Agia Triada

Asphaltierte Zufahrt über Festos (3 km) nehmen. Wichtig: Nicht die an der Hauptstraße 97 nahe Timbaki ausge-schilderte Zufahrt wählen – dieser Feld-weg ist in miserablem Zustand.

Intim wirkender minoischer Sommer-Palast.

Der Palast von Agia Triada ist nach einer kleinen Kapelle benannt, die auf einem Nachbarhügel steht. Der minoische Landsitz war durch einen gepflasterten Pfad mit Phaistos verbunden, an den

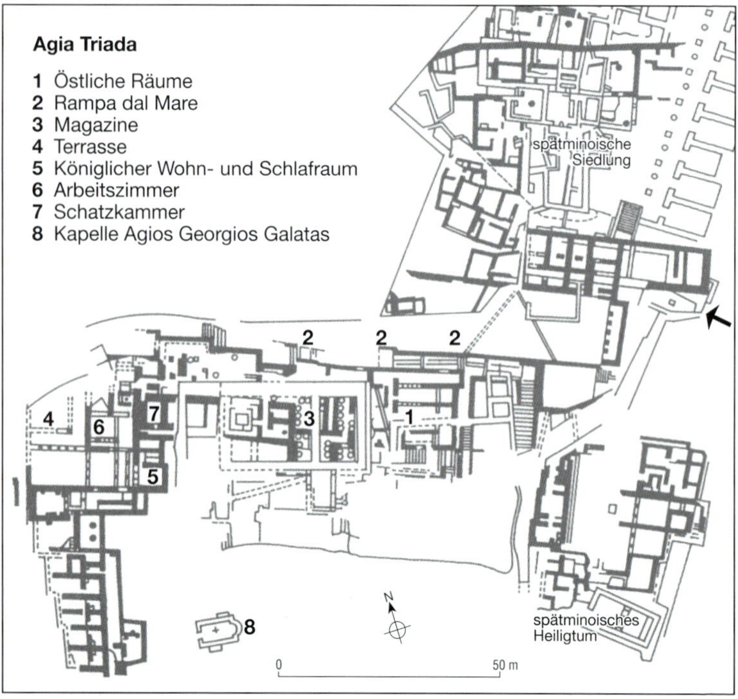

Agia Triada

1 Östliche Räume
2 Rampa dal Mare
3 Magazine
4 Terrasse
5 Königlicher Wohn- und Schlafraum
6 Arbeitszimmer
7 Schatzkammer
8 Kapelle Agios Georgios Galatas

spätminoische Siedlung

2 2 2

4 6 7 3 1

5

8

spätminoisches Heiligtum

N

0   50 m

Faszinierende Szenen des Totenkults auf dem Sarkophag von Agia Triada. Links: Vorbereitung der Opfer bei Kithara-Klängen. Rechts: Der Tote empfängt die Gaben

Palast grenzte eine kleinere Siedlung. Einige Forscher vertreten die Meinung, daß der Herrscher in Agia Triada wohnte, während Phaistos als religiöses und wirtschaftliches Zentrum fungierte.

Geschichte Die Sommerresidenz wurde um 1550 v. Chr. erbaut und 1450 v. Chr. zerstört, danach überbaute ein achäischer Herrscher einen Teil des Palastes. Dessen Ruinen kamen gleichzeitig mit Phaistos (ab 1902) ans Licht. Die Funde begeistern jeden Besucher des Museums in Iraklion, sie gehören zu den kostbarsten und schönsten der minoischen Zeit (Archäolog. Museum Iraklion, Saal VII: Prinzenbecher, Rhyton mit Wettkämpfen, Schnittervase, alle aus Steatit).

Besichtigung Vom kleinen Parkplatz führen viele Stufen zum Grabungsgelände (geöffnet Di–So 9–15 Uhr) hinab. Ein guter Überblick bietet sich von der baumbeschatteten Terrasse des Grabungshauses (Kasse). Der lichte Kiefernwald hat sich nach einem Brand vor wenigen Jahren wieder rasch erholt.
Man trifft auf die Ostseite des Areals. Im Norden des Palastes lag die **minoische Siedlung** mit einer langen Reihe von Läden oder Magazinen. Der Palast selbst erstreckt sich nach Westen und umgreift L-förmig den Hof im Süden. Die Räume im **Ostteil** [**1**] der Residenz sind überdacht, jedoch einsehbar. Man geht an der

Palast-Nordseite auf der sog. **Rampa dal Mare** [**2**] entlang und entdeckt die breite spätminoische *Wasserrinne*, die das Wasser vom Südhof zum Hang ableitete. Die angrenzenden **Magazine** [**3**] wurden nach dem Brand von 1450 v. Chr. durch ein großes Megaron überbaut.
An der Nordwestseite lagen die schönsten Räume der Residenz mit Blick zum Meer, das einst bis an den Fuß des Hügels reichte (heute fruchtbare Schwemmlandebene). Die von den italienischen Ausgräbern in geringem Umfang restaurierten Räume sind teilweise überdacht: **Terrasse** [**4**], **Saal** mit Polythyra und daran anschließend **Wohn- und Schlafraum** [**5**] des Herrschers. Der Wohnraum besitzt eine umlaufende Bank, das nördlich gelegene kleine **Arbeitszimmer** [**6**] schmückten einst prächtige Fresken, darunter auch Wildkatzen, die einem Fasan auflauern (Archäolog. Museum Iraklion, Saal XIV). Im daran anschließenden **Archiv** wurden viele Tonsiegel und Täfelchen mit Linear-A-Schrift gefunden.
Die **Schatzkammer** [**7**] enthielt 19 Bronzebarren im Gewicht von je 29 kg. Diese sog. Talente waren geeicht, d. h. durch eingeprägte Kontrollmarken wurde ihr Gewicht garantiert, einige enthalten zyprische, andere kretische Zeichen. Ursprungsland dieser Talente ist Zypern. Die Barren in Form getrockneter Tierfelle sind – als Währung – Vorstufen der im 8./7. Jh. v. Chr. eingeführten Münzen.

Die von Höhlen durchlöcherte Felswand in Matala war bereits in prähistorischer Zeit bewohnt. Heute zieht der Strand viele Touristen an

Im Südwesten waren Räume für Bedienstete untergebracht, leicht erhöht steht die verschlossene **Kapelle** Agios Georgios Galatas [**8**] aus dem 14. Jh., deren Fresken kürzlich restauriert wurden.

Praktische Hinweise

In Agia Triada gibt es keinen Kiosk, beim Parkplatz sitzt während der Saison seit 20 Jahren Tag für Tag ein Kreter, der Rosinen, Nüsse und Obst verkauft – früher auch selbstgefertigte Rohrflöten.

20 Matala

Südlich von Festos am Libyschen Meer.

Seit neolithischer Zeit bewohnte Felshöhlen in einzigartiger Lage.

Matala steht heute im Programm jedes Reiseveranstalters, obwohl die schmale, von steilen Sandsteinfelsen gerahmte Bucht wenig Platz für den Touristenandrang bietet. Aber nach dem Besuch der Paläste von Festos/Phaistos und Agia Triada ist der kurze Aufenthalt am Meer ein erholsamer Kontrast.

Die **Höhlen** in den ockerfarbenen, schräg geschichteten Steilwänden des zum Meer geöffneten Tals wurden bereits im 6. Jt.

v. Chr. bewohnt. Aus dem weichen Sandstein ließen sich Wohn- und Schlafhöhlen, Feuerstellen und Vorratsräume mit einfachen Steinwerkzeugen herausarbeiten. Die Minoer hatten zwar ihren Haupthafen im nördlich gelegenen *Kommos* (wo Grabungen stattfinden), werden jedoch auch Matala genutzt haben. Der Mythos sagt, daß Zeus hier in Stiergestalt mit Europa landete, und Homer berichtet, daß Menelaos bei der Rückkehr vom Trojanischen Krieg an diesem Ort Schiffbruch erlitt. Für die Römer war Matala neben *Lendas* ein wichtiger Hafen, die frühen Christen nutzten die Felshöhlen als Grabstätten (eingearbeitete Sarkophage). Schließlich eroberten 823 n. Chr. die Sarazenen von Matala aus ganz Kreta. In den sechziger Jahren des 20. Jh. kamen Hippies und nisteten sich in den Höhlen ein, bis die griechischen Behörden die Felswände sperrten und unter Denkmalschutz stellten. Heute können die Höhlen tagsüber besichtigt werden. Der sanft geschwungene *Sandstrand* zwischen dem nördlichen und südlichen Felsufer ist während der Saison überfüllt.

Praktische Hinweise

Für einen erholsamen Urlaub ist das betriebsame Matala trotz der zahlreichen neuen Hotels und Pensionen wenig geeignet.

Die Tavernen sind auf Touristen eingestellt. Am ehesten zu empfehlen: **Plaka**, an der Südspitze der Bucht, Fischgerichte; **Zorbas**, direkt unterhalb der sog. Basargasse am Strand.

Tip: Wer an einem etwas ruhigeren Sandstrand baden möchte und Zeit hat, sollte die abgelegeneren Strände besuchen. **Kokkino Beach** (südlich Matala, Fußpfad durch die Felslandschaft oder Boot) und **Komo Beach** (nördlich Matala, Autopiste ab Pitsidia: kilometerlanger, natürlich bereits von Rucksacktouristen entdeckter Sandstrand).

21 Kloster Odigitria

Südlich der Mesara-Hauptstraße 97;
Zufahrt über Sivas und Listaros
(Straße im Ausbau, ab Sivas ca. 9 km).

*Ehemals bedeutendes Kloster der
Asteroussia-Berge.*

Die Asteroussia-Bergkette wurde einst wegen ihrer zahlreichen Klöster auch ›Kretas Berg Athos‹ genannt. Heute sind viele Klöster verwaist, die meisten ihrer kostbaren Ikonen im Ekaterini-Museum Iraklion. Erst nach und nach werden die Fresken der Klosterkirchen restauriert.

Das heute ärmlich wirkende Kloster der Panagia Odigitria (Odigitria = Wegbereiterin, Anführerin) hat eine stolze Geschichte, in welcher der Aufstand gegen die Türken 1828 eine wichtige Rolle spielt. Damals verteidigte Xopateras das Kloster heldenhaft gegen osmanische Truppen, sein Name lebt in der Benennung des Klosterturms (›Pirgos tou Xopatera‹) und in einem Volkslied fort.

Die **Klosterkirche** ist zweischiffig und noch immer im Besitz kostbarer **Ikonen**, obwohl auch davon mehrere (u. a. eine Phanourios-Ikone) im Ekaterini-Museum Iraklion verwahrt werden. In dem der Panagia geweihten *Südschiff* hängt gegenüber vom Eingang eine Marien-Ikone mit den 24 Bildern des Akathistos-Hymnos [s. S. 49]; ferner eine Dreifaltigkeits- und eine Alle-Heiligen-Ikone. An der Ikonostase befindet sich rechts neben der Orea Pyli, der Pforte zum Allerheiligsten, eine Deesis (Christus zwischen Maria und Johannes dem Täufer, die als Fürbitter zwischen ihm und den Menschen fungieren).

An der nördlichen Klostertür steht das Datum 1568; das *Nordschiff* ist Petrus und Paulus geweiht. Die reich geschnitzte Ikonostase wird im oberen Teil durch den Festtagszyklus mit der Bilderwand des Südschiffs verbunden. Hier befindet sich eine seltene, vom Maler Angelos signierte Weinstock(Ampelos)-Ikone aus dem 16. Jh. Sie zeigt Christus im Weinstock sitzend im Segensgestus, je sechs seiner Jünger zu seinen Seiten in den Zweigen des Rebstocks. Christus ist frontal, die Büsten seiner Jünger sind in Dreiviertelansicht dargestellt.

Die Fresken des Klosters wurden erst kürzlich freigelegt. Im Klosterbereich

Matala: Nach dem Bad laden Tavernen zur Rast am Meer

Das einsam in den Asteroussia-Bergen liegende Kloster Odigitria spielte eine wichtige Rolle im griechischen Freiheitskampf. Die Kirche besitzt wertvolle Ikonen und Fresken

brachte der Archäologe A. Vasilakis einen frühminoischen **Gräberbezirk** ans Licht – demnach knüpften die Christen hier an die Tradition eines alten geweihten Bezirks an.

Tip: Wanderer können noch 2 km der Straße nach Kali Limenes folgen und dann, dem Flußlauf entlang, einen $2^1/_2$ stündigen Weg zur ›Agion Farangi‹ (heiligen Schlucht) zurücklegen. Kurz vor der Südküste steht, an eine Felshöhle der Schlucht, eine *Antonios-Kapelle* aus dem 14./15. Jh.

<mark>**Praktische Hinweise**</mark>

Wasser und evtl. Verpflegung mitnehmen.

22 Die Eileithyia-Höhle

13 km östlich von Iraklion, Anfahrt über Amnissos und Karteros, dann Abzweigung nach Süden Richtung Elia. An erster Straßenkurve links unterhalb am Hang.

Griechenlands ehrwürdigste Kulthöhle.

Die Eileithyia-Höhle ist seit 20 Jahren für Touristen gesperrt (besonders Interessierte bekommen aber den Schlüssel im Archäologischen Museum Iraklion). Dennoch darf die Höhle in diesem Führer nicht unerwähnt bleiben, denn von der Jungsteinzeit bis ins 5. Jh. n. Chr. wurde in dieser leicht begehbaren Tropfsteinhöhle **Eileithyia**, die Göttin der Fruchtbarkeit und Beschützerin bei Geburten, verehrt. Zweifellos war die Nähe zum Meer und zur Hafenstadt Amnissos einer der Gründe, welche die Höhle weit über Kreta hinaus bekannt machten. So wird sie von vielen Schriftstellern des Altertums erwähnt, zuerst von Homer, als Odysseus nach seiner Heimkehr Penelope berichtet, er sei in Amnissos gelandet, »wo die Eileithyia-Grotte liegt«. Strabo und Pausanias nennen Amnissos »den von König Minos erbauten Hafen von Knossos«.

Die **Höhle** ist 63 m lang und bis zu 12 m breit, mehrere Stalaktiten (Tropfsteine an Decken) besitzen Spuren, die mit dem minoischen Pfeilerkult in Zusammenhang gebracht werden, ein *Stalagmit* (Tropfstein vom Boden her) *in Phallusform* ist von einer Mauer umgeben, welche den gleichen Grundriß wie die sog. Kultbäder der Paläste besitzt.

Bei zwei großen Stalaktiten im Hintergrund der Höhle gewährte ein Loch im Boden Zugang zu vier tieferliegenden zusammenhängenden *Kammern*, die als Kulträume genutzt wurden (Scherbenfunde). Später übernahm die Göttin Artemis viele Aspekte von Eileithyia, der Gestalt gewordenen ›Geburtswehe‹. Nirgends spürt man deutlicher als hier, im ›Mutterschoß der Erde‹, welch wunderbare, göttliche Geheimnisse für die Menschen der Frühzeit Fruchtbarkeit, Zeugung und Geburt waren.

Nordküste bei Malia. Bis zur zweiten Maihälfte ziehen Urlauber zum Schwimmen den Pool dem noch kühlen Meer vor

23 Die Nordküste bis Malia

34 km östlich von Iraklion.

Die bekanntesten Badeorte Kretas und der dritte minoische Palast.

Östlich von Iraklion reihen sich die Badeorte aneinander wie Perlen an einer Kette. Wo schon in minoischer Zeit Häfen (Amnissos) und Herrenhäuser (Nirou Chani) lagen, haben moderne Hotelbauten den Küstenstreifen besetzt. Die Strände sind feinsandig, wenn auch häufig teerverschmutzt, die nahe Iraklion liegenden Orte durch Fluglärm beeinträchtigt, doch immer ausgebucht.

In den Katalogen deutscher Reiseveranstalter erscheinen zu Recht **Hotelanlagen** von Gournes, Chersonissos, Stalis und Malia am häufigsten: hier befinden sich die feinsandigsten Strände, und die neue Nationalstraße garantiert eine kurze Fahrt nach Iraklion oder zum Flughafen. Welch rasante Entwicklung die Orte durchmachten, zeigt ein Blick in einen Reiseführer von 1969: »34 km östlich von Heraklion liegt das kleine Dorf Mallia in der fruchtbaren Ebene, die Tarmaros genannt wird. Der rote Boden, der besonders auffällt, erwärmt sich rasch in der Spätwintersonne und bringt reiche und frühe Ernte. Etwa 2000 Segelwindmühlen bewässern die Felder…« Das Ackerland, auf dem auch die besten Frühkartoffeln Kretas wuchsen, ist überbaut, das Dorf kaum noch auszumachen

zwischen Souvenir- und Lebensmittelgeschäften, Restaurants, Diskos und vor allem Hotels, Pensionen und Appartementhäusern. Einige der verbliebenen Windmühlen schmücken mittlerweile die gepflegten Hotelgärten.

Der **Palast von Malia** (geöffnet tgl. außer Mo 8.30–15 Uhr) liegt 2,5 km östlich von Malia, der Weg dorthin ist gut ausgeschildert. Hier, im Osten des Badeorts, entdeckt man wieder die Schönheit

Palast von Malia: Ösen an den Tongefäßen dienten zur Seilverschnürung beim Transport

Kernos von Malia – der größte gefundene Opferstein für Erstlingsfrüchte

Bau, dessen Ruinen heute sichtbar sind. Er fiel, wie alle anderen, der Katastrophe um 1450 v. Chr. zum Opfer. Der Palast war das Herz einer großen **Stadt**, die sich bis zum Meer ausbreitete, wo ein großer Begräbnisplatz gefunden wurde. Die Kreter nennen ihn ›Chrysolakkos‹ (Goldgrube), denn hier kam u. a. die berühmte *›Biene von Malia‹* ans Licht, ein in feinster Granulationstechnik angefertigtes goldenes Schmuckstück (Archäolog. Museum Iraklion, Saal VII). Die **Ausgrabungen** wurden 1915 von Joseph Chatzidakis begonnen und werden bis heute vom Französischen Archäologischen Institut Athen fortgesetzt.

der vom Dikti-Massiv beschützten Landschaft. Felder, Olivenhaine und Bananenplantagen ziehen sich bis zum Meer hin: noch liegen die Ruinen des nicht restaurierten Palastes in Einsamkeit.

Geschichte Nach der Überlieferung herrschte im Palast von Malia der dritte Bruder des Minos, Sarpedon. Der Ort war schon in der Jungsteinzeit bewohnt und erhielt um 1900 v. Chr. den ersten Palast, der rund 200 Jahre später zerstört wurde. Danach entstand ein kleinerer

Besichtigung Der Rundgang beginnt auf dem **Westhof** [**1**], der von Prozessionswegen überquert wird. Rechts, im Süden, sind acht tiefe, gemauerte **Rundschächte** [**2**] zu sehen, die entweder als Getreidesilos oder Zisternen dienten. Ihre (zerstörten) Kragkuppeln wurden einst von Mittelsäulen gestützt.

Der **Zentralhof** [**3**] lag – wie in Knossos und Phaistos – in Nord-Süd-Richtung und besaß an den Langseiten Wandelgänge, deren Stützen alternierend aus Pfeilern und Säulen bestanden (Fundamen-

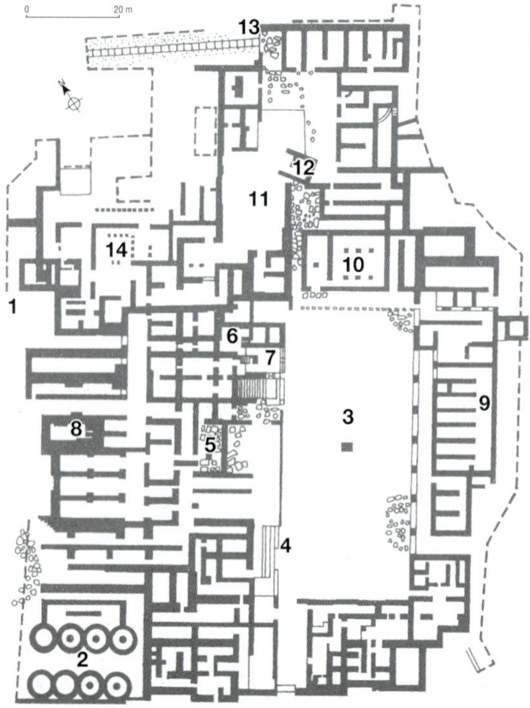

Malia

1 Westhof
2 Rundschächte
3 Zentralhof
4 Schautreppe
5 Pfeilerkrypta
6 Kammer
7 Loggia
8 Magazine
9 Ostmagazine
10 Raum mit 6 Pfeilern
11 Nordhof
12 Mykenisches Heiligtum
13 Nordeingang
14 Königliche Privatgemächer

te). In der Hofmitte ist eine Bodenvertiefung zu erkennen, eine kultische *Brandopfergrube* (Es-chara).

Der Westflügel war zeremoniellen Räumen vorbehalten, so wird die Treppe im Süden als **Schautreppe** [4] für Aufführungen im Hof bezeichnet. Hier ist auch der große *Kernos* in ursprünglicher Lage zu bewundern, ein Opferstein von 90 cm Durchmesser mit einer größeren Mittelmulde und 34 kleinen Vertiefungen am Rand, die wahrscheinlich Samen und Erstlingsfrüchte aufnahmen. Derartige Kernoi wurden an mehreren Orten Kretas gefunden.

An die Schautreppe schließt nördlich ein (Audienz-?) Raum mit Wandbank vor einer sog. **Pfeilerkrypta** [5] an. In die Pfeiler sind Symbole wie Dreizack, Stern und Doppeläxte eingeritzt – Pfeiler gehörten zu den wichtigsten Kultsymbolen der Minoer.

Nördlich einer Treppe zum Obergeschoß lag eine kleine **Kammer** [6], in der in einem Tonkrug das Zepter mit Pantherknauf aus grauem Schiefer, ein Dolch und ein Prunkschwert gefunden wurden (Archäolog. Museum Iraklion). Wahrscheinlich kleidete sich hier der Herrscher bei feierlichen Anlässen ein, denn von der benachbarten **Loggia** [7] aus konnte er Veranstaltungen auf dem Zentralhof beiwohnen. Die gesamte Westseite des Westflügels wird wieder, wie bei den anderen Palästen, von **Magazinen** [8] eingenommen.

Hinter dem Wandelgang des Ostflügels lagen ebenfalls **Magazine** [9] mit großen Pithoi (heute überdacht), im Boden sind Rinnen und ein Gefäß zum Auffangen von verschüttetem Öl, Wein oder Honig eingelassen. Natürlich war über dem Erdgeschoß ein weiteres Stockwerk, dessen Veranda die Teilnahme am Geschehen auf dem Hof ermöglichte.

Wozu der große, von sechs Pfeilern gestützte **Raum** [10] im Norden diente, ist nicht klar. Hier, im Nordflügel, gruppierten sich um den **Nordhof** [11] Nebenräume, der Eindruck wird durch das Fundament eines späteren, **mykenischen Heiligtums** [12] gestört. Zum **Nordeingang** [13] führte von der Stadt her eine Prozessionsstraße. Dort steht der große, mit Seil-Imitationen verzierte *Pithos* – neben dem Kernos das meistfotografierte Motiv von Malia.

Die **Privatgemächer** [14] des Herrscherpaars waren im Nordwesten untergebracht, so das Megaron des Königs, ein Kultbad und der Raum mit Kultpfeiler, der viele Tontäfelchen, Scheiben und Stäbe mit Hieroglyphen-Inschriften enthielt.

Westlich vom Palast hat das Ausgräberteam Fundamente mehrerer **Häuser** freigelegt (überdacht), andere, recht aufwendige Hausanlagen, z. B. im Osten des Palastes, sind nicht zugänglich.

Hinweis: Beim Palastbereich gibt es kein Kafenion oder Restaurant.

Praktische Hinweise

Hotels

***** **Creta Maris**, Chersonissos, Tel. 08 97/2 21 15, Fax 2 21 30. Bekannt hervorragend geführtes Hotel mit Bungalows, 1014 Betten, riesiges Grundstück direkt am Strand.

**** **Anissa Beach/Zorbas Village**, 4 km vor Chersonissos, Tel. 08 97/2 24 54; Anissa Beach: Haupthaus, 551 Betten. Zorbas Village: Bungalows, 400 Betten. Beide Anlagen direkt am 2,5 km langen Kiesel-Sandstrand. Vorsicht: unter der Wasseroberfläche Felsen.

**** **Ikaros Village**, Malia, Tel. 08 97/3 12 67, Fax 3 13 41. Schöne, dorfartige Anlage über dem Meer am Strand, 360 Betten.

**** **Kernos Beach**, Nachbarhotel von Ikaros; Tel. 08 97/3 14 21, Fax 3 17 74. Haupthaus und Bungalows, gepflegter Garten, direkt am feinen Sandstrand.

24 Mirtia

Mirtia: 21 km südöstlich von Iraklion. Der Straße über Knossos hinaus folgen, bei 8,5 km links abzweigen Richtung Skalani/Kastelli (ausgeschildert), 1 km auf Nebenstraße. – Ausflug nach Thrapsano: 4 km weiter in Richtung Kastelli, dann (ausgeschildert) 7 km nach Süden.

Neues Kazantzakis-Museum in altem Dorf.

Mirtia empfiehlt sich als Zwischenstation auf der Fahrt durch eine der schönsten Landschaften Kretas, lohnend ist auch ein Ausflug nach Thrapsano, in einen Töpferort mit Tradition.

Das 1983 eröffnete Kazantzakis-Museum ist am Hauptplatz des Dorfes **Mirtia** im rekonstruierten Haus der Familien Kazantzakis und Anemogiannis untergebracht. Hier verlebte der Vater des berühmten Dichters seine Kindheit, ehe er nach Candia/Iraklion zog und eine Familie gründete. Nikos Kazantzakis schreibt über seinen Vater: »Mein Vater

Kretas größte Dichter

Zu den weit über Griechenlands Grenzen hinaus bekannten Dichtern gehört der in Rethimnon geborene **Pandelis Prevelakis** *(1909–1986), der in seinen Romanen und Dramen speziell kretische Themen aufgreift – Blutrache, Widerstand, schicksalhafte und rein menschliche Tragödien. Seine 1938 geschriebene ›Chronik einer Stadt‹ erzählt von Rethimnon; in Deutschland ist*

Pandelis Prevelakis

Nikos Kazantzakis

sein Roman ›Die Sonne des Todes‹ (1959) aus der Trilogie ›Der Kreter‹ am bekanntesten geworden.

Als ›Gigant‹ der griechischen Literatur wird jedoch zu Recht **Nikos Kazantzakis** *(1883–1957) gefeiert. Er studierte Jura und Staatswissenschaften in Athen und Paris und widmete sich zunächst jahrelang öffentlichen Aufgaben, obwohl sein erstes Werk bereits 1906 erschien.*

Seine Romane sind von tiefer Liebe zur griechischen Heimat und unbeugsamem Willen zum ›Blick hinter den Vorhang‹, der Suche nach Wahrheit, geprägt: Der tiefgläubige Kreter wollte und konnte sich nicht mit den Antworten der Kirche begnügen.

Sein lyrisches Hauptwerk sah Kazantza- *kis im 33 000 Verse umfassenden Epos ›Odysseus‹, das an Homers Odyssee anknüpft. Früh wurden seine Bücher ins Deutsche übersetzt: ›Freiheit oder Tod‹ handelt vom Widerstand der Kreter unter dem Türkenjoch; ›Griechische Passion‹ beschreibt den Leidenszug der 1923 aus Anatolien vertriebenen Griechen, ›Brudermörder‹ die Tragödie des griechischen Bürgerkrieges.*

Weltberühmt wurde er durch seinen Schelmenroman ›Alexis Sorbas‹, einer Liebeserklärung an die einfachen, heißblütigen Menschen seiner Heimat. Die Autobiographie ›Rechenschaft vor El Greco‹ ist eine tieferschürfende, bewegende Auseinandersetzung mit seinen kretischen Wurzeln und seiner furcht- und hoffnungslosen Suche nach Gott.

sprach selten, lachte nicht, schimpfte nicht... Er war unzugänglich, schwer zu ertragen.« Daß dieser stolze, »dunkle« Mann die türkischen Besatzer haßte, war klar, überraschend ist dagegen, daß er auch das bäuerliche Leben verachtete, obwohl er in einem Bauerndorf aufwuchs. Das seinem Sohn Nikos gewidmete Museum (geöffnet außer Do tgl. 9–13; Mo, Mi und Sa auch 16–20 Uhr; vom 1.11.–28. 2. nur So 9–14 Uhr) zeigt persönliche Gegenstände, Fotos (u. a. von Filmaufnahmen), Manuskripte, Bühnenbildentwürfe seiner Theaterstücke und Ausgaben seiner Werke in allen Übersetzungen. Eine Videoschau informiert über Leben und Werk von Nikos Kazantzakis. Im Museum gibt es ferner ein umfangreiches Archiv mit Veröffentlichungen in vielen Sprachen.

Ausflug

Die Hauptstraße Skalani-Kastelli führt durch eine fruchtbare, von Weinbergen und Olivenhainen dominierte stille Hügellandschaft, die in totalem Kontrast zur touristisch geprägten Küste steht. Bauern fahren im Herbst auf altertümlich wirkenden Dreiradautos die Traubenernte ein; ab und zu kreuzt ein Eselreiter den Weg – als sei die Zeit stehengeblieben.

Um nach **Thrapsano** zu kommen, nimmt man die Abzweigung von der Hauptstraße nach Kastelli (ausgeschildert ›Voni, Thrapsano‹). Nur hier und im Töpferort Margarites arbeiten noch einige Berufstöpfer nach alter Tradition die großen und mittelgroßen Vorratsgefäße (Pithoi) – so wie sie schon die Minoer herstellten und benutzten. Die Töpfer-Erde wird der großen Tongrube im Norden des Dorfes entnommen, die Töpfer arbeiten während der Sommermonate, ihre Brennöfen stehen rechts und links der Straße (zum Arbeitsgang s. Margarites [Nr. 42]). Leider werden die Halden unverkaufter Gefäße immer größer – es handelt sich um einen aussterbenden Beruf.

25 Agios Pandeleïmon-Kirche bei Pigi

Strecke wie Nr. 24 [s. S. 63] über Thrapsano oder (kürzer) Apostoli, dann in Kastelli 3,5 km nach Norden Richtung Chersonisos. Alternativ von Iraklion auf neuer Küstenstraße bis Chersonissos, dort nach Süden (38 km).

Byzantinische Kapelle mit sichtbarer Geschichte.

Östlich von Thrapsano und Apostoli wird die Landschaft herber und karger; felsige, kahle Höhenrücken liegen zwischen wohlbestellten Weinbergen. Prächtig steigen die Felshänge des Dikti-Massivs auf und bilden den imposanten Abschluß. Im wohlhabenden, aber wenig schönen Landstädtchen *Kastelli* biegt man nach Norden ab. Die Pandeleïmon-Kirche von Pigi ist ohne Namensangabe rechts der Straße schlecht ausgeschildert: ›Byzantine church, Taverne‹. Von Kastelli kommend sollte man erst beim zweiten Hinweisschild abzweigen, von Norden kommend beim ersten Schild, 1 km auf Erdstraße.

Die Pandeleïmon-Kirche steht nicht im heutigen Ort Pigi (= Quelle), der auf der Westseite der Straße liegt, sondern einsam im Schatten hoher Bäume, und besitzt als geweihter Ort eine lange Tradition. Das quellenreiche, fruchtbare Gebiet war vielleicht seit minoischer, sicher seit römischer Zeit besiedelt. So stammt ein Teil des **Baumaterials**, das vor allem an der Südaußenwand sichtbar ist, von antiken und frühchristlichen Bauten, u. a.

Die Pandeleïmon-Kirche liegt unter dem Schutz hoher Bäume

eine *Marmortafel* mit griechischer Inschrift. Die Kirche war nach dem Baubefund anscheinend zunächst als Kreuzkuppelkirche errichtet und wurde dann, nach mehrfacher Beschädigung, zu einer dreischiffigen Basilika umgebaut. Anfang des 20. Jh. waren der bemerkenswerte dreiapsidiale *Ostabschluß* und die Westpartie in ruinösem Zustand, die letzte Restaurierung fand 1962 statt. Hierbei erhielten die drei unterschiedlich hohen, mit Spitzbogentonnen gewölbten Schiffe je ein eigenes Satteldach.

Die **Fresken** aus dem 13./14. Jh. sind zwar nur fragmentarisch erhalten, jedoch ikonographisch interessant. Im *Altarraum* thront in der Apsiswölbung die ›Panagia‹ mit dem Christuskind auf einem reich verzierten Sessel, darunter links und rechts die ›Apostelkommunion‹. Im unteren Teil der Apsis feiern vier ›Hierarchen‹ die Liturgie.

Im *Kirchenraum* sind nur ganzfigurige Heilige erhalten. An der Südwand: Nikolaos, Arsenios, Euthymios; an der Nordwand: Georg, Erzengel Michael, Theodoros und Georgios in Rüstung sowie eine das Marienkind stillende Anna (sehr selten). Das *Westportal* wird von den Erzengeln Michael und Gabriel flankiert. Besonders auffallend ist eine Stütze im Nordschiff, die aus vier korinthischen Kapitellen zusammengesetzt ist.

Praktische Hinweise

Unterhalb der Kirche steht eine **Taverne**, deren geschäftstüchtige Chefin Besucher zunächst bewirtet, ehe sie den Wärter (mit Schlüssel) aus Pigi holen läßt. Dieser ist meistens nur vormittags am Ort. Immerhin liegt die Taverne – wie die Kirche – romantisch im Baumschatten.

Pigi: Der neuen Religion mußte das Alte dienen – antike Kapitelle als Stützpfeiler

Ostkreta besitzt Berge und Schluchten, Hochebenen und Täler wie die übrige Insel, doch wirkt hier alles sanfter, freundlicher, heller. Die Berge sind niedriger, weniger dominierend – mehr noch als die anderen Inselgegenden ist Ostkreta eine **Braut des Meeres.** Hier schneidet es in der schönsten und größten Bucht, dem *Mirabello-Golf,* in die Küsten ein, verursacht bei Pachia Ammos die schmalste Stelle der Insel, bleibt stets in Sichtweite. Nahezu von jedem Berggipfel ist das Meer zu erblicken, hellglitzernd mit dunklen Wellenbändern im Gegenlicht, tiefblau oder jadegrün in der Mittagssonne, bleifarben nach Sonnenuntergang.

Zwei **Gebirge** gliedern den Osten: das *Dikti-Massiv,* das zugleich einen markanten, im Dikti-Gipfel 2148 m hohen Riegel zu Zentralkreta bildet, und die *Thripti-Berge,* die im Afendis Stavromenos (1476 m) ihren höchsten Punkt erreichen. Beide Gebirge sind natürlich Ziele der Bergsteiger. Auch in Ostkreta gibt es die für ganz Kreta so charakteristische Landschaftsform der nahezu kreisrunden **Hochebenen:** In der *Lassithi-Ebene* sogar die schönste und berühmteste, während die benachbarte *Katharo-Hochebene* weniger bekannt ist. Der Osten ist – wie Zentralkreta – verwaltungsmäßig zu einem einzigen Regierungsbezirk zusammengefaßt, dem Nomos Lassithi. Er bekam seinen Namen von der Stadt Sitia, die heute ganz im Schatten des weit größeren Agios Nikolaos steht. Die dritte Stadt des Nomos ist zugleich die südlichste ganz Europas: Ierapetra, das südlicher als der Nordzipfel Afrikas mit der Stadt Tunis liegt.

Lange blieb Ostkreta wenig beachtet, obwohl die landschaftliche Schönheit des Mirabello-Golfs früh erkannt wurde. Doch die Fundstätten Zentralkretas zogen das Interesse der Bildungsreisenden bis zum Zweiten Weltkrieg fast ausschließlich auf sich. Nach 1945 machten die aufsehenerregenden **Ausgrabungen** in Kato Zakros und Palekastro klar, daß in minoischer und frühgriechischer Zeit der Osten Kretas eine ausgesprochen wohlhabende und bedeutende Region gewesen ist. So steht im bereits Anfang des 20. Jh. ausgegrabenen *Gournia* [Nr. 33] eine minoische Stadt mit Straßenzügen, Wohnhäusern und Verwaltungssitz, in *Kato Zakros* [Nr. 40] wurde der vierte, große Palast der Zeit von 1600–1450 v. Chr. freigelegt, und *Palekastro* [Nr. 39] erweist sich als wichtige Handelsstadt mit einem einst viel besuchten Gipfelheiligtum.

Erst ab 1965 entstanden die ersten Hotels und Pensionen am Golf von Mirabello – heute haben Erholungssuchende speziell die Gegend um Agios Nikolaos voll in Beschlag genommen. Die Badestrände sind zwar nicht ausgedehnt und feinsandig, sondern häufig felsig, doch die herrliche Golflandschaft, zahlreiche **Ausflugsziele** und das Sonnenklima der Südküste begeistern jeden Besucher. Die schönsten Ziele sind außer den genannten Ausgrabungsstätten die *Hochebene von Lassithi* [Nr. 27], die freskengeschmückte *Kera-Kirche bei Agios Nikolaos* [Nr. 31], der kleine *Palmenstrand von Vai* [Nr. 38] und die wie ein Adlernest im Bergsattel hängende dorische *Ruinenstadt Lato* [Nr. 32].

26 Potamies – Krasi – Kloster Kera Kardiotissa

Der Besuch der Dörfer und des Klosters Kera Kardiotissa kann mit der Fahrt zur Lassithi-Hochebene [Nr. 27] kombiniert werden.

Byzantinische Kirchen, die größte Platane Kretas und ein bedeutendes Kloster.

Von der Nationalstraße 90, E75 kommend, stehen kurz vor **Potamies** links am Hang zwei Kirchen. Die schlichte Einraumkirche *Sotiros Christou* bezaubert durch lebendig wirkende Fresken aus der 1. Hälfte des 14. Jh., während die hübsche Kreuzkuppelkirche *Panagia Gouverniotissa,* zu der eine Schotterstraße hinaufführt, in der 2. Hälfte des 14. Jh. ausgemalt wurde. Sie gehörte zu einem heute zerstörten Kloster und zeigt in der Außenansicht einen schönen Tambour (Unterbau der Kuppel), der – ähnlich demjenigen von Agia Irini in Axos [Nr. 8] – durch Fenster und Blendarkaden gegliedert ist (Schlüssel zu beiden Kirchen im Kafenion des Dorfes).

Auch im 7 km entfernten **Avdou** gibt es mehrere byzantinische Kirchen. In dem vom Dorf nach Süden führenden Tal liegt am Hang der 1559 m hohen Selena die große *Höhle Agia Photia*, eine Wanderung dorthin dauert rund 1 Stunde.

Die Straße steigt an, 6 km hinter Gonies kommt eine Abzweigung, die einen kurzen (1 km) Abstecher zum Dorf **Krasi** ermöglicht. Hier steht am Dorfplatz Kretas *größte Platane* mit einem Stammumfang von fast 16 m! Mit zahlreichen Ästen sorgt sie immer noch für frisches Grün und viel Schatten – die nahen, reichlich sprudelnden Quellen, bei denen bis heute Dorfbewohnerinnen Wasser holen, geben ihr Lebenssaft. Kafenion und Taverne am schattigen Dorfplatz bieten erfrischende Getränke.

Nur wenig später taucht rechts unterhalb der Straße auf einer Bergterrasse, eingebettet in das Grün von Zypressen und Walnußbäumen, das **Kloster Kera Kardiotissa** auf (Besichtigung 8–13 und ab 15 Uhr bis Sonnenuntergang).

Obwohl die Existenz des Klosters früh belegt ist, galt die Kirche bis zur Restaurierung als Bau des 18. Jh., denn die Fresken waren weiß übertüncht. Erst bei den Renovierungsarbeiten 1970–73 zeigte sich, daß sie ein bedeutendes Denkmal des frühen 14. Jh. ist.

Ursprünglich als Einraumkapelle errichtet, wurde die Kirche in vier Bauphasen unregelmäßig mit Narthex erweitert und ausgemalt. Die ältesten Fresken stammen vom Beginn des 14. Jh., sie imponieren durch die realistische Darstellungsweise (kräftige Modellierung, reicher Faltenwurf, perspektivische Darstellung) und wirken sehr lebendig.

Apsisfenster der Panagia Gouverniotissa

An der Kirche Kera Kardiotissa ist nach der Restaurierung das ursprüngliche Bruchsteinmauerwerk mit Blendarkaden aus Ziegeln zu sehen

Im 19. Jh. spielte das Kloster eine wichtige Rolle im Widerstand gegen die Türken, so lernten in der ›Geheimschule‹ die Kinder Griechisch lesen und schreiben, was ja streng verboten war. Mit der Klostergeschichte ist auch die *Legende der Marien-Ikone* eng verbunden. Diese soll zweimal nach Konstantinopel entführt worden und von dort wieder zurückgekehrt sein. Nach der dritten Entführung habe man sie in Konstantinopel an eine Säule gekettet, daraufhin sei die Ikone samt Säule über Nacht ins Kloster zurückgekehrt.

Im Klosterhof steht die *Säule*, an die das Bild gekettet war. Die wundertätige *Ikone* (mit Kette) ist in der Kirche links von der ›Schönen Pforte‹ der Ikonostase zu bewundern. Die ursprüngliche Einraumkirche der Panagia wird heute als Altarraum genutzt, hier befinden sich die sehr schönen *Fresken* aus den ersten Jahrzehnten des 14. Jh., darunter eine großartige ›Himmelfahrt Christi‹. Im Tonnengewölbe des Mittelschiffs der Kirche Szenen aus dem Leben Christi, an der Ostwand ›Marientod‹.

Am Ostrand des Klosters liegt die ›Geheimschule‹ – ein schlichter Raum.

Praktische Hinweise

Das Kloster feiert am 8. September Kirchenfest, dann kommen die Besucher aus der ganzen Umgebung von Iraklion bis Nikolaos: die Straße ist zugeparkt und in den Tavernen im höher gelegenen Ort Kera kein Platz frei.

27 Die Hochebene von Lassithi und die Diktäische Grotte

TopTen

Von Iraklion auf der Nationalstraße 90/E 75 bis zur gut ausgeschilderten Abzweigung bei km 23. Eine zweite Zufahrt zweigt erst bei km 30 kurz vor Chersonissos von der Nationalstraße 90/E75 ab, führt über Mochos und Avdou und trifft beim Kloster Kera Kardiotissa die erste Straße. Schließlich kann man auch von Agios Nikolaos aus über Neapoli und den Paß Patera ta Selia (1100 m) die Höhe erreichen.

Fast kreisrunde Hochebene, die im Hochsommer durch ihre segeltuchbespannten Windmühlen einer blühenden Margeritenwiese gleicht. – Und die Höhle, in der Zeus geboren sein soll.

Die Lassithi-Ebene (850 m) ist die einzige ganzjährig bewohnte Hochebene Kretas. Der Anblick der von 2000 m hohen Bergen gerahmten Senke bezaubert auch dann, wenn nur wenige Windräder der Wasserpumpen ihre Dreiecksegel entfaltet haben. Im Frühjahr ist keine Bewäs-

serung nötig, denn das 8–10 km lange, 5–6 km breite Becken fängt zuvor die Winterregen auf und verwandelt sich in eine Sumpflandschaft; einen Abfluß besitzt die Senke lediglich bei Kato Metochi. Sinkt der Grundwasserspiegel in den Monaten Juni bis Mitte Juli, so übernehmen Jahr für Jahr mehr Motorpumpen anstelle der malerischen Windräder die Arbeit des Wasserpumpens, denn jene können genau nach Bedarf eingeschaltet werden. Auf der fruchtbaren, einst von den Bergen herabgeschwemmten Erde wachsen Apfel- und Birnbäume, Kartoffeln, Getreide und verschiedene Gemüse.

Von Norden kommend gewährt der 900 m hohe **Seli-Ambelu-Paß** den ersten Blick auf die grüne Ebene. Hier auf der Paßhöhe stehen die Ruinen alter *Getreidemühlen* in langer Reihe – da auf den Nordwestwind Verlaß war, konnten die Kreter ihre Windmühlen auf die einfachste Art, ohne Drehvorrichtung, bauen. Bis zum Anfang des 20. Jh. waren sie in Betrieb, eine Mühle ist restauriert und

Die brettebene, fast kreisrunde Lassithi-Hochebene im zeitigen Frühjahr. Alle Dörfer liegen am Rand der Ebene – Fruchtland ist kostbar

te sich in der abgelegenen Hochebene mehrfach der Widerstand, bis nach dem großen Aufstand von 1866 der osmanische Heerführer Omar Pascha mit fast 40 000 Mann die Dörfer niederbrannte.

Besichtigung Eine Ringstraße führt heute um die Hochebene herum und berührt die 21 Dörfer, die sich, um das kostbare Fruchtland zu schonen, auf den Berghängen am Rand der Ebene angesiedelt haben. Hauptort ist **Tzermiado**, von wo (am Dorfende links) ein Pfad zur *Kronos-* oder *Trapeza-Höhle* führt. Sie wurde im Neolithikum als Wohngrotte, später als Grabstätte und seit ca. 2000 v. Chr. als Kultort genutzt.

Über weitere Dörfer kommt man nach **Agios Georgios**, das als einziger Ort noch ein (restauriertes) typisches Haus der Hochebene aus der Zeit um 1800 besitzt. Es wurde als *Volkskundemuseum* (Laografico Mouseio) eingerichtet (ausgeschildert) und ist von April bis Oktober tgl. 10–16 Uhr geöffnet. Bezeichnend ist, daß dieses traditionelle Bauernhaus aus Sicherheitsgründen – es drohten Türkenüberfälle – keine Fenster besitzt, sondern nur durch Dachluken belichtet und belüftet wurde. Entsprechend schwarz ist die Decke des Hauptraums, in dem der Herd steht. In diesem Zimmer lebte, arbeitete (Webstuhl) und schlief die Familie (unter dem Bett eine Weinpresse); die beiden Nebenräume dienten als Stall und Vorratskammer. – Im modernen Anbau sind Handarbeiten und Fotos sowie Bilder naiver Malerei ausgestellt.

Im Südwesten der Ebene liegt schließlich das Dorf **Psychro**, das Ziel aller Touristenbusse. Entsprechend groß ist der Rummel am Parkplatz 2 km unterhalb der berühmten Zeus-Grotte: Eselsbesitzer preisen ihre Reittiere an, und der Fußgänger tut sich etwas schwer auf dem fünfzehnminütigen Anstieg zur 1050 m hoch liegenden Diktäischen Grotte (Dikteon Andron).

kann besichtigt werden. Von der Paßhöhe hat man nach Norden einen weiten Blick aufs Kretische Meer, im Süden wird die Ebene vom Dikti-Massiv (2148 m) überragt (am Paß Taverne Seli).

Geschichte Spuren der Besiedlung reichen in neolithische und minoische Zeit zurück. Zu Beginn der dorischen Invasion zogen sich Minoer, sog. Eteokreter (›echte Kreter‹), in eine Siedlung am Berg *Karfi* zurück. (Wanderweg auf den 1100 m hohen Karfi vom Paß, aber auch von Avdou aus; spärliche Ruinen, schöner Rundblick).

Zur Zeit der Venezianer, in der 14 große Aufstände das Land erschütterten, wurde die Lassithi-Ebene 1263 zum Sperrgebiet erklärt, niemand durfte hier wohnen und Felder bewirtschaften. Erst 1463, als dringend neue Getreideanbaugebiete gebraucht wurden, ließen die Venezianer die Hochebene mit einem schachbrettartigen Kanalisationssystem entwässern und verpachteten das Land an Kreter. In der türkischen Besatzungszeit organisier-

Die Diktäische Grotte

Hier soll Zeus von Rhea geboren worden sein. Die Höhle ist als einzige auf ganz Kreta seit Jahrzehnten offiziell zur Besichtigung freigegeben (tgl. 8–17 Uhr geöffnet).

Die Diktäische Höhle war schon den Minoern heilig und galt den Griechen als Geburtsort des Zeus

Geschichte Die Höhle wurde erstmals 1886 von Frederico Halbherr und Joseph Chatzidakis erforscht. 1900 erwiesen Ausgrabungen des englischen Archäologen David G. Hogarth, daß in der Höhle eine minoische Gottheit verehrt wurde, so wurden Opfertische, Bronze-Idole, Werkzeuge und Doppeläxte gefunden, auch Keramik im Kamares-Stil. Die Dorer knüpften an den Kult an, wobei die Forscher nicht sicher sind, ob sie in dieser Höhle die Geburtsgrotte des Zeus sahen. Es sind wohl mehr moderne merkantile Gründe, welche die Dikti-Höhle zum Geburtsort und die Ida-Höhle [Nr. 7] zur ›Kinderstube‹ des höchsten Griechengottes erklären.

Besichtigung Am Eingang zur Höhle werden Eintrittskarten verkauft, man sollte aber zusätzlich die Hilfe (Preis aushandeln!) eines der örtlichen, sehr aufdringlichen ›Führer‹ in Anspruch nehmen, denn der Einstieg ist steil und glitschig, und um Stalaktiten und Stalagmiten in der dunklen Höhle erkennen zu können, braucht man Kerzen, welche die Führer mitgeben (noch besser ist die eigene Taschenlampe). Häufig steht der untere, 60 m tiefe Teil der Höhle unter Wasser. Die Begleiter geben jedem Tropfsteingebilde phantastische Namen und zeigen sogar die ›Wiege‹ des Zeus – eine kleine Nische.

Zweifellos gibt es auf Kreta leichter zu begehende und eindrucksvollere Höhlen – z. B. die Eileithyia-Höhle [Nr. 22], oder wesentlich schönere, wie die großartige Stalaktitenhöhle von Sentoni [Nr. 8], auch geschichtlich bedeutendere wie die von Melidoni, in der nach dem Aufstand von 1824 500 Kreter einen grausamen Erstickungstod fanden –, aber die Dikti-Höhle ist nun einmal die bekannteste. So gehört sie zum Programm der meisten Veranstalter. Wer den Eingang zur Zeus-Höhle betrachtet, die weite schöne Landschaft etwas abseits vom Betrieb auf sich einwirken läßt, spürt vielleicht am deutlichsten das Fluidum eines heiligen Ortes der Frühzeit.

Von Psychro kann man die Umrundung der Hochebene fortsetzen und bei **Kato Metochi** den einzigen Abfluß der brettebenen Anbaufläche anschauen (nach der Brücke links, 500 m Fußweg).

Praktische Hinweise

Die Taverne am **Seli-Ambelu-Paß** ist ganz auf Touristen eingestellt.

Tzermiado

Hotel *** **Kourites**, Tel. 08 44/2 21 94; 13 Betten, am Ortsausgang Richtung Psychro – ebenso Hotel **Lassithi**, gegenüber Kourites-Hotel.
An der Hauptstraße zwischen Handarbeits- und Souvenirläden zahlreiche **Kafenia** und **Tavernen**. Empfehlenswert Taverne **Kronio**, 300 m östlich der Bushaltestelle.
In den **Läden** mit Web-, Stick- und Häkelarbeiten von den Frauen in Heimarbeit hergestellte Ware, doch auch fernöstliche Stücke.

Agios Georgios

Rented Rooms **Maria** und **Hotel Rea**, beide einfach, doch mit Duschbad: Tel. 08 44/3 12 09.

Psychro

Touristenpavillon am Parkplatz.

28 Gedenkstätte Ano Viannos

Von Chersonissos über Kastelli nach Süden (61 km) oder 34 km westlich von Ierapetra.

Eindrucksvolle Gedenkstätte für kretische Opfer des Zweiten Weltkriegs.

Westlich von Mirtos steigt die Straße an und führt durch herrliche Gebirgslandschaft am Südhang des Dikti-Massivs entlang, einzelne Orte liegen weiß und einsam an den Berglehnen. Im Zweiten Weltkrieg wurde die Bevölkerung mehrerer Bergdörfer dieser so friedlich wirkenden Gegend in das schreckliche Geschehen verwickelt: ca. 10 km vor Ano Viannos weist ein Schild nach **Kato Simi**, ›Schlachtfeld vom 12. September 1943‹, 2 km, und zum antiken *Hermes- und Aphrodite-Tempel*, 5 km. Wenige Kilometer weiter westlich liegt zwischen dem in Pinien und Nußbäume eingebetteten Bergdorf Pefkos und Ano Viannos auf einem landschaftsbeherrschenden Bergvorsprung die neue *Gedenkstätte*. Sie erinnert in ergreifender Weise an 800 Kreter, die im September 1943 von der deutschen Besatzungsarmee exekutiert wurden. Neben dem hohen Fahnenmast und dem Symbol des Widerstands stehen zehn Stelen mit menschlichen Konturen, auf denen die Namen der Erschossenen verzeichnet sind. Wie Schatten der Toten, aufrecht, stumm und klagend, heben sich die Stelen vor dem hellen Himmel der Südküste ab. Das Mahnmal bedarf keiner erläuternden Worte. (Direkt an der Straße, an der Abzweigung zum Küstendorf Arvi).

Wechselndes Licht verzaubert die Landschaft am weiten Mirabello-Golf zur Traumkulisse. Im Vordergrund die kleine Festungsinsel Spinalonga

29 Agios Nikolaos am Golf von Mirabello

Ferien- und Verwaltungsstadt in begeisternder Panoramalage.

Mildes Klima, fruchtbares Schwemmland und günstige Häfen machten Kretas größte Meeresbucht, den **Mirabello-Golf**, schon seit dem 3. Jt. v. Chr. für Siedler interessant. Heute kommen als wichtige Pluspunkte die neu entdeckte landschaftliche Schönheit, viele Sonnentage und Strände mit verschiedensten Wassersportmöglichkeiten hinzu! Speziell die vor Winden geschützte Westküste des Golfs bietet von ihren Fels- und Kieselstränden einen phantastischen Blick über die tiefblaue Bucht zu den grauen Steilfelsen der Thripti-Berge. So ist es kein Wunder, daß Jahr für Jahr mehr Urlauber ihre Ferien im Hauptort der Westküste des Golfs, **Agios Nikolaos**, verbringen. Hier gibt es zusätzlich zum grandiosen Panorama den malerischen Voulismeni-See im Ortszentrum, ein überschaubares, nicht zu hektisches urbanes Leben, gute Badestrände in der Umgebung sowie abwechslungsreiche Exkursionsangebote für Bergwanderer und Antikenfreunde. Natürlich boomt Agios Nikolaos auch als Verwaltungs- und Dienstleistungszentrum, denn die Stadt ist Sitz der Bezirksregierung Las-

Zentrum und Flaniermeile in Agios Nikolaos: Die Uferzone bei der Brücke über den schmalen Kanal, der See und Meer seit dem 19. Jh. miteinander verbindet

sithi. 1969 besaß der Ort 3665 Einwohner und 3 einfache Hotels, 1991 waren es 8500 Einwohner und fast 100 Hotels. Nur die Besitzer des nördlich der Stadt gelegenen ›Minos Beach Hotels‹ erkannten frühzeitig die Vorzüge der Traumlage am Mirabello-Golf: sie erbauten das erste Bungalow-Hotel Kretas, das noch heute der Luxus-Klasse angehört.

Geschichte In antiker Zeit lag hier der Hafen *Kamara* der dorischen Stadt Lato [Nr. 32], der auch in byzantinischer Zeit benutzt wurde. Während der Zugehörigkeit zu Byzanz entstand auf der Landzunge im Norden die kleine *Agios-Nikolaos-Kirche*, die von Fachleuten wegen ihrer Architektur und Fresken zu den bedeutendsten Baudenkmälern Kretas gezählt wird. Die Venezianer (vielleicht auch Genuesen, die 1206 kurzfristig Kreta beherrschten) gründeten auf der Südhalbinsel der heutigen Stadt ein Viereck-Kastell und nannten es entsprechend der prächtigen Aussicht auf den Golf ›Mirabello‹ (heute steht auf dem Gelände das Gebäude der Provinzverwaltung). Der Hafen verlor jedoch an Bedeutung, als nördlich von Agios Nikolaos in der Bucht von Elounda der größere und wesentlich besser gegen Sturm geschützte Porto di San Nicolo angelegt wurde.

Erst ab 1870 wuchs die Bevölkerung in Agios Nikolaos wieder an, und zwar vorwiegend durch Zuzügler aus der Sfakia, die entweder aus materieller Not oder (wie es heißt) aus Angst vor der bis 1900 dort üblichen Blutrache ihre Heimat verließen.

Besichtigung Den besten (und meistfotografierten) Überblick erhält man vom hoch gelegenen Südufer des **Voulismeni-Sees**. Dieser ist gleichzeitig die Hauptsehenswürdigkeit der Stadt. Denn einen See, noch dazu tiefgrün mit blumenbuntem Ufer, besitzt keine andere Stadt auf Kreta! Erst im vorigen Jahrhundert (1870) ließen die Türken den Durchstich zum Hafen und damit zum Meerbusen machen. Ganz klar, daß sich Sagen um den See ranken, zwar taucht kein Ungeheuer auf, doch der von einem unterirdischen Fluß gespeiste See soll grundlos oder durch einen geheimnisumwitterten Schlund mit dem Meer verbunden sein. Amtliche Stellen geben allerdings seine Tiefe mit 64 m an. Vom Steilufer im Süden zeigt sich der ganze Charme der Stadt: Hinter dem von weißen Häusern gerahmten See ragt am Horizont die gewaltige Felswand der Thripti-Berge über dem blauen Mirabello-Golf empor, ein wahrhaft ›wunderschönes‹ Panorama.

Das milde Klima lockt vom zeitigen Frühjahr bis zum Spätherbst Gäste an den Mirabello-Golf. Zahlreiche interessante Stätten sind von hier aus leicht erreichbar

Am See, der Kanalbrücke und dem Hafenufer wird am Spätnachmittag und Abend gebummelt (Volta), vor allem samstags ist die ganze Bevölkerung auf den Beinen. Von der grünen *Platia Venizelou* ist es ein Katzensprung zur *Kathedrale Agia Triada*; hier, im Herzen der Altstadt, spürt man noch ein wenig die Kleinstadt-Atmosphäre vergangener Jahrzehnte. Östlich vom Venizelos-Platz steht die **Panagia-Kirche** mit Fresken des 14. Jh.; die Säule auf dem Platz vor der Westfassade trägt ein schönes *ionisches Kapitell*: Erinnerung an die Antike, der man im übrigen nur im Museum begegnet.

Im nördlichen Stadtteil liegt das 1969 gegründete und in seiner jetzigen Form 1972 eingeweihte **Archäologische Museum** (Odos Paleologou 68, Tel. 2 24 62, 2 49 43; geöffnet außer Mo tgl. 8.30–15 Uhr). Die Räume gruppieren sich um einen Innenhof und stellen die Exponate – Funde aus Ostkreta von der frühminoischen Zeit bis zur römischen Antike – in chronologischer Reihenfolge vor.

Saal I: Neolithische und frühminoische Zeit. Auffallend ein ca. 20 cm hohes neolithisches *Idol* in Phallusform (Pelekita-Höhle bei Zakros). Sehr viele Funde vom frühminoischen Friedhof Agia Photia bei Sitia (mit 260 Gräbern einem der größten Griechenlands, 3000–2300 v. Chr.). Obsidianwerkzeug, Keramik, sog. Kykladenpfannen, Dolche und die ältesten Angelhaken aus Bronze.

Saal II: Tonsiegel und Webgewichte. Die etwa 18 cm hohe ›Göttin von Myrtos‹ gehört zu den bekanntesten frühminoischen Keramiken. Die Göttin (überlanger Hals und kleiner Kopf auf bauchigem Unterleib) hält ein Spendengefäß im Arm. Goldschmuck aus den Gräbern von Mochlos (2300–2000 v. Chr.) und wunderbare Steingefäße, die das Material (Marmor, gemaserter Stein) perfekt zur Geltung bringen. Linear-A-Inschriften vom Gipfelheiligtum Petsofas.

Saal III: Einzigartiges *Reliefrhyton* aus Stein in Form einer Tritonmuschel; Goldbrosche und Stab mit Linear-A-Inschriften (alles aus Malia); Elfenbeinsphinx, Göttinnen, spätminoische Urnen aus Ton (Larnakes). Keramik mit Bemalung im ›Meeresstil‹ (von Makrigialos).

Saal IV: Tonkrug-Kindbestattung in einem Miniatur-Kuppelgrab.

Saal V: Rund 18 cm hoher ›dädalischer‹ Kopf (um 650 v. Chr.); weibliche Votivfiguren in Stelenform.

Saal VI und VII: Griechische und römische Zeit. Archaische Reliefplatte mit Krieger und Kind (Achill und Troilos?); spätarchaische Tonbüste einer Frau aus Elounda, dem antiken Olous; einzigartige Öllampe mit 70 Öffnungen; Bronzespiegel; Gläser; *Totenschädel* mit goldenem Lorbeerkranz und ›Charon-Pfennig‹ (Münze für den Fährmann ins Jenseits), 1. Jh. n. Chr.

Bei Interesse für byzantinische Kunst sei schließlich noch die Besichtigung der **Agios-Nikolaos-Kirche** empfohlen, nach der die Stadt benannt wurde. Wie die meisten Kirchen, die diesem Heiligen geweiht sind, steht auch diese am Wasser, denn Nikolaus wurde nicht nur als Patron der Kinder verehrt, sondern vor allem als Beschützer der Seefahrer. Die kleine Kirche befindet sich im Norden der Stadt auf der Halbinsel nahe dem Hotel Minos Palace (Schlüssel zur Kirche im Hotel gegen Ausweishinterlegung).

Die Datierung des unverputzten, aus Bruchstein errichteten Baus ließ sich nur ungefähr anhand der in zwei Phasen entstandenen Ausmalung festmachen, d. h., man weiß nur, das spätestmögliche Entstehungsdatum des Baus muß vor dem Datum der Fresken liegen (Terminus ante quem). Die Einraumkirche mit Kuppel über dem Mitteljoch ist in drei Joche gegliedert. Die restaurierten, nur in geringem Umfang erhaltenen *älteren Fresken* sind nicht exakt datierbar (1. Hälfte 10. bis Mitte 11. Jh.), sie stellen auf Kreta das einzige Beispiel rein ornamentaler Malerei dar, wie sie während des Bilderstreits im 8./9. Jh. (Ikonoklasmus) gefordert wurde. In der Apsis sind Kreuze (Reste) und einander überschneidende Kreise sichtbar, die ein Blütenmuster ergeben. Auch die flache Tambourkuppel ist mit geometrischen und floralen Motiven ausgemalt; über den Fenstern befanden sich Inschriftenbänder, von denen nur eines fragmentarisch erhalten ist. Von der *jüngeren Ausmalung* des 14. Jh. sind nur wenige Heiligenfiguren erhalten, in der Apsis war Christus als Pantokrator dargestellt.

Praktische Hinweise

Tel.-Vorwahl Agios Nikolaos: 08 41
Postleitzahl: 72100
Information: EOT an der Kanalbrücke, Tel. 2 23 57, Fax 2 54 93; dort kann man auch ein kleines Volkskundemuseum besichtigen

Hotels

***** **Minos Beach**, Tel. 2 23 45–9, Fax 2 25 48. Haupthaus und Bungalows mit Garten und eigenem Felsstrand 1 km nördlich der Stadt, 223 Betten.
***** **Minos Palace**, Tel. 2 38 01–8, Fax 2 38 16. Oberhalb von Minos Beach auf Landzunge, Haupthaus, 276 Betten.
**** **Istron Bay**, Tel. 6 13 03, Fax 6 13 83. 14 km südlich Agios Nikolaos, Terrassenbau oberhalb vom 350 m langen Sand-Kieselstrand, 240 Betten.
**** **Candia Park Village**, Appartements, 4 km nördlich von Agios Nikolaos in großer Gartenanlage, direkt am Sand-Kiesstrand.

Restaurants und Tavernen

Olympia, Strategou-Koraka-Str. 11, in klassizistischer Villa mit Innenhof, griechisch und international.
Cretan Restaurant, am Hafen, folkloristisch aufgedonnert, aber gut.
Du Lac, schön am See gelegen, gut (Fisch) und teuer.
Aguas, Konstantinou-Paleologou-Str. (Straße zum Museum), einfache Grilltaverne mit Garten.
Itanos, Kiprou-Str. 1 beim Venizelos-Platz, einfach und gut.
Almiros, 2 km nördlich (Vorort Almiros), Gartenlokal, gute Auswahl, preiswert.

30 Elounda und Spinalonga

Elounda liegt 12 km nördlich von Agios Nikolaos; Überfahrt mit Boot zur Festungsinsel Spinalonga.

Einst Hafenstadt, heute luxuriöses Feriendomizil – und ein leicht gruseliger Ruinenort.

Die Küstenstraße nach Elounda wurde ursprünglich für Filmaufnahmen asphaltiert, heute ist sie flankiert von Hotels und Bungalow-Anlagen, die jedes Jahr Urlauber aus der ganzen Welt beherbergen. Im Meer liegt die kahle Insel *Agii Pandes* (der Versuch, hier die Kretische Wildziege Kri-Kri wieder anzusiedeln, scheiterte).

Geschichte In Elounda lebt der altgriechische Ortsname **Olous** fort, in der Antike einer der bedeutendsten Häfen Kretas. Olous wurde als Hafen der dorischen *Bergstadt Dreros* gegründet, die im 1. Jt. v. Chr. den Norden kontrollierte und ein bekanntes Apollon-Heiligtum besaß (Bronzegruppe von Leto, Apollon und

Artemis im Archäolog. Museum Iraklion). Als sich im 4. Jh. n. Chr. der Osten Kretas senkte und der Westen hob [s. Falasarna, Nr. 61], versank Olous, und die vorgelagerte Halbinsel blieb nur durch einen sumpfigen Isthmus mit dem Festland verbunden. Einige Mauerzüge der untergegangenen Stadt sind noch unter dem Wasserspiegel zu erkennen. Dennoch blieb das Gebiet von Olous in byzantinischer Zeit bedeutend, woran die Ruinen der dreischiffigen Basilika auf der **Halbinsel Spinalonga** erinnern. Die Venezianer benutzten die große Bucht von Elounda als Hafen und schützten sie durch die Festung Spinalonga. Ende des 19. Jh. durchstießen französische Ingenieure den Isthmus, bauten eine Brücke über den Kanal und machten damit Spinalonga (langer Dorn) zur Insel.

Besichtigung Die Ruinen von **Olous** sind spärlich, von der Basilika blieben die Fußbodenmosaike (meist zugedeckt). Man überquert die Brücke, oberhalb der Windmühlen finden sich die Grundmauern der Basilika (30 Min. Fußweg von Elounda). Die frühchristlichen **Fußbodenmosaike** gehören zu den besten Kretas und zeigen figurale (Fische) und geometrische Motive sowie zwei frag-

Die Elounda-Bucht wird durch bergiges Hinterland vor kalten Winden geschützt (oben). Bodenmosaike der Basilika von Olous. Sie gehören zu den besten Kretas (unten)

mentarisch erhaltene Inschriften, die als Spender Theodoulos, Antaxios und Helidoros nennen. Sie werden in die 2. Hälfte des 5. Jh. datiert.

Festung Spinalonga

Die Festung liegt auf einer kleinen, vorgelagerten Felsinsel im Norden von Spinalonga, so daß es genau genommen *zwei* Spinalonga gibt.

Geschichte Erst als Kreta praktisch schon an die Türken verloren war, errichteten die Venezianer 1579 unter Jacopo Foscarini auf dem 400 m langen und 200 m breiten Felseiland im Norden der Bucht die Festung, die mit 35 Kanonen bestückt wurde und als uneinnehmbar galt. Erst 1715 kam sie durch Vertrag in türkische Hand. Unter Prinz Georg richtete man hier ab 1903 eine **Leprastation** ein, die bis 1957 bestand. In den dreißiger Jahren bekam die Insel elektrisches Licht und ein Krankenhaus, 1948 entstanden die zweistöckigen Wohnblöcke. Seitdem die Krankheit medizinisch besser behandelt, im Frühstadium sogar geheilt werden kann, wurde die Quarantänestation aufgegeben und bildet nun im verwahrlosten, ruinösen Zustand einen ebenso eindrucksvollen wie makabren, fast unheimlich wirkenden Ort. Berühmt wurde er als Kulisse der englischen BBC-Fernsehserie ›Who pays the ferryman‹ (Anspielung auf den Fährmann Charon). So trostlos der Platz wirkt: Für die Aussätzigen bedeutete das Leben im Lepradorf eine Verbesserung ihrer schrecklichen Lage, denn seit dem Altertum wurden von der Krankheit Befallene aus der menschlichen Gemeinschaft ausgestoßen und mußten unter trostlosen Bedingungen von Almosen leben (wenn im Januar jeden Jahres ›Welt-Lepratag‹ ist, erfährt man, daß sich für viele Kranke weltweit daran nichts geändert hat).

Besichtigung Heute kann die Insel gefahrlos besucht werden, man setzt per Boot von Elounda über, oder preiswerter ab Plaka, dem alten Fährhafen zur Insel. Der Landeplatz liegt nicht mehr an der Mole auf der Westseite, sondern unterhalb der gewaltigen **Südbastion**, an der hoch oben das Relief des Markuslöwen an die Venezianer erinnert. Von der halbmondförmigen Bastion, die wegen ihrer Form ›Mezzaluna Barbariga‹ genannt wurde, konnten Kanonen die enge Hafeneinfahrt vollständig bedecken. Über eine Treppe erreicht man durch den Tunnel der **Tiepolo-** oder **Rivabastion** die alte Laden- und Wohnstraße der Leprasiedlung und geht an teilweise noch hoch anstehenden Hausruinen vorbei auf der Inselwestseite nach Norden. Durch leere Fensterrahmen und -höhlen sind Schuttberge zu sehen, rechts die Ruinen einer Kapelle und – etwas erhöht – des Krankenhauses, links Zisternen und die alte **Mole** mit dem venezianischen **Tor**. Das schöne Eingangsportal trägt (in Latein) eine Inschrift zu Ehren von Lucas Michael, dem Generalprovisor Kretas, der den Grundstein zur Festung legte. Im Norden beherrschte die ›Mezzaluna Michael‹-Bastion die wesentlich weitere Hafeneinfahrt. Der Rückweg auf der Ostseite gibt den Blick aufs Meer frei, auch hier war die Steilküste mit unteren und oberen Bastionen zum Sperriegel ausgebaut. Erst bei Friedhofskapelle, Friedhof und Beinhaus wandern die Gedanken wieder von der Festungszeit des 16. und 17. Jh. zum Los der Kranken, die ohne Hoffnung auf Heilung auf der kleinen Insel lebten und starben.

Praktische Hinweise

Plaka

In Plaka gibt es zwei einfache Tavernen, **Castellos** und **Maria** (Tip: Fisch nicht nach Aussehen, sondern Gewicht bestellen, Preis aushandeln).

Elounda
Tel.-Vorwahl: 0841

Die **Luxus-Hotels** in Elounda genießen Weltruf und bilden eine Welt für sich: ***** **Elounda Beach**, Tel. 41412–3, Fax 41373. Hotel und Bungalows an traumhaften Buchten, mit privatem Hafen und Strand, 578 Betten. ***** **Elounda Mare**, Tel. 41102–3, Fax 41307. Bungalows in reizvoller Anlage, Sportmöglichkeiten, 150 Betten. ***** **Astir Palace Elounda Bay,** Tel. 41580, 41702; Fax 41783. Hotel und Bungalows, 551 Betten. ** **Aristea**, Tel. 41301–5. Nahe Hauptplatz und Bootsanleger, 37 Zimmer. **Tavernen:** Mehrere am Hauptplatz beim Fischerhafen, alle im Angebot ähnlich. Die einfache Ufertaverne **Vasilis** (Richtung Damm) durch die oben erwähnte TV-Serie bekannt.

Motive der Kera-Kirche bei Kritsa dürfen in keinem Fotoalbum fehlen! Der so harmonisch wirkende Bau entstand in mehreren Bauphasen und wurde kürzlich restauriert

31 Panagia-Kera-Kirche – Dorf Kritsa

1,5 km südlich von Agios Nikolaos zweigt die neu ausgebaute Asphaltstraße nach Südwesten ab. 9 km bis zur Kera-Kirche (Bushaltestelle), die Kirche befindet sich 60 m nördlich der Straße in einem ausgedehnten Olivenhain. Zum Dorf Kritsa 1 km weiter.

Berühmteste Kirche und größtes Dorf Kretas.

Kirche Panagia Kera

TopTen Das Motiv der dreischiffigen, kuppelbekrönten Kera-Kirche fehlt in keinem Bildband über Kreta; der mit herrlichen byzantinischen Fresken ausgemalte Innenraum beeindruckt und begeistert jeden Besucher. 1994 wurde die weiße Putzschicht von den Außenwänden entfernt, wodurch der malerische Ge-

samteindruck beeinträchtigt, dafür aber der originale Zustand hergestellt wurde. Bleibt abzuwarten, ob in den kommenden Jahren Denkmalschützer oder Werbemanager das Aussehen bestimmen.

Geschichte Die Kirche wurde in drei **Bauphasen** errichtet, nach neuesten Untersuchungen entstand bereits im 13. Jh. das heutige Mittelschiff als Kuppelhalle, die beiden Seitenschiffe wurden später angebaut. Architektonisch sind an der leicht elliptischen Kuppel die vier stark plastischen Rundrippen auffallend, Bauhistoriker sehen in dieser auf Kreta einzigartigen Lösung venezianischen Einfluß. Das der hl. Anna geweihte Südschiff und das Antonios gewidmete Nordschiff sind mit Tonnen überwölbte Einraumkapellen.

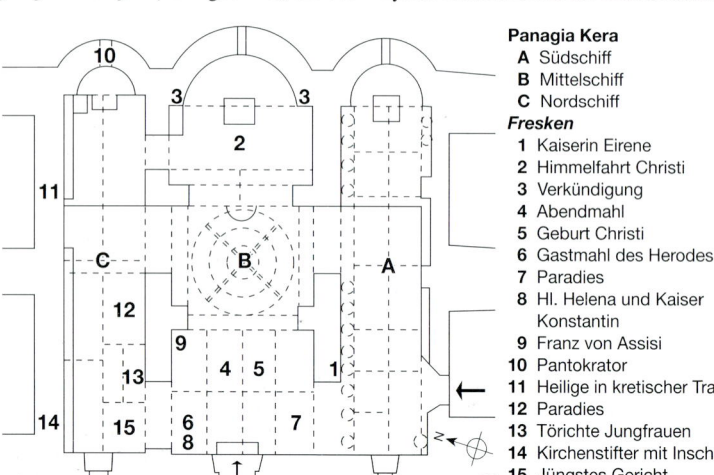

Detail aus dem prachtvollen Freskenschatz der Panagia-Kera-Kirche: ›Reise nach Bethlehem‹ im Südschiff, das der Mutter Mariens, Anna, geweiht ist

Der **Freskenschmuck** ist nach demjenigen von Kloster Valsamonero [Nr.13] der umfangreichste und bedeutendste Kretas und stammt aus dem 13. bis 15. Jh.

Besichtigung Die Kirche ist Di–Sa 9–15 und So 9–14 Uhr geöffnet, am Ort sind meistens Führer, die alle Fresken erklären (Extragebühr). Im Innenraum herrscht Fotoverbot.

Die Tür zum **Südschiff** [A] wird z. Zt. als Haupteingang genutzt. Der aus der 1. Hälfte des 14. Jh. stammende Bilderzyklus ist dem Leben der Mutter Mariens

Panagia Kera
A Südschiff
B Mittelschiff
C Nordschiff
Fresken
1 Kaiserin Eirene
2 Himmelfahrt Christi
3 Verkündigung
4 Abendmahl
5 Geburt Christi
6 Gastmahl des Herodes
7 Paradies
8 Hl. Helena und Kaiser Konstantin
9 Franz von Assisi
10 Pantokrator
11 Heilige in kretischer Tracht
12 Paradies
13 Törichte Jungfrauen
14 Kirchenstifter mit Inschrift
15 Jüngstes Gericht

(Anna) und der Muttergottes gewidmet. Die Wand zum Mittelschiff schmückt eine lange Reihe von Heiligen, wobei – wie meist in der orthodoxen Kirche – die Frauen, u. a. Kaiserin Eirene [**1**], recht weit entfernt vom Allerheiligsten im Westen zu erkennen sind.

Das **Mittelschiff** [**B**] besitzt die ältesten, aus dem 13. Jh. stammenden Fresken. In der Wölbung des Altarraums ›Himmelfahrt Christi‹ [**2**], ferner ›Gottesmutter‹, ›Verkündigung‹ [**3**], ›Kirchenväter‹. Im Gemeinderaum des Mittelschiffs ist das Leben Christi dargestellt. Besonders schön sind die Gewölbeszenen westlich der Kuppel: ›Abendmahl‹ [**4**], ›Geburt Christi‹ [**5**], ›Gastmahl des Herodes‹ [**6**], ›Paradies‹ [**7**]. Nahe dem Hauptportal im Westen sind die ›hl. Helena‹ und ihr Sohn ›Kaiser Konstantin‹ [**8**] zu entdecken, am nordwestlichen Pfeiler taucht der ›hl. Franz von Assisi‹ [**9**] sozusagen als Überraschungsgast auf.

Recht fragmentarisch erhalten sind die Fresken aus der Mitte des 14. Jh. im **Nordschiff** [**C**], das sehr dunkel ist. An der Ostwand prangt der ›Pantokrator‹ [**10**], dann folgen Heilige, die Nordwand schmückt ein Bild der namentlich nicht bekannten Dorfheiligen im kretischen Gewand [**11**], ferner gibt es das ›Paradies‹ [**12**] und die ›törichten Jungfrauen‹ [**13**] zu sehen. An der westlichen Nordwand schließlich die ›Kirchenstifter mit Kind‹ (und Inschrift) [**14**], und auf der Westseite das ›Jüngste Gericht‹ [**15**].

Das **Dorf Kritsa** wurde durch die Verfilmung von Kazantzakis' Roman ›Griechische Passion‹ weit über Griechenland hinaus als ›typisch kretisches Dorf‹ bekannt. Die wunderschöne Panoramalage auf einer Terrasse der Lassithi-Berge mit Blick zum Mirabello-Golf entzücken auch heute, obwohl der Ort durch den enormen Zulauf von Touristen natürlich sein ursprüngliches Aussehen verändert hat.

Panagia-Kera-Kirche

Eine Taschenlampe ist beim Besuch der Kirche sehr hilfreich. Zwei einfache Kafenia (eines mit Selbstbedienung) in Front der Kirche; im Kiosk Literatur zur Kirche mit vielen Fotos (u. a. von Manolis Borboudakis). Im Nebenraum des Kiosk auch recht gute (neue) Ikonen.

Durch Filme berühmt geworden – das Bergdorf Kritsa

Kritsa

Kafenia und Tavernen dicht an dicht, dazu nahezu ein ›Freilichtmuseum‹ der Handarbeiten, wobei nicht alle wirklich ›handmade‹ oder kretischer Herkunft sind.

32 Lato

Eine Schotterstraße führt zwischen Feldern, Oliven-, Mandel- und Johannisbrotbäumen von Kritsa nach Lato (3 km). – Sehr lohnend ist die einstündige **Wanderung** ab Hamilo, das per Bus oder PKW (4 km von Agios Nikolaos) zu erreichen ist. Die Wanderung beginnt 150 m über dem Dorf Hamilo (ausgeschildert ›Lato‹).

Besterhaltene dorische Bergstadt Kretas.

Lato liegt in herrlicher Berglandschaft nördlich von Kritsa. Die gut erhaltene Siedlung spannt sich wie eine Hängematte über einen Bergsattel und wurde von einer steilen, von Mauern umschlossenen Doppel-Akropolis überragt. Wer das Glück hat, hier allein zu sein, kann nicht

Noch als Ruine imponiert die großartige dorische Bergstadt Lato

nur der frühen Griechenzeit Kretas nachspüren, er wird auch das Landschaftserlebnis nicht vergessen.

Geschichte Zweifellos wurde Lato, dessen Name sich von Leto, der Mutter von Apollon und Artemis, ableitet, bereits in der 1. Hälfte des 1. Jt. v. Chr. gegründet. Die heute sichtbaren Ruinen stammen aus dem 5. und 4. Jh. v. Chr. Zur alten Stadt gehörte der Hafen ›Lato pros Kamara‹, an dessen Stelle das heutige Agios Nikolaos liegt.

Die Ausgrabungen wurden kurz nach 1900 von der Französischen Schule Athen durchgeführt und in den letzten Jahren wiederaufgenommen.

Besichtigung Leider endet die heutige Straße auf dem Bergsattel mitten im Ort (Agora). Noch vor Jahren lag der kleine Parkplatz am unteren Stadteingang, so daß man – wie einst die Bewohner – viele Treppenstufen zur Agora (Marktplatz) emporsteigen mußte.

Der Marktplatz wird im Norden von einer breiten **Treppe** begrenzt, die zum Rathaus (Prytaneion) führt und an eine minoische Schautreppe erinnert. Sie bot 80 Personen Platz. Die **Agora** ist fünfeckig, in der Mitte des Platzes stand ein rechteckiger *Tempel* ohne Säulen (Fundamente), in dem zahlreiche Statuetten aus dem 6. Jh. v. Chr. gefunden wurden. Nördlich des Tempels liegt eine (ursprünglich überdachte) quadratische

Zisterne. An der Westseite wurde der Platz von einer dorischen **Stoa** (Säulenhalle) begrenzt; etwas irritierend ist der – natürlich viel spätere – kreisrunde Dreschplatz, den die Bauern noch bis vor wenigen Jahrzehnten benutzten.

An der Südseite der Agora ist eine rechteckige **Tribüne** (sog. Exedra) zu erkennen, deren Stufen aus dem Felsen geschlagen sind. Im Südosten stand auf der durch eine Polygonalmauer gestützten Terrasse der Apollon geweihte **Haupttempel** der Stadt (Fundamente und Altar restauriert).

Nun geht man die zum **Rathaus** führenden Stufen hinauf und kommt (links) in den *Hauptraum* mit einer an drei Seiten umlaufenden Steinbank. Hier tagten die Ratsherren und empfingen offizielle Besucher. Auf einem Herd in der Mitte des benachbarten westlichen Raums brannte Tag und Nacht das heilige Feuer. In den beiden nördlich angrenzenden Kammern befand sich wohl das Archiv, auf der Ostseite lag ein Säulenhof.

Man darf Lato nicht verlassen, ohne die **Treppenstraße** zum unteren Stadttor hinab- und wieder hinaufgegangen zu sein. Den Weg säumten Wohnhäuser mit Werkstätten, das **Haupttor** war dreifach gesichert. Die ganze Lage des Ortes hoch oben auf dem Berg ist typisch für das Sicherheitsstreben der kriegerischen Dorer: Einerseits konnten sie sich glänzend verteidigen, andererseits genau beobachten, ob sich Gelegenheit für einen Überfall bot. Der Mirabello-Golf mit dem wichtigsten Küstenbereich lag ihnen ›zu Füßen‹.

33 Gournia

18 km südöstlich von Agios Nikolaos entlang der ›Kretischen Riviera‹ (einige gute Strände). Vor Pachia Ammos grandioser Blick auf die zerklüftete Steilwand der Thripti-Berge mit der unwegsamen Monastiraki-Schlucht.

Ruinen einer 3500 Jahre alten minoischen Stadt: als sei die Katastrophe erst gestern passiert.

Wer Ostkreta bereist, der spürt, daß die Minoer nicht nur gute Landwirte waren, sondern ebenso tüchtige Händler und Seefahrer. An Ostkretas Küsten lagen zahlreiche Handelshäfen, deren weitreichende Seeverbindungen aus den Grabbeigaben ihrer Nekropolen ersichtlich sind. So starben bereits im 3. Jt. v. Chr. die Handelsherren am Mirabello-Golf als

Die minoische Stadt Gournia kontrollierte die schmalste Stelle Kretas. In den Ruinen wurden Werkzeuge und Statuetten gefunden, die den Alltag um 1600 v. Chr. veranschaulichen

reiche Leute: In den Gräbern von Mochlos fand sich z. B. außer prachtvollen Steingefäßen auch zarter Goldschmuck, der die Totengewänder zierte.

Wie eine minoische Stadt um 1500 v. Chr. aussah, zeigen die Ruinen von Gournia, das als Handelsort die schmalste Stelle Kretas kontrollierte. Hier konnten Waren von den Häfen der Nordküste leicht an die Südküste (und umgekehrt) transportiert werden – die Lage bot sich für eine Stadt geradezu an. Faszinierend ist, daß diese nicht durch Mauern geschützt werden mußte, denn die minoische Flotte sorgte für Sicherheit.

Über ihre Geschichte geben nur die Ruinen Auskunft: Sie muß von 1600–1450 v. Chr. als blühendes Gemeinwesen bestanden haben und wurde durch die Katastrophe von 1450 v. Chr. weitgehend zerstört. Um 1200 v. Chr. erlosch nach einem Brand endgültig das Leben in ihren Mauern.

Bereits 1901–04 wurde Gournia ausgegraben. Die Ruinenstadt ist Di–So 8.45–15 Uhr zu besichtigen.

Besichtigung Die 15 000 m² große Stadt liegt auf einer Kalkrippe unterhalb der heutigen Straße. Man kann in ihr mit den Augen schon vor dem Betreten des Ruinengebiets spazierengehen, denn wie ein plastischer Stadtplan breitet sie sich im kahlen Hügelgelände aus, ohne wirklich übersichtlich zu sein. Alle Häuser, deren Mauern z. T. noch mehr als 1 m hoch stehen, schmiegen sich wie in heutigen Inseldörfern eng aneinander, die gepflasterten, dem Felsgrund angepaßten **Hauptgassen** durchziehen den Ort von Nord nach Süd. Im Zentrum liegt in leicht erhöhter Lage ein Gebäudekomplex, der als **Residenz** des Statthalters bezeichnet wird. Er besitzt Magazine, Höfe und Wohnräume, war aber in keiner Weise markant zu den Nachbarhäusern abgegrenzt – auch dies ein Zeichen für das friedliche Zusammenleben der Gemeinschaft.

Im Süden des ›Minipalastes‹ liegt der **Marktplatz**, auf den auch von Osten her eine Gasse stößt. Nahe dem Palast wurde im Norden ein kleines **Heiligtum** ausgegraben, in dem zahlreiche Votivgaben wie Terrakottafiguren mit erhobenen Händen, Doppeläxte, Tauben und Dreifüße lagen.

Interessant sind die Funde in den Häusern der Bürger: Hausrat wie Keramiktöpfe, Tassen, Webgewichte und Handwerkzeug für Schmied und Zimmermann (Funde im Archäolog. Museum Iraklion).

Praktische Hinweise

In Gournia gibt es keinen Kiosk. Kafenia und **Tavernen** an der Küste – z. B. in Pachia Ammos, und am östlichen Ortsrand von Kalo Chorio die Taverne Panorama.

Die Katastrophe von 1450 v. Chr.

Die Geschichte der meisten minoischen Paläste, Herrenhäuser und Städte endet mit der ›Katastrophe von 1450 v. Chr.‹. Bis heute gehört diese zu den ungelösten Rätseln der Archäologie! Die Grabungsbefunde sind nicht eindeutig, die Ansichten der Forscher variieren. Doch besteht einstweilen Übereinstimmung, daß die Katastrophe mit dem gewaltigen Vulkanausbruch auf Santorin zusammenhängt.

Ein Problem ist, daß dieser Ausbruch, der die minoische Siedlung Akrotiri an der Südspitze Santorins unter einer 7 bis 20 m dicken Bimssteinschicht begrub, um 1500 v. Chr. erfolgte. Die Kultur auf Kreta brach jedoch erst 50 Jahre später zusammen, wie der erst nach 1500 v. Chr. auf Kreta entwickelte ›Meeresstil‹ beweist, der unmittelbar an den ›Florastil‹ anknüpft. Folgende Szenarien sind möglich:

1. Möglichkeit: Der Vulkan auf Santorin explodierte zwar um 1500 v. Chr., doch erst um 1450 stürzte die Vulkandecke ein und das Meer ergoß sich in die 10 km weite Caldera. Zunächst hätte ein riesiger Sog die Häfen Kretas trockengelegt, kurze Zeit später wären bis zu 20 m hohe Wellen (Fachbezeichnung: Tzunami) an und über die Küsten der Insel geprallt. Mit einem Schlag wären die minoische Flotte und alle küstennahen Siedlungen vernichtet worden.

2. Möglichkeit: Der Meereseinbruch in die Caldera Santorins vernichtete um 1450 v. Chr. ›nur‹ die minoische Flotte, zeitgleich erfolgten schwere Erdbeben auf Kreta. Die tief religiösen Minoer, die bisher ihre Könige und Priester als göttlich legitimierte Mittler zwischen Volk und Göttern verehrt hatten, verloren nach diesen Katastrophen Glauben und Respekt. Sie revoltierten; in bürgerkriegsartigen Wirren wurden die bei den Beben schwer beschädigten Paläste und Städte zerstört.

3. Möglichkeit: Die Achäer, die schon vor 1500 v. Chr. engeren Kontakt mit den Minoern besaßen (deutlich erkennbar im sog. Schiffsfresko von Akrotiri), nutzten die Lage nach dem Untergang der minoischen Flotte und den auf Kreta erfolgten Erdbeben. Sie eroberten und zerstörten um 1450 v. Chr. Paläste und Städte, arrangierten sich jedoch mit den Einheimischen.

Alle Theorien geraten neuerdings durch Bohrkerne aus dem Eis Neufundlands ins Wanken, die den gewaltigen Vulkanausbruch auf den Zeitraum um 1630 v. Chr. datieren. Dann müßte allerdings auch Akrotiri auf Santorin bereits um 1630 v. Chr. zerstört worden sein – wogegen die gesamte bisher erarbeitete Chronologie spricht.

34 Ierapetra

36 km südlich von Agios Nikolaos.

Heiße Sommer, milde Winter und wenig aufregende Geschichte.

Eigentlich ist Ierapetra nur eine vermögende Landstadt inmitten großer Tomaten-, Frühgemüse- und Bananenplantagen. Helle Plastik- und Glasgewächshäuser bestimmen weithin das Bild. Aber seitdem gute Straßen nicht nur von Agios Nikolaos, sondern auch von Iraklion und Sitia zur südlichsten Stadt Kretas führen, kommen – und bleiben – auch Touristen. Viele Hotels sind im Bau, an Tavernen hatte der Ort ohnehin nie Mangel.

Geschichte Bereits in minoischer Zeit gab es hier einen Hafen, den die Griechen *Hierapytna* nannten. Für die Römer gewann er im Verkehr mit der Cyrenaica Bedeutung. Die Genuesen, kurz darauf die Venezianer, errichteten am Strand ein Kastell, die Türken hinterließen den eleganten antikisierenden Waschbrunnen ihrer Hauptmoschee. Daß Napoleon auf seiner Ägyptenreise in Ierapetra übernachtete, gehört ebenso zur Geschichte wie ›Madame Hortense‹, der Nikos Kazantzakis im Roman ›Alexis Sorbas‹ ein Denkmal setzte. Die aus Frankreich stammende Geliebte eines französischen Offiziers war 1913, nach dem Abzug der internationalen Schutzmächte, auf Kreta geblieben und hatte in Ierapetra ein Hotel eröffnet. Schmunzelnd liest man bei Kazantzakis, wie der ›Tintenkleckser‹ aus Athen und Alexis Sorbas in Madames Hotel ein Zimmer (»ohne Wanzen!«) beziehen, wie Sorbas' Augen die Französin abtasten und sofort als alt gewordene Rotlichtdame erkennen …

Ein origineller, freistehender Uhrturm dominiert den neuen Fischerhafen von Ierapetra. Der Hafen wird vom venezianischen Kastell begrenzt (im Bild rechts)

Besichtigung An Sehenswürdigkeiten ist der reiche Ort arm, dafür besitzt er einen langen **Sandstrand** an der Flanke des Zentrums. Heute sind die Straßen und der offizielle kleine Parkplatz in Strandnähe ständig zugeparkt, denn der graue, kieselige Sandstrand ist und bleibt ein lohnendes Ziel, Fischer und ihre Boote, Sonnenhungrige und Badegäste bevölkern ihn, und an der Uferpromenade reiht sich Taverne an Taverne.

In der Nähe, bei der Platia Kothri und der Post, befindet sich das nicht sehr um-fangreiche **Archäologische Museum** (geöffnet Di–Fr 9–15, Sa und So 9.30–14 Uhr). Es besitzt minoische und griechische Keramik, Kleinplastik und Grabstelen; der interessanteste Schatz ist der *Truhensarkophag* aus Vassiliki, der in seiner Totenkult-Thematik und wilden, flächensprengenden Bemalung typisch für die Kunst der minoischen Spätzeit ist. Vor der Altstadt steht im Süden das restaurierte und für Besucher bis Sonnenuntergang geöffnete **Kastell**. Es stammt aus dem 14. Jh. und wurde im 17. Jh. ver-

Truhensarkophag im Museum Ierapetra. Flächensprengende Bemalung und neue Motive wie ›Wagenrennen‹ verdeutlichen die Unruhe der Zeit um 1000 v. Chr.

Strand von Ierapetra: Hier gibt es die meisten Sonnentage Kretas. Manchmal weht Afrikas Glutwind Sahara-Sand übers Meer und macht Mensch und Tier unruhig

stärkt, besitzt jedoch den schlichten Rechteckgrundriß der ersten venezianischen Festungen, die sich im Vergleich zu den fortifikatorischen Meisterwerken Sanmicheles [Nr. 1, 51] im Inselnorden wie Kinderspielzeug ausnehmen.

Zu den wenigen Sehenswürdigkeiten gehören **Minarett** und **Brunnenhaus** der verfallenen Moschee; der einstige Waschbrunnen frommer Muslime ist aus Hausteinen errichtet und weckt mit seinen eleganten Halbsäulen Erinnerungen an Venedig und die Antike.

Praktische Hinweise

Tel.-Vorwahl Ierapetra: 08 42
Postleitzahl: 72200
Information: Am Hauptplatz
Emmanuel Kothri, Tel. 2 81 65

Stadthotel

**** Petra Mare, Tel. 2 33 41-9, Fax 2 33 50. Am Stadtrand, Strand zwischen Meer und Ausfallstraße nach Sitia, 591 Betten.
Für einen echten Erholungsurlaub sollte man ein Hotel an den Stränden **außerhalb der Stadt** wählen:
**** Paradise Lyktos Beach Resort, Tel. 6 17 13, Fax 6 13 18. 7 km westlich von Ierapetra, Haupthaus und Reihenbungalows, direkt am Meer, im Norden schöner Blick auf Südflanke des Dikti-Massivs, 440 Betten.

**** Elyros Village, Tel. 6 15 00, Fax 6 13 03. 7 km östlich von Ierapetra in Koutsounari, Haupthaus und Bungalows, langer breiter Kiesstrand, 310 Betten.
*** Corina Village, Tel. 6 12 63. 8 km östlich von Ierapetra, bei Ferma, Haupthaus und Bungalows am breiten, 2 km langen Kiesstrand, 90 Betten.

35 Kloster Kapsa

32 km östlich von Ierapetra; 40 km südlich von Sitia. Wichtig: Bei der Anfahrt aus Richtung Sitia *nicht* 4 km südlich vom Dorf Lithines dem Schild ›Moni Kapsa 5 km‹ folgen (Erdweg in miserablem Zustand), sondern bis zur Südküste fahren. Ab Analipsi nach Osten 8 km zunächst auf asphaltierter, dann breiter, gut befahrbarer Erdstraße zum Kloster.

Schneeweißes Kloster in grauer Felswüste zwischen Himmel und Meer.

Kompromißloser kann man Jesus, der 40 Tage in der Wüste verbrachte, kaum nachfolgen, näher kann man dem Schöpfer kaum sein, als in den Felshöhlen der weltabgeschiedenen Steinöde Südostkretas. Die wasserarme, von Höhlen durchlöcherte Südflanke der Thripti-Berge ist genau der Ort, den christliche Eremiten suchten, um sich von irdischen Sünden zu lösen, über Läuterung zur Erleuchtung zu gelangen. Wie in der Thebanischen

In eindrucksvoller Hanglage, aber weltferner Steinwüste liegt Kloster Kapsa über dem Libyschen Meer. Erst die neu angelegte Erdstraße bringt Touristen in die Einsamkeit

Wüste fanden sich hier die Einsiedler zunächst nur einmal wöchentlich zum gemeinsamen Gebet zusammen. So entstanden mehrere Kirchen der Südküste, auch Kloster Kapsa.

Geschichte Das Johannes Prodromos (dem ›Vorläufer‹ = Täufer) gewidmete Kloster soll im 15. Jh. gegründet worden sein. Die Datierung stützt sich auf einen Text der ältesten Ikone (›Enthauptung des Johannes‹) in der Klosterkirche, der nach 1500 nicht mehr in Gebrauch war. Im 17 Jh. wurde das Kloster nach mehreren Türkenüberfällen verlassen, in der Kirche fanden aber weiterhin sporadisch Gottesdienste statt.

Erst 1861–63 erfolgte durch den heute als Ortsheiligen verehrten **Jerontojiannis** eine Restaurierung und Erweiterung des Klosters. Er war 1799 als Bauernsohn bei einem Klosterbesuch seiner Eltern in Kapsa zur Welt gekommen. 1841 überfiel ihn ein tiefer, 43 Stunden währender Schlaf, der ihn verwandelte: Von da an lebte er wie ein Heiliger, vollbrachte Krankenheilungen und zog sich schließlich, weil der Zustrom an hilfesuchenden Menschen den Türken mißfiel, in eine Höhle oberhalb vom Kloster zurück. Zehn Jahre vor seinem Tod wurde er Mönch und erhielt den Namen Josef, dennoch wurde er weiter unter dem Namen Jerontojiannis verehrt (Jerondas ist die Anrede für einen Abt oder älteren Mönch, Jannis die Kurzform seines Vornamens Johannes). Nach seinem Tod war sein Enkel Josef einige Zeit Abt in Kapsa, bis das Kloster 1901 seine Selbständigkeit verlor und zwei Jahre später Kloster Toplou unterstellt wurde. Seit 1982 sind die als wundertätig geltenden Gebeine des Jerontojiannis in einem Glasschrein der Klosterkirche zu sehen.

Das Kloster wird vom Priestermönch Methodios Perakis verwaltet und geleitet, der auch die Besucher führt. Öffnungszeiten: 8.30–12.30 und 15.30–19 Uhr. Der Mönch achtet sehr auf dezente Kleidung.

Besichtigung Bei der Anfahrt sieht man die großartige **Perivolakia-Schlucht**, an deren Steilwand Jerontojiannis 17 Jahre in einer Höhle lebte. Wie ein leuchtendweißes Band ziehen sich die Klostergebäude über eine schmale Felsterrasse hin, die kühne Lage zwischen Himmel und Meer erinnert an das berühmte Chozoviotissa-Kloster auf der Kykladeninsel Amorgos. Da der Parkplatz vor dem Klostertor winzig ist, sollte man den letzten steilen, aber kurzen Anstieg zu Fuß unternehmen.

Durch den von einem Turm beschützten Eingang gelangt der Besucher auf die unterste Terrasse, die unter dem ›Dach‹ aus Weinlaub und Reben einen wunderbaren

Ausblick aufs Libysche Meer ermöglicht. Unterhalb der Terrasse wachsen Mispeln, Granatäpfel, Orangen und Kohl in prächtigem Durcheinander; es heißt, daß erst Abt Josef eine Wasserleitung zum Kloster baute und die Erde korbweise herbeischaffen ließ.

Mehrere Stufen höher liegt die obere, mit schönem Kieselmuster geschmückte Terrasse, die den Zugang zur zweischiffigen **Kirche** gewährt. Das elegante Renaissanceportal ist mit antiken Reliefs verziert. Die *Nordkirche* wurde direkt in den Felsen geschlagen und hat daher unregelmäßige Wände, an der Ikonostase findet sich die erwähnte Johannes-Ikone. Die aus Zypressenholz geschnitzte Ikonostase des *Südschiffs* entstand im 19. Jh. Neben dem Reliquienschrein ist ein zwölfeckiger Leuchter auffallend: Symbol für das Himmlische Jerusalem.

Nun kann man über schmale Felsstufen oberhalb des Klosters die **Eremitenhöhle** besuchen, in der Jerontojiannis und vor ihm andere Einsiedler ihr gottgeweihtes Leben verbrachten – nah am Abgrund, der sicher auch symbolische Bedeutung besaß.

Praktische Hinweise

Das Kloster feiert am 29. August den **Namenstag** des Kirchenpatrons Johannes Prodromos. – Ein einfaches, aber recht hübsches **Kafenion** steht im Weiler Kalo Nero, den man auf halber Strecke passiert. Unterhalb der Steilküste einige winzige **Badebuchten**.

36 Sitia

75 km östlich von Agios Nikolaos. Kurvenreiche, wunderschöne Bergstrecke, häufig mit großartigen Ausblicken aufs Meer.

Noch ursprünglich wirkende Hafenstadt mit kleinem Kastell.

Schon die Fahrt rechtfertigt einen Ausflug nach Sitia. Die gut ausgebaute Nationalstraße steigt hinter Kavousi rasch an und erreicht bei *Platanos* einen Aussichtspunkt, der die Insel *Psira* und den Mirabello-Golf vor dem Auge ausbreitet, als blicke man von einem Hängegleiter auf Land und Meer.

Von *Kavousi* aus können Bergwanderer in knapp 3 Stunden zur *Alm Thripti* (800 m) aufsteigen (im Frühjahr blühen am Wegrand lila Anemonen, Zistrosen,

Orchideen- und Lilienarten); in weiteren 1 1/2 Stunden wird der höchste Gipfel der Thripti-Berge, *Afendis Stavromenos* oder *Kavousi* (1476 m), erreicht. Mit dem noch umfassenderen Gipfelblick gehört der Weg zu den lohnendsten Bergtouren auf Kreta.

Sitia liegt am Westufer des gleichnamigen Golfs und erweckt mit seiner langen Mole den Eindruck einer geschäftigen Hafenstadt, ist aber im Bereich der an die Mole grenzenden Altstadt ein ausgesprochen geruhsamer, liebenswerter Ort. Die Häuserkuben staffeln sich malerisch an einen niedrigen Hügel, der vom venezianischen Kastell bekrönt wird. Nur in der Neustadt, die man bei der Ein- und Durchfahrt passiert, glaubt man der Statistik, die Sitia als bedeutenden Handelsplatz mit 9000 Einwohnern ausweist.

Geschichte Mit Sicherheit siedelten hier bereits in minoischer Zeit Seefahrer, Fischer und Händler, denn nach neuen Grabungsergebnissen war dies einer der größten Häfen Kretas. In Petra, östlich von Sitia, wurden ein palastartiges Gebäude, Magazine, Gefäße mit Linear-A-Inschriften und ein großer Stein-Anker gefunden.

Die Siedlung scheint eine Zeitlang befestigt gewesen zu sein (kyklopische Mauer am Fuß des Hügels). Im Zentrum von Sitia wurden im Schutt eines Heiligtums Tonstatuetten und andere Weihgaben aus der 1. Hälfte des 1. Jt. gefunden, wahrscheinlich ist Sitia mit der griechischen Stadt Eteia gleichzusetzen.

Die Venezianer hatten mit dem Hafenort Großes vor: sie erweiterten das den Genuesen abgenommene Kastell (14. Jh.) und befestigten die Altstadt, Sitia sollte die viertgrößte Stadt der Insel werden. Doch der Aufschwung fand nicht statt, schließlich legte ein Erdbeben (1508) viele Häuser in Trümmer, und die Türken hatten leichtes Spiel bei der Eroberung. Erst im 19. Jh. nahm die Bevölkerung wieder zu.

Mit Recht ist die Stadt stolz auf ihren bedeutendsten Schriftsteller: **Vitzentzos Kornaros**, der am Ende des 17. Jh. den ›Erotokritos‹ verfaßte. Das Epos gilt als berühmtestes – und bis heute auf Kreta bekanntestes – Werk der ›kretischen Renaissance‹.

Besichtigung Sitia bietet nicht viele Sehenswürdigkeiten, dennoch lohnt ein Bummel durch die Altstadt. Ihre hügel-

Noch ist Sitia nicht durch hohe Hotelbauten verunstaltet und bezieht seinen Reiz aus dem Dasein einer geruhsamen Provinzstadt. Der Hafenkai dient als Flanierzone

anführenden **Treppengassen** bilden eine mit Blumenkübeln geschmückte, natürliche Fußgängerzone, die nicht verhindert, daß unvermutet an der Hügelkuppe Autos parken (es gibt einen Schleichweg). Das nicht sehr große *Kastell* wurde kürzlich restauriert, ist aber meistens verschlossen.

Bei der Paralia, der Uferstraße, gibt es einen palmenbestandenen Platz, und am Kai grenzt Taverne an Taverne.

Sehr interessant ist das kleine, aber moderne **archäologische Einraum-Museum** (an der Ausfallstraße nach Ierapetra, Tel. 2 39 17, geöffnet tgl. außer Mo 8.30–15 Uhr). Unmittelbar am Eingang steht in einer Glasvitrine das Prunkstück: ein Teil der erst vor kurzem in Palekastro [Nr. 39] gefundenen, einzigartigen minoischen *Jünglingsstatuette aus Elfenbein*. Nur Kopf und Oberkörper bis zur Taille sind ausgestellt. Das Fragment mißt etwa 20 cm und fasziniert durch die geradezu atemraubende Feinheit und Raffinesse der Ausführung, z. B. der Armmuskeln, Sehnen und Fingernägel. Erstaunlich ist auch die Mischtechnik: Der Haarschopf ist aus grünem Schiefer gearbeitet, die Augen sind aus Bergkristall. Die Vorderseite zeigt starke Brandschäden. Wie spätere archaische Jünglingsfiguren hat (laut Ausgräber Costis Davaras) auch der insgesamt fast 50 cm hohe ›jugendliche Zeus‹ den linken Fuß leicht vorgestellt. Sandalen und wohl

auch die Schwertscheide bestanden aus Goldblech.

Im übrigen sind die Exponate chronologisch und nach Fundstätten geordnet. (Rundgang entsprechend dem Uhrzeigersinn).

I. Frühminoische Gefäße aus Agia Fotia (östlich Sitia), dann Idole und Funde vom Gipfelheiligtum Petsofas und aus Palekastro.

II. Funde aus dem Palast und den Wohnhäusern in Kato Zakros: Besonders interessant ist die gut erhaltene *Weinpresse* (Zeit der Neuen Paläste 1700–1450 v. Chr.). Darüber hinaus Tontafeln mit Linear-A-Inschriften, Gefäße, ein Tongrill.

III. Keramik von ca. 1200–850 v. Chr. (subminoischer bis orientalisierender Stil).

IV. Tonstatuetten (um 650 v. Chr., sog. dädalischer Stil) aus Sitia, Gefäße.

V. Hellenistische und römische Epoche: Getreidemühle, Lampen. Gefäße aus einem versunkenen Schiff.

Schließlich besitzt Sitia auch noch ein **Volkskundemuseum** (an der Ausfallstraße nach Agios Nikolaos, geöffnet Mo–Fr 9.30–14.30 und Sa 9.30–13 Uhr), es präsentiert Stick- und Webarbeiten, Trachten, Möbel und Hausrat, darunter einen kompletten Webstuhl.

Praktische Hinweise

Tel.-Vorwahl Sitia: 08 43
Postleitzahl: 72300
Information: Am zentralen Palmen-
platz (Platia Iroon Politechniou),
Tel. 2 49 55

Stadthotels

**** Bay View Hotel, Tel. 2 49 45.
Etwas östlich vom Zentrum, nahe (nicht
am) Stadtstrand, 60 Betten.
** Itanos, Platia Venizelou (Uferstraße,
nahe sog. Stadtpark), Tel. 2 21 46.
4 Stockwerke, 138 Betten.
Restaurants an der Uferpromenade:
Zorbas – empfehlenswert, hier treffen
sich die Einheimischen zum Essen.
To Paragadi – Fischgerichte, griechische und internationale Küche.

37 Kloster Toplou

10 km östlich von Sitia. An der Straße
nach Palekastro ausgeschildert (›Moni
Toplou‹, 3 km). Die ausgebaute, breite
Asphaltstraße führt in Serpentinen
bergan.

*Ostkretas reichstes Kloster: Festung des
Glaubens, Hort des Widerstands.*

Angeblich kann man vom Glockenturm
des Klosters bis Rhodos sehen, auf jeden
Fall sah man vom hoch gelegenen Kloster potentielle Angreifer früh genug und
konnte Sicherheitsvorkehrungen treffen.
Abwehrbereit waren die Mönche bestimmt: Festungsartige 10 m aufragende
Mauern tragen Kirche und Zellenbau,
eine oder gar mehrere Kanonen standen
schußbereit. Sie gaben dem Kloster sogar
den Beinamen Toplou (türkisch top = Ka-
none), doch der richtige Name lautet
›Kloster der Muttergottes vom Kap‹
(Moni Panagia Akrotiriani). Zusammen
mit Arkadi ist es das meistbesuchte Kloster Kretas. Geöffnet von 9–13 und
14–18 Uhr, mehrere einheimische Führer
stehen bereit.

Geschichte Toplou wurde im 14. Jh. erbaut und erhielt im Laufe der Jahrhunderte durch Schenkungen enormen
Grundbesitz. Den ältesten Teil bildet die
Kirche, die der Geburt der Panagia gewidmet ist. Um sie herum entstand auf
quadratischem Grundriß der Gebäudekomplex, der mit seinem arkaden-
geschmückten Innenhof und dem aus
venezianischer Zeit stammenden Glok-

kenturm zu den malerischsten Kretas
zählt. Die kostbare Innenausstattung bei-
der Kirchenschiffe machen die Anlage zu
einem Ikonenmuseum. 1530 wurde das
Kloster von Malteserrittern geplündert,
1612 richtete ein Erdbeben schwere
Schäden an, 1646 fiel es in türkische
Hand. Im 17. Jh. wurde es durch Abt
Pandogalos restauriert. Während der verschiedenen Besatzungszeiten war das
Kloster häufig Zufluchtsort Verfolgter;
der weit verstreute Landbesitz bot ebenfalls die Möglichkeit, wegen Aufruhr Ge-
suchte zeitweilig zu verstecken. Während der Türkenzeit gingen vom Kloster
mehrere Aufstände aus; zuletzt trafen
sich hier im Zweiten Weltkrieg kretische
Widerstandskämpfer mit Engländern, um
den Widerstand gegen die deutschen und
italienischen Truppen zu organisieren;
sie installierten sogar eine Funkstation
im Kloster. In den vergangenen Jahren
wurde der gesamte Komplex grundle-
gend restauriert, wobei man den weißen
Kalkanstrich entfernte und den ursprünglichen Gesamteindruck wiederherstellte.
Durch den auf Nachbarhügeln errichteten *Windenergiepark* wird Toplou mit
Strom versorgt. Seit 1993 befinden sich
im Nordostflügel des Klosters eine
Sammlung alter Ansichten von Toplou
und den ihm unterstellten Klöstern
(Drucke, Kupferstiche, Zeichnungen,
Kopien und Fotos) sowie Dokumente der
Widerstandsbewegung. Heute leben
noch zwei Mönche im Kloster.

Besichtigung Durch das Loggia-Tor
und einen überwölbten Gang kommt der
Besucher in den kleinen, durch Brunnen,
Treppen und Balkone sehr stimmungs-
vollen **Innenhof**, dessen Boden mit
Kieselmosaik belegt ist. Neben dem Kir-
chenportal ist eine *antike Inschrift* eingelassen, Teilstück eines Vertrags zwischen
den griechischen Städten Hierapytna
[Nr. 34] und Itanos, das an der Nordspitze des Kaps lag. Eine andere Inschrift erinnert an die Restaurierung im 17. Jh.
durch Abt G. Pandogalos.
Im Südschiff – einem späteren Anbau –
wie auch in der **Hauptkirche** hängen
kostbare Ikonen, einige Fresken (14. Jh.)
blieben ebenfalls erhalten. Die wertvoll-
ste und ungewöhnlichste *Ikone* an der
Nordwand wurde von Joannis Kornaros
gemalt (1770) und trägt den Titel des Gebets ›Groß bist Du, Herr‹. In detailreicher
Feinmalerei wird die ganze Schöpfungs-
geschichte erzählt; zu Szenen aus dem

Detail der berühmten Ikone von Joannis Kornaros im Kloster Toplou. Unten: Christus in der Vorhölle. Darüber: Maria als Himmelskönigin mit Adam und Eva

Alten Testament kommen die des Neuen, am unteren Bildrand sieht man Christus in der Vorhölle (orthodoxe Osterdarstellung) und am oberen Bildrand Gottvater, Sohn und ›Pnevma‹ als Herrscher über Himmel und Erde. Angeblich sind auf dem Bild 61 Einzelszenen zu erkennen, die meisten wurden vom Maler durch den Text des Gebets ergänzt.

Das neu eröffnete **Museum** neben der Kirche ist eine Stiftung von Theocharis Provatakis und zu den gleichen Zeiten wie das Kloster geöffnet (Extragebühr). Hier ist auch die einfache Funkausrüstung der Widerstandskämpfer des Zweiten Weltkriegs ausgestellt.

Beim Klosterportal gibt es einen **Souvenirshop**, in dem u. a. Poster der berühmten Kornaros-Ikone verkauft werden.

Im **Vorhof** des Klosters steht eine alte *Getreidemühle* mit gut erhaltenem Mahlwerk. Auf der jenseitigen Straßenseite die Kreuzkirche des kleinen Friedhofs.

38 Der Palmenstrand von Vai

Vai liegt 25 km nordöstlich von Sitia.

Einzige Palmenoase Griechenlands.

Postkarten mit Fotos vom Palmenstrand in Vai gibt es sogar auf dem griechischen Festland zu kaufen – so berühmt ist dieser Palmenhain. Und er ist in doppelter Hinsicht etwas Besonderes, denn die grünen Wedel der Palmen beschatten das Tal eines Bachs, der an seiner Mündung ins Meer einen wunderbar hellen Sandstrand besitzt. Palmen unter blauem Himmel, weißer Sand, Sonne und Meer: Karibik im Miniformat! Lange bevor Urlauber den Strand als ›**Traumstrand**‹ entdeckten, schätzten Piraten die Felsinseln davor als Unterschlupf, Bauern nutzen bis heute das obere Bachtal für Pflanzungen gut gedeihender Rebstöcke. Als die ›Blumenkinder‹ und Hippies aus den Höhlen Matalas [Nr. 20] vertrieben wurden, kampierten sie unter den Palmen von Vai, bis die griechischen Behörden den Palmenhain unter Naturschutz stellten, einzäunten und seitdem nur noch Tagesbesucher am Strand dulden.

Natürlich ranken sich Legenden um die Entstehung der ungewöhnlichen Oase, so sollen nach einer Version phönizische Händler, nach einer anderen Sarazenen (824) mitgebrachte Datteln verzehrt und die Kerne achtlos verstreut haben, aus denen dann die ersten Palmen von Vai erwuchsen. Botaniker haben eine realistischere Erklärung: Die Palmenart ›**Phoenix theophrasti**‹, die endemisch ist, bildet den Palmenwald von Vai. Ihre Früchte sind ungenießbar – wie bei allen Palmen, die ihr nördlichstes Verbreitungsgebiet im Mittelmeerraum haben. In minoischer Zeit wuchsen wohl mehr Palmen auf Kreta, denn sie werden auf vielen

Die inselgeschützte Bucht von Vai ist eine echte Oase: Feiner Sand säumt das blaue Meer, Palmen spenden Schatten und fächeln mit grünen Wedeln Kühle in die Sonnenhitze

Keramikgefäßen abgebildet. Der typische Stamm, der am Fuß schlanker als am oberen Schaft ist, war vielleicht sogar Vorbild für die minoische Säule.

Der Besuch in Vai gehört zu den überraschendsten Landschaftseindrücken auf Kreta. Denn obwohl bei der Ankunft rund um den Parkplatz der Ort total touristisch vermarktet wirkt (Kiosk, Souvenirhändler, Tavernen), ist der eigentliche Strand nun wieder eine reizvolle Oase, vor allem morgens und abends. Im Palmenhain blüht *Oleander*, der helle Sand kontrastiert mit hellblauem Himmel und tiefblauem Meer, bizarre *Felsinseln* rahmen die Bucht. Natürlich sind auch diese legendenumrankt, so soll hier der berüchtigte Chaireddin Barbarossa, der 1537/38 alle griechischen Inseln plünderte und unterwarf, einen Schatz in der Felshöhle vergraben haben …

<mark>**Praktische Hinweise**</mark>

Oberhalb vom Strand hübsch gelegenes **Restaurant** und **Snackbar**.

39 Palekastro

20 km östlich von Sitia. Man kann über Kloster Toplou nach Vai fahren (25 km) und von dort nach Palekastro (8 km) – oder direkt Sitia – Palekastro.

Landstädtchen mit archäologischen Grabungsfeldern und schönen Stränden.

Palekastro ist ganz anders als Vai. Ein einfaches Dorf, dessen Bewohner vom Ackerbau (und neuerdings von Individualtouristen), vor allem aber von ihren ausgedehnten Olivenwäldern leben. Seit kurzem wird die Gegend vom ersten großen *Windenergiepark Kretas* mit Strom versorgt, dessen mächtige Windräder den Hügelkamm zwischen Kloster Toplou und Palekastro beherrschen.

Nun werden viele neue Olivenpflanzungen über stromgetriebene Pumpen bewässert, im ganzen Gebiet bis hin nach Ano Zakros sieht man am Straßenrand die Schlauchverbindungen, die zu festgelegten Zeiten bestimmte Pflanzungen bewässern können. Da eine Flurbereinigung bis heute nicht stattfand, kommt mancher Bürger von Zakros bis in die Nähe von Palekastro, um das Wasser für sein ererbtes Olivenfeld an- und später wieder abzudrehen.

Geschichte In minoischer Zeit lag bei Palekastro ein großer Hafen, der den Osthandel mit Ägypten und Phönizien bediente. Und auf dem 215 m hohen **Petsofas** – südöstlich der heutigen Ortschaft – stand eines der reichsten und bedeutendsten **Gipfelheiligtümer**. Derartige Verehrungsstätten waren – wie Höhlenheiligtümer – charakteristisch für die minoische Glaubenswelt. Wie ein Gipfelheiligtum aussah, zeigt das berühmte eiförmige Rhyton aus dem Palast von

Kato Zakros (Archäolog. Museum Iraklion, Saal VIII).

Das spätere Stadtgebiet wurde ab Mitte des 3. Jt. v. Chr. besiedelt, nach einer Katastrophe im 17. Jh. v. Chr. entstand die Stadt neu und überdeckte eine Fläche von 50 000 m², sie besaß keine Mauern. Wie alle minoischen Städte wurde auch diese um 1450 v. Chr. durch Feuer zerstört, entwickelte sich aber danach (1350–1200 v. Chr.) – nun ohne die Konkurrenz von Zakros [Nr. 40] – zur größten Stadt Ostkretas. Neue Gebäude (heute neues Grabungsfeld) entstanden am Strand nördlich und südlich vom Kastri-Hügel.

Das antike Stadtgebiet wurde zu Beginn des 20. Jh. und dann wieder 1962/63 im heute Roussolakkos (= rote Grube) genannten Bereich ausgegraben, viele Mauerzüge sind jedoch zu ihrem Schutz wieder mit Erde bedeckt, ein Teil wurde im Zweiten Weltkrieg zerstört.

Ab 1000 v. Chr. entstand auf dem Gebiet der minoischen Wohnstadt ein berühmtes Heiligtum des ›Kretischen Zeus‹. Der ohne Zweifel von den Eteokretern, den ›echten‹ Kretern, beeinflußte Kult eines jugendlichen, bartlosen höchsten Gottes, lebte in Palekastro bis in die römische Zeit fort. Die im Archäologischen Museum Sitia z. T. ausgestellte Statue wird vom Ausgräber für ein Bild dieses Gottes gehalten, der der Erde Fruchtbarkeit und den Menschen Glück brachte [Nr. 36].

__Besichtigung__ Im Vergleich zur stolzen Geschichte und den Ausgrabungsberichten sind die Überreste an Ort und Stelle wenig eindrucksvoll. Vom Dorfplatz in Palekastro schlägt man die Richtung zum Strand ein, der ausgeschilderte Weg zum **Grabungsgelände Roussolakkos** zweigt nach rechts ab und führt durch einen Olivenhain. Man betritt das z. T. mit Erdreich bedeckte Stadtgebiet auf der Westseite. Die minoische Straße führt in West-Ost-Richtung durch die verschiedenen, von den Ausgräbern mit griechischen Buchstaben beschriebenen Quartiere, mehrere Seitengassen zweigen ab. Eindrucksvoller ist das **neue archäologische Grabungsfeld** nahe Strand und Kastri-Hügel, wo 1988 die beschriebene Statuette des jugendlichen Zeus gefunden wurde. Das Gelände ist eingezäunt. Teilweise überdacht sind Wohngebäude, Treppen und gepflasterte Gassen zu sehen, auffallend die sauber aus Haustein errichteten Ecken der Gebäude.

Praktische Hinweise

Die meisten Besucher kommen wegen der schönen **Strände** nach Palekastro (2 km vom Dorfplatz). Sie sind feinsandig, einige Tamarisken spenden Schatten. Direkt am Fuß des gut 80 m hohen, trapezförmigen Kastri-Hügels gute, sehr hübsch gelegene **Taverne**. – Weitere Tavernen am Dorfplatz in Palekastro.

Hotel
** **Marina Village**, Tel. 08 43/6 12 84, Fax 6 12 85. Etwas abseits der Staubpiste vom Dorf zum Strand, in kleiner Gartenanlage mit Pool, 62 Betten.

40 Kato Zakros

42 km südöstlich von Sitia.

Der vierte, durch kostbare Funde berühmt gewordene minoische Palast mit angrenzender Stadt.

Bei Wanderern ist das ›**Tal der Toten**‹, das Ano Zakros (das obere Zakros) mit Kato Zakros (dem unteren Zakros) verbindet, mindestens ebenso bekannt wie die Ausgrabungsstätte. Der Talname lei-

Durch das ›Tal der Toten‹ führt trotz des düsteren Namens eine beliebte Wanderroute

tet sich von den zahlreichen Höhlen in den steilen Felsflanken ab, in denen die Minoer ihre Toten beisetzten. Eine Wanderung in diesem grandiosen Cañon ist auf jeden Fall lohnend. 2 km hinter dem Ortsende von Ano Zakros steigt man in die Schlucht ein und geht etwa 2 bis 2¹/₂ Stunden. Der Schluchtgrund wird von einem Bach durchflossen, rosa und weißer Oleander blüht an seinen Ufern, Bananenplantagen am Schluchtende. Per Linienbus kann man von der Ausgrabungsstätte zum Ausgangspunkt zurückfahren.

Die Straße nach Kato Zakros ist asphaltiert und windet sich auf den letzten Kilometern in Serpentinen (10 % Gefälle)

bergab, an den Kurven mehrfach spektakuläre Ausblicke aufs Meer, aber auch auf die Mündung der erwähnten Schlucht.

Kato Zakros liegt in einem kleinen, von Bergen umschlossenen fruchtbaren Tal und besteht heute nur aus einer Häuserzeile am Meer, einigen Äckern unter Olivenbäumen und der antiken Stätte.

Geschichte Bereits in der Zeit der Alten Paläste existierte hier ein Hafenort, ab 1600 v. Chr. entstand der ausgegrabene Neue Palast, der als viertgrößter Kretas gilt. Wie in Palekastro wurde von hier aus der Handel mit Kleinasien, Ägypten und Libyen abgewickelt; wahrscheinlich war

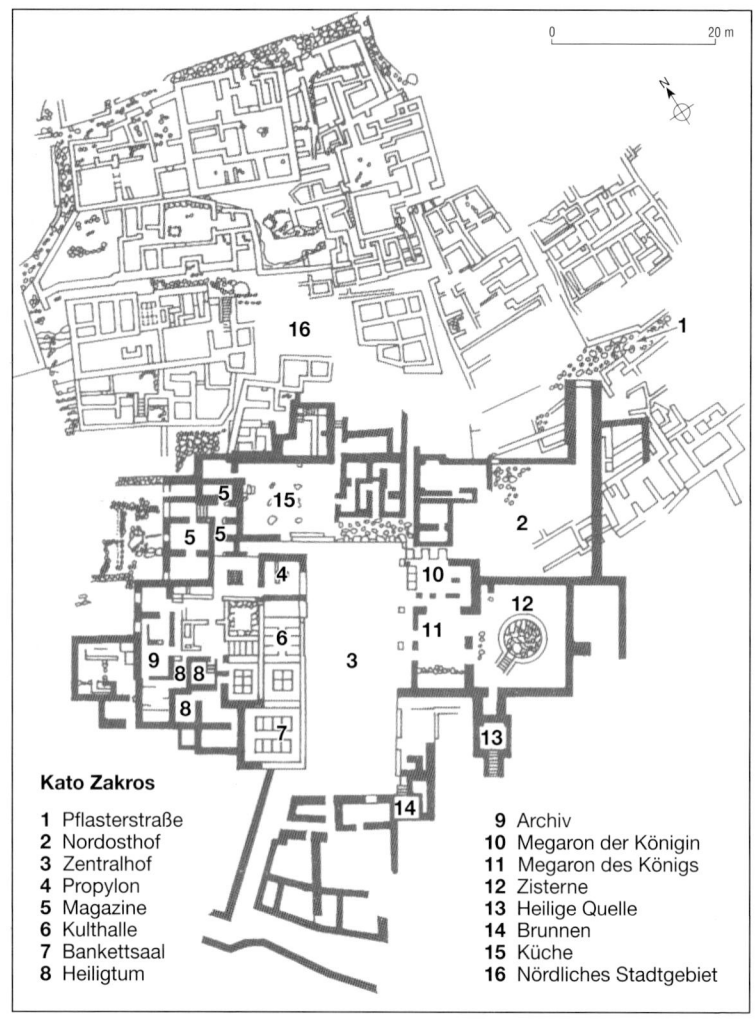

Kato Zakros

1 Pflasterstraße
2 Nordosthof
3 Zentralhof
4 Propylon
5 Magazine
6 Kulthalle
7 Bankettsaal
8 Heiligtum

9 Archiv
10 Megaron der Königin
11 Megaron des Königs
12 Zisterne
13 Heilige Quelle
14 Brunnen
15 Küche
16 Nördliches Stadtgebiet

Zakros auch Flottenbasis. 1450 v. Chr. wurden Palast und Stadt zerstört und danach nie wieder besiedelt. Die Katastrophe scheint völlig überraschend über die Bucht hereingebrochen zu sein, wie die Funde vieler Kultgegenstände dokumentieren.

Bereits 1832 entdeckte der Engländer T. A. B. Spratt in der Bucht minoische Überreste; 1901 nahm der englische Archäologe David G. Hogarth erste Grabungen vor. Berühmt wurden Palast und Stadt jedoch erst durch die systematischen Grabungen ab 1962 von Nikolaos Platon, dem damaligen Leiter der Antikenverwaltung Kretas.

Besichtigung Man betritt das Ruinengelände (geöffnet tgl. außer Mo 9–15 Uhr) im Nordosten über die alte **Pflasterstraße [1]**, die in minoischer Zeit vom Hafen zum Palast zog, und gelangt über die sog. Treppenpassage auf den **Nordosthof [2]**. Von hier führte ein schmaler Gang zum 30 x 12 m großen **Zentralhof [3]**.

Wie bei allen Palästen gruppieren sich um ihn herum bestimmten Funktionen zugeordnete Flügelbauten. Der *Westflügel* gehört wieder zum Kultbereich, bereits vor dem Zugang steht in der Nordwestecke des Hofes die Basis eines quadratischen Altars. Über eine mächtige Schwelle betrat man einen **Vorraum (Propylon)**, in dessen Mitte eine Holzsäule stand [4]. Der westwärts angrenzende, mit Platten ausgelegte quadratische Raum diente vielleicht als Warteraum, rechts davon waren **Magazinräume [5]** untergebracht, deren Wände relativ hoch anstehen. Hier wurden 500 Tongefäße, darunter viele riesige Pithoi, gefunden.

Parallel zum Zentralhof liegt eine **Kulthalle [6]**, der sich im Süden der sog. **Bankettsaal [7]** anschließt. Beide Räume besaßen Wandmalereien, wobei der Bankettsaal mit dem charakteristischen bronzezeitlichen Spiralmuster geschmückt war (Rekonstruktion im Archäolog. Museum Iraklion). In dieser Raumgruppe entdeckte N. Platon u. a. das kostbare Stierkopf-Rhyton und das einst mit Goldblech verkleidete eiförmige Steinrython mit Abbildung eines Gipfelheiligtums (Archäolog. Museum Iraklion, Saal VIII). Westlich vom Kult- und Bankettraum lag, durch Lichthöfe und Vorräume abgetrennt, das aus mehreren kleinen Räumen bestehende **Heiligtum [8]** mit kultischem Reinigungsbecken, Kultraum und Schatzkammer. Die Funde in allen diesen Räumen waren zwar zerbrochen, aber phantastisch: zu ihnen gehören die schönsten Exponate des Archäolog. Museums Iraklion wie das Spendengefäß aus Bergkristall und die große Marmor-Amphore mit zwei S-förmigen Henkeln. Noch weiter westlich, neben dem Kultraum, befand sich das **Archiv [9]**, wo in Regalen Linear-A-Tafeln gelagert waren, die während der Katastrophe durch Feuer gebrannt wurden.

Der *Ostflügel* beherbergte **königliche Wohnräume**, das sog. Megaron der Königin [10] und das des Königs [11]. Daran anschließend ein Raum mit einer **Zisterne [12]**, deren ursprüngliche Funktion wegen der Nähe zu den Königsgemächern und der enormen Größe (Durchmesser 5 m) umstritten ist (Heiliges Bassin, Schwimmbecken?). Eine Treppe führte vom Zisternenraum zu einer tiefer liegenden, sicher **heiligen Quelle [13]**. Schließlich ist in der Südostecke des Zentralhofes ein über acht Stufen zugänglicher **Brunnen [14]** zu entdecken, in dem Reste von 3000 Jahre alten Früchten gefunden wurden. Der Ausgräber hält sie für Opfergaben (sie könnten allerdings auch bei der Zerstörung des Palastes hineingeschwemmt worden sein).

Der weitgehend zerstörte *Südflügel* enthielt Lagerräume und Werkstätten. Im *Nordflügel* erschloß eine mit Steinplatten ausgelegte, durch zwei Säulen gegliederte offene Halle (Stoa) die westlich angrenzende große **Küche [15]**, deren Decke durch zwei Reihen von je drei Holzsäulen gestützt wurde. Ob hier auch kultische Mahle stattfanden, bleibt umstritten.

Die an den Palast grenzende **Stadt [16]** ist erst zum Teil freigelegt. N. Platon vermutet, daß in Palastnähe vorwiegend Priester und Würdenträger wohnten.

Praktische Hinweise

Das höher im Norden liegende Wohngebiet kann man außerhalb der Umzäunung teilweise begehen, von oben hat man zudem einen guten Blick auf das Grabungsgelände.

Am **Strand** stehen viele **Tavernen**. Hier kann man gut baden (Kieselsand) – einer der anmutigsten und geschichtsträchtigsten Plätze Kretas. In den Privathäusern werden einige **Zimmer** vermietet.

Westkreta – Land der Weißen Berge

Wer sich mit dem Fährschiff dem Hafen von Chania nähert – oder mit dem Flugzeug eine Warteschleife über Westkreta dreht – sieht ein großartiges **Bergland**: Im Winter sind die Berggipfel bis in den Juni hinein schneebedeckt oder firnüberglänzt, im Sommer schimmern die kahlen Kalkberge hell im Sonnenlicht oder fahlweiß im Mondenschein. Viele Berge steigen in Küstennähe über 1000 m auf, ein gutes Dutzend erreicht Höhen von mehr als 2000 m. Zu Recht trägt das größte Gebirgsmassiv den Namen ›Lefka Ori‹ (Weiße, helle Berge). Daß tiefe, oft unwegsame Schluchten das Bergland zerteilen und für Unkundige kaum erreichbar machen, daß ungezählte Höhlen den Einheimischen in Notzeiten sicheren Unterschlupf bieten, hat den Ruf Westkretas, unbezwingbar zu sein, über Jahrtausende geprägt. Sogar die Götter nahmen von den Lefka Ori keinen Besitz: jedenfalls berichtet kein antiker Mythos davon, während Ida- und Dikti-Massiv eng mit dem ›Höchsten‹, Zeus, verbunden sind. Wenn das fruchtbare, geschichtsreiche Zentralkreta als *archäologische* Landschaft gilt, so mag für den Westen eher die Bezeichnung *heroisch* gelten. Kein Wunder, daß die **Menschen** in dieser herben Bergwelt einem anderen Menschenschlag angehören als die Bauern und Händler Mittelkretas! Sie leben in Tälern, die im Winter nach wochenlangen Regenfällen von der Umwelt abgeschnitten, durch tiefe, wasserführende Schluchten von Nachbardörfern getrennt werden. Ihre Ackerflächen sind kleiner, die Olivenhaine steiniger, das Land oft nur als Weidegrund nutzbar. Und so sind sie als Kleinbauern, Viehhirten und Küstenfischer genügsamer, sippenbewußter und gastlicher, vor allem aber stolzer, kompromißloser und freiheitsbewußter als die verhandlungsbereiten Händler und Bauern Zentralkretas. Die blutigsten und spektakulärsten Aufstände gegen die Türken begannen in Westkreta, von hier stammte Daskalojannis (der ›Lehrer Jannis‹), der legendäre Anführer des Aufstands von 1770, hier liegt Kloster Arkadi, das die Parole der Aufständischen – ›Freiheit oder Tod‹ – blutig realisierte, hier herrschte noch bis vor wenigen Jahrzehnten das Gesetz der Blutrache.

Frühling im Land der Weißen Berge. Die Vielfalt der Flora begeistert jeden Wanderer: Margeriten, Orchideen, Mohn im Grün der Wälder – vor weiß glitzernden Bergen!

Die **Pflanzenwelt** Westkretas ist in vielen Zonen noch relativ ursprünglich. Zwar wurden die ausgedehnten Zedern- und Zypressenwälder bereits von den Minoern abgeholzt, doch haben sich Restbestände in den Schluchten erhalten. Bergzypressen, Kermeseichen und Aleppokiefern wachsen an Hängen der Lefka Ori; Kastanien, Mandel- und Olivenbäume begrünen Täler; Platanen säumen Bachläufe. Kundige finden das Diktamon, eine endemische Heilpflanze, und weniger Kundige können Thymian, Majoran, Salbei, Oregano und Rosmarin in der Phrygana erkennen. Die Ebenen der Nordküste sind im Frühjahr vom Duft der kleinen weißen Orangenblüten erfüllt, während zur gleichen Zeit die orangefarbenen Früchte aus dem dunklen Grün der Bäume leuchten.

Weniger wird man von der **Tierwelt** Westkretas bemerken. Die in minoischer Zeit häufige Kretische Wildziege (Agrimi) lebt zwar (geschützt) im Samaria-National-park, ist jedoch scheu und selten zu sehen, Wildkaninchen und Hasen sind arg dezimiert, Rotwild fehlt. Dagegen lassen sich am Himmel manchmal Gänsegeier und Habichte beobachten. Daß jede Wanderung in der Sommerhitze vom Zirpen der Zikaden begleitet wird, ist dagegen nicht auf den Westen beschränkt.

Über Westkretas **Geschichte** in minoischer Zeit sind wir noch wenig unterrichtet, erst seit kurzem zeigen Grabungen, daß der Westen Kretas durchaus am Wohlstand dieser Frühzeit beteiligt war. Von der griechischen bis zur byzantinischen Zeit waren Nord- und Südküste relativ dicht besiedelt, Orte wie Falasarna, Polyrinia, Aptera, Lisos und Phoenix waren im Altertum bekannt und wurden schon von Strabo und in der Apostelgeschichte erwähnt. Hier haben sich in der Abgeschiedenheit der Berg-welt besonders viele kleine Einraumkirchen erhalten, die alle mit Fresken vollstän-dig ausgemalt waren (durch Feuchtigkeit vielfach beschädigt).

Heute ist Westkreta in zwei Verwaltungsbezirke (Nomoi) geteilt: Rethimnon und Chania [Nr. 41, 51]. Die beiden malerischen **Hauptstädte** waren schon immer eine Reise wert, doch die Landschaft dieser Bezirke wurde erst im letzten Jahrzehnt von Tourismusmanagern entdeckt. Zunächst lockte die wilde, einzigartige **Samaria-Schlucht** [Nr. 54] begeisterte Wanderer nach Westkreta. Doch wo noch vor andert-halb Jahrzehnten Naturfreunde unter sich waren, auf alten Saumpfaden abgelegene Dörfer, einsame Hochebenen, unbekannte Badestrände entdeckten, wurde nun das Straßennetz verbessert. Speziell an den Küsten sind **Urlaubsorte** für viele Touristen entstanden, aber manche **Strände**, wie der von Falasarna, Elafonisi, Sougia und Loutro, werden wohl noch längere Zeit Individualreisenden vorbehalten bleiben.

Für **Bergwanderer** ist Westkreta ein ideales Tourengelände – wenn sie die richtige Zeit für ihre Wanderungen wählen. Und für Liebhaber alter **Städte, Klöster** und **Kirchen** gibt es so viel zu sehen, daß hier nur eine kleine Auswahl der wichtigsten Denkmäler vorgestellt werden kann.

41 Rethimnon

80 km westlich von Iraklion, 60 km östlich von Chania.

Wo sich Bauten einstmals erbitterter Feinde zum harmonischen Ensemble vereinen.

Rethimnon ist lebhaft, ohne hektisch zu wirken, und malerisch, ohne den Ein-druck mühsam konservierter Romantik vorzutäuschen. Mit 23 595 Einwohnern und der geisteswissenschaftlichen Fakul-tät der Kretischen Universität besitzt die Stadt so viel Eigendynamik und kulturel-len Schwung, daß sie auch ohne Touris-mus für die Bürger attraktiv ist, dennoch hängen heute viele Arbeitsplätze vom florierenden Tourismus ab. Denn bereits in der Stadt beginnt der feine, 14 km nach Osten ziehende Sandstrand, an dem viele Hotels und Appartementhäuser di-rekten Zugang zum Meer garantieren. Und zu den archäologischen und land-schaftlichen Sehenswürdigkeiten und Höhepunkten Mittel- und Westkretas kommt man auf guten Straßen und Wan-derwegen. Schließlich läßt sich abends am venezianischen Hafen Rethimnons in romantischem Ambiente speisen und trinken – Fotos von diesem pittoresken Ort fehlen in keinem Reiseprospekt.

In Rethimnon wurde **Pandelis Prevela-kis** (1909–1986) geboren, dessen Roma-ne und Dramen stark vom kretischen

Rethimnon: Freiheitskämpfer Giamboudakis vor türkischem Minarett

Die Zitadelle von Rethimnon galt als uneinnehmbar. Doch nach kurzer Belagerung fiel sie 1646 in die Hand der Türken, deren Moscheeruine bis heute das weite Areal beherrscht

Freiheitskampf geprägt sind. Er widmete seinem Geburtsort die ›Chronik einer Stadt‹ (1938), die u. a. vom griechisch-türkischen Bevölkerungsaustausch 1923 berichtet, der für die seit Generationen in Rethimnon lebenden Türken den Verlust ihrer Heimat bedeutete.

Geschichte Die Informationen über Rethimnons Geschichte sind spärlicher als die der anderen Nordküsten-Städte, doch spricht die in Armeni [Nr. 45] entdeckte große Nekropole aus dem 14. Jh. v. Chr. für eine frühe Besiedlung der Gegend. Auch das im südlichen Stadtteil Rethimnons (Mastambas) gefundene Felsengrab stammt aus spätminoischer Zeit. Die eingewanderten Dorer errichteten auf dem Hügel ihrer Stadt Rhithymna einen Artemis-Tempel (vielleicht auf einem seit minoischer Zeit heiligen Platz). In byzantinischer Zeit wurde die Stadt mit Mauern geschützt, welche die Venezianer im 13. Jh. verstärkten. Nachdem 1570 osmanische Truppen kurzfristig Rethimnon erobert und zerstört hatten, entstand zwischen 1573 und 1580 nach Plänen des venezianischen Baumeisters Pallavicini die gesamte Festungsanlage neu. Auch der Stadt und Hafen beherrschende Hügel im Nordwesten wurde nach neuesten militärtechnischen Erkenntnissen zu einer ›Festung in der Festung‹ ausgebaut, so daß sich 1646 beim türkischen Angriff Stadtbewohner und Verteidiger zunächst hier in Sicherheit bringen konnten. Doch die Tage der Freiheit waren gezählt: Nur wenige Wochen später mußte sich das Kastell den Belagerern ergeben.
Mit Rethimnon verbindet sich der spek-

takulärste Aufstand Kretas gegen die Türken: aus einem Dorf in der Nachbarschaft stammte Kostas Giamboudakis, der Arkadi 1866 in die Luft sprengte [Nr. 43], von Rethimnon rückten die osmanischen Truppen aus, die den Widerstand zerschlagen sollten. Um so überraschender ist, daß nach Abzug der Türken ausgerechnet in Rethimnon nicht alle türkischen Bauten zerstört oder umgewidmet wurden. Die Stadt bringt somit von allen Orten Kretas am deutlichsten die Zeit der türkischen Besatzung in Erinnerung. Vielleicht ist dies aber eine besonders subtile Form der Genugtuung.

Besichtigung Meist wird man sich vom Stadtstrand aus auf den Weg machen, hier befindet sich in einem Pavillon an der Promenade ein **EOT-Informationsbüro** [**1**]. Sozusagen ›um die Ecke‹ liegt nördlich vom Stadtstrand der **venezianische Hafen** [**2**]; mit seinen einst pastellfarbenen Häusern, von denen mittlerweile der Putz abbröckelt, mit Tavernen, *Mole* und *Leuchtturm* ist er zu jeder Tageszeit reizvoll, besonders aber am Spätnachmittag und Abend. Der Hafen galt wegen seiner ständigen Versandung seit dem Mittelalter als ›Problemfall‹ und bietet heute nur noch Fischerbooten mit geringem Tiefgang Schutz; der durch eine extrem lange Mole entstandene neue Hafen hat das gleiche Problem.
Vom venezianischen Hafen ist es in westlicher Richtung nicht weit zur ›Fortezza‹ an der Nordspitze der Halbinsel. Im mächtigen Bau vor dem Eingang zur Zitadelle, einem ehemaligen Fort und Gefängnis, befindet sich seit wenigen Jahren das **Archäologische Museum** [**3**]

(Tel. 5 46 68, geöffnet tgl. außer Mo 8.30–15 Uhr).

Die Sammlung zeigt im *prähistorischen Bereich* neolithische Funde aus den Höhlen der Präfektur Rethimnon, Idole, Werkzeuge aus Stein und Knochen, Gefäße, Schmuck und Lanzenspitzen. Ferner von verschiedenen Siedlungsplätzen *minoische* Äxte und Göttinnen im Segensgestus. Besonders interessant sind Ton-Urnen der Nekropole von Armeni [Nr. 45] mit reichem, Fische und Oktopoden (Tintenfische) abbildendem Dekor, sowie Grabbeigaben: Siegelsteine, Tongefäße und Schmuckstücke. Den Handel mit Ägypten beweist die kleine *ägyptische Sammlung*; aus der *hellenistischen* und *römischen Periode* stammen Tongefäße im rotfigurigen Dekor, Lampen, Idole und Statuen, wie die Marmorstatuen von zwei Frauen aus Argyroupolis, dem antiken Lappa. Eindrucksvollstes Stück der Münzsammlung ist die hellenistische Goldmünze aus Knossos mit einer Labyrinth-Darstellung. Aus einem Schiffswrack vor Agia Galini [Nr. 44] wurden Bronzestatuetten eines nackten, behelmten Kriegers und einer Frau geborgen, sicher sollten sie als Beutegut eine römische Villa schmücken.

Die **Fortezza** [4] (geöffnet tgl. 9–18 Uhr) lohnt Aufstieg und Eintrittsgeld vorwiegend wegen der schönen Blicke von den verschiedenen Bastionen aus, denn von den Bauten innerhalb der gewaltigen, gebößhten Mauern blieb außer

Nach und nach werden die schmalen Gassen mit ihren typischen Erkerhäusern saniert

den – allerdings riesigen – Zisternen fast nichts erhalten. Eindrucksvoll ist lediglich der große Kuppelbau der *Sultan-Ibrahim-Moschee*, der 1646 anstelle der venezianischen Bischofskirche entstand. Zusammen mit einer hohen Palme bietet der ansonsten recht schmucklose Quader ein orientalisches Bild, auch wenn vom zerstörten Minarett nur noch der Sockel

Abends treffen sich nicht nur Urlauber in den Tavernen Rethimnons – auch Einheimische genießen die erfrischende Brise am Meer

zu sehen ist. Interessant sind neben den *Zisternen* ferner die unterschiedlichen, dem Gelände angepaßten *Bastionen*; im Süden bietet die Elias-Bastion einen prächtigen Überblick über Stadt und Berge, im Norden imponiert die Steilküste über dem Kretischen Meer, die von der Sozon-Bastion aus beherrscht wurde. Insgesamt ist die Festung heute ein ruhiger, beschaulicher Ort, dem man die Tragödien, die sich hier (auch im Zweiten Weltkrieg unter deutscher Besatzung) abspielten, nicht anmerkt.

Nach dem Besuch der Fortezza sollte man sich Zeit für den Weg durch die **Altstadt** nehmen, die westlich des venezianischen Hafens noch zahlreiche, zum Teil wenig gepflegte Häuser mit Renaissance-Fassaden aufweist. Manche erhielten in türkischer Zeit von den neuen Besitzern einen Holzbalkon oder Erker. Nahe beieinander liegen in der Messolongion-Straße die katholische Kirche und das Zentrum für zeitgenössische Kunst, nur wenig weiter im Süden stößt man auf den – etwas enttäuschenden – **Arimondi-Brunnen** [**5**]. Vier korinthische Säulen mit verkröpftem Gebälk gliedern die aus Quadern erbaute Fassade des Brunnenhauses, in den so entstandenen Wandfeldern fungieren drei (ramponierte) Löwenköpfe als Wasserspeier; die Inschrift auf dem Architrav ist nur fragmentarisch erhalten. Die Anlage wurde 1629 vom venezianischen Statthalter Alvise Rimondi gestiftet, die Türken überkuppelten sie (Reste erhalten). Nach Osten gehend erreicht man am Odos Arkadiou die um 1600 erbaute **venezianische Loggia** [**6**], die als Versamm-

Der Stadtstrand von Rethimnon zieht sich kilometerweit nach Osten. Wer Strandleben mit quirligem Ambiente sucht, ist hier am richtigen Ort

lungshaus der venezianischen Adeligen diente. Hier war bis vor wenigen Jahren das Archäologische Museum untergebracht.

Am spektakulärsten ist zweifellos das Minarett der **Nerantzes-Moschee** [**7**], das wie eine startbereite Nike-Rakete aus der Häuserflucht der schmalen Vernardou-Gasse hervorragt. Es ist gut erhalten und gehört zum heute Odeon genannten Bau, der – im 16. Jh. von den Venezianern als Kirche errichtet und nach 1646 zur Moschee umfunktioniert – nun als Konzertsaal (Odeon) genutzt wird. Der Anblick des leider nicht mehr zugänglichen schlanken Minaretts überrascht und fasziniert jedesmal aufs Neue.

Schlendert man auf der lebhaften Ethnikis-Antistaseos-Straße weiter nach Süden, so trifft man bei der *Megali Porta* (oder Porta Guora) auf die Nordwestecke der **Platia Tesseron Martiron** [**8**]. Das ›große Tor‹ bildete früher den wichtigsten Zugang zur Stadt und lag in der von West nach Ost verlaufenden Mauer, welche die auf der Halbinsel liegende Stadt nach Süden abschirmte.

Der ›Platz der vier Märtyrer‹ ist Männern gewidmet, die für Glauben und Vaterland starben. So ruhen in der modernen *Märtyrer-Kirche* drei der vier Kreter, die in der Zeit der Türkenherrschaft gehängt wurden, weil sie ihrem orthodoxen Glauben – trotz offizieller Zugehörigkeit zum

Islam – weiter heimlich anhingen und sich im Verhör dazu bekannten (der vierte ist in St. Petersburg begraben). Und in Bronze steht stolz und imponierend auf schlichtem Steinsockel *Kostas Giamboudakis*: Er gab aus seiner Pistole den Schuß ab, der das Pulvermagazin von Kloster Arkadi in die Luft sprengte. ›Freiheit oder Tod‹ stand auf den Fahnen der Kreter; Giamboudakis steht für die Männer, Frauen und Kinder von Arkadi, die der Knechtschaft den Tod vorzogen. Das Denkmal ist besonders eindrucksvoll, weil dem in kretischer Tracht dargestellten, schwer bewaffneten Giamboudakis das schlanke Minarett der einstigen Sultana-Valides-Moschee über die Schulter schaut.

Wer nach Osten zum Stadtstrand zurückwandert, kann an der Arkadiou-Straße noch die Kuppelbauten der **Kara-Moussa-Pascha-Moschee** [**9**] und – in Höhe des Busbahnhofs – der **Veli-Pascha-Moschee** [**10**] entdecken, in der das Amt für Byzantinische Kunst untergebracht ist.

Ausflüge

Die schönste Wanderung führt auf den 858 m hohen Berg **Vrissinas**, der in minoischer Zeit ein Gipfelheiligtum besaß. Ein Ziel, das man per Auto erreichen kann, ist der **Kournas-See**, 30 km westlich von Rethimnon. Da der See von Agios Nikolaos [Nr. 29] durch einen

Kanal mit dem Meer verbunden wurde, ist der Kournas-See der einzige Süßwassersee Kretas. Klares Wasser, in dem sich blauer Himmel und kahle Berge spiegeln – auf Kreta etwas Besonderes.

Auch ein Abstecher nach **Georgioupoli** (23 km westwärts) lohnt: ein hübscher alter Fischerort, bei dem der von hohen Eukalyptusbäumen gesäumte Fluß Almiros mündet. Östlich vor Georgioupoli liegen an der E 75 kilometerlange **Sand- und Kieselstrände** (Zufahrt zu großen unbewachten Parkplätzen ausgeschildert). Im Unterschied zur Strandzone östlich von Rethimnon ist diese noch unbebaut und naturbelassen.

Praktische Hinweise

Tel.-Vorwahl Rethimnon: 08 31
Postleitzahl: 74100
Information: Eleftheriou-Venizelou-Str. (Strandpromenade), Mo–Fr 9–17 Uhr, Tel. 2 91 48

Hotels

***** **Grecotel Creta Palace**, Myssiria; Tel. 2 75 14-9, Fax 5 40 85. 4,5 km von Rethimnon, direkt am Strand, Haupthaus und Bungalows, 366 Zimmer.
**** **Grecotel Porto Rethymno**, El. Venizelou 52, Tel. 5 04 32-6, Fax 2 78 25. Neues Hotel direkt an der Uferpromenade (Stadtstrand, nahe venezian. Hafen), 200 Zimmer.
**** **Grecotel El Greco**, Pigi, Campos, Tel. 7 11 02, Fax 7 12 15. 9 km östlich von Rethimnon, terrassenförmige Anlage direkt am Strand, Haupthaus und Bungalows, Mountainbike Center.
*** **Adele Beach Bungalows**, Tel. 7 10 81, Fax 7 17 37. 10 km östlich von Rethimnon am Strand, 90 Zimmer.
** **Galeana Appartements**, Platanias, Tel. 2 95 53. 6 km östlich von Rethimnon, direkt am Strand, 72 Appartements.

Restaurants

Mehrere hübsche **Tavernen** in den Nebengassen beim Arimondi-Brunnen.
La Rentzo, Odos Radamanthiou 9, Tel. 2 67 80. Griechische, sehr gute Küche; nur abends, in der Saison vorbestellen.
Fischrestaurants am venezianischen Hafen, alle ähnlich in Angebot und Preis. Meistens gut: **Seven Brothers**; **Vassilis** und **Palazzo** (Dachterrasse mit herrlichem Blick auf den Hafen).

42 Margarites

11 km auf der neuen Nationalstraße nach Osten bis Stavromenos, rechts abbiegen, weiter auf der alten Nationalstraße Richtung Perama, ausgeschildert ›Margarites‹. 5 km nach Süden.

Traditionsreiches Töpferdorf an den Westhängen des Ida-Gebirges.

Noch im 19. Jh. wurde ganz Westkreta von 50 Töpferfamilien in Margarites mit den gleichen Tongefäßen versorgt, die bereits vor dreieinhalb Jahrtausenden die Magazine der minoischen Paläste füllten. In jedem Haus Kretas standen mehrere der zum Teil mannshohen Vorratsgefäße (Pithoi), gefüllt mit Öl, Oliven, Getreide und Wein. Doch seitdem auf Kreta immer mehr Menschen in Stadthaushalten wohnen, kommen die Pithoi aus der Mode – handlichere Ware ist gefragt. So stellen die wenigen verbliebenen Töpfer in Margarites und Thrapsano [Nr. 24] vorwiegend kleinere Gefäße und Skulpturen für Touristen her, große Pithoi werden nur noch in zwei Betrieben geformt und gebrannt.

Dort kann man die alte Technik der Aufbaukeramik studieren: Der Ton wird oberhalb vom Dorf abgebaut und muß auf dem fest eingerichteten Zubereitungsplatz vor der Werkstatt über Winter ›wittern‹. Im Frühjahr wird er durch Sieben von groben Verunreinigungen befreit und in drei großen, nebeneinander stehenden Tongefäßen aufgeschlämmt. Der entstehende Schlicker wird nun getrocknet und durch Aneinanderschlagen in den Händen homogenisiert und entlüftet, dann wird das Gefäß auf der Töpferscheibe von Hand vom Boden her aufgebaut. Der Töpfer hat stets mehrere Gefäße in verschiedenen Aufbaustadien in Arbeit; die Gefäße erhalten wie in minoischer Zeit seitlich Ösen. Durch sie kann später ein Seil gezogen werden, das den Pithos beim Transport hält und sichert. Eine Glasur wird nicht verwendet, evtl. wird ein Dekor mit rotfarbigem, aufgeschlämmtem Ton (Engobe) per Pinsel aufgetragen. Die Brennöfen werden anfangs vorsichtig mit Olivenlaub und Reisig beschickt und erst langsam mit armdicken Ästen auf Temperatur gebracht, es erfolgt nur ein Brennvorgang bei ungefähr 1000°–1150° Celsius. Obwohl inzwischen viele Hotelmanager den Pithos als Zierobjekt für den Garten entdeckt haben und sogar ein Importeur Pithoi aus Margarites in Deutschland anbietet

[s. S. 134], muß man um den Fortbestand des traditionsreichen Handwerks bangen. Kein Wunder, daß inzwischen sogar Keramikklassen von Kunstakademien (z. B. München) Exkursionen in das bezaubernd gelegene Bergdorf unternehmen, um die Technik der Aufbaukeramik kennenzulernen und zu bewahren.

Tip: Von Margarites kann man weiter nach **Archea Eleftherna** fahren (5 km), wo wenige Ruinen und große Zisternen der antiken Stadt prächtig auf einem Bergrücken und am Hang liegen.

Von hier auf guter Piste weiter zum **Kloster Arkadi** (5 km), dessen Fassade nachmittags gut im Licht liegt.

Wie in minoischer Zeit! Nur wenige Keramiker beherrschen noch die komplizierte Technik der Aufbaukeramik (oben)
Die schönste Kirchenfassade Kretas zeigt Spuren des Freiheitskampfs. Arkadi ist Kretas Nationalheiligtum (unten)

43 Kloster Arkadi

24 km südöstlich von Rethimnon, gut ausgeschildert. Beim Badeort Platanias (5 km) nach Süden abbiegen.

Ehrwürdigstes und eindrucksvollstes Denkmal des kretischen Freiheitswillens.

Die Fahrt zum Kloster führt durch wunderschöne Landschaft, zunächst bestimmen Olivenhaine das Bild, später zieht die gut ausgebaute Straße in vielen Kurven durch eine enge Schlucht zur kleinen,

von Bergen begrenzten Hochebene mit dem einsam liegenden Kloster hinauf.

Geschichte Einer Inschrift gemäß datiert die Klostergründung ins 14. Jh., die zweischiffige Klosterkirche mit der schönsten Fassade Kretas wurde 1587 vollendet. Mit ihren 1,20 m dicken Außenmauern präsentiert sich die 5200 m^2 große Anlage wie eine Festung. Durch die tragischen Ereignisse beim Aufstand gegen die Türken im Jahr 1866 wurde Arkadi zum Symbol des todesverachtenden kretischen Freiheitswillens. Der Aufstand von 1866 – nur der berühmteste in einer langen Reihe von Revolten – begann am 1. Mai, als sich im Kloster die Komitees verschiedener Provinzen zu gemeinsamem Vorgehen verabredeten. Das schwer zugängliche Kloster Arkadi wurde zum Sitz des Revolutionskomitees von Rethimnon bestimmt. Der türkische Pascha von Rethimnon verlangte vom Abt des Klosters, Igoumenos Gavriel, Auflösung des Komitees und Abzug der Freiheitskämpfer. Als Gavriel dies verweigerte, schickte der Pascha ein großes Heer (angeblich 15 000 Mann) nach Arkadi.

Inzwischen hatten sich viele griechische Familien ins Kloster geflüchtet. Als die türkischen Truppen am 8. November zum Sturm auf die Mauern ansetzten, befanden sich 964 Kreter im Kloster, zwei Drittel von ihnen Frauen und Kinder. Mit Pardon war nicht zu rechnen; als die Lage aussichtslos wurde, stimmten die Eingeschlossenen ab und entschieden sich, den Tod der Knechtschaft vorzuziehen und möglichst viele Türken mit in den Tod zu nehmen. Als einen Tag später die Feinde das Tor stürmten, jagte Kostas Giamboudakis durch einen Schuß aus seiner Pistole das Pulvermagazin, in dem sich die meisten Kreter zusammendrängten, in die Luft: Mit den Griechen starb eine große Anzahl Türken. 36 unbewaffnete Kreter, die sich ins Refektorium zurückgezogen hatten, wurden erschlagen; am Abend des Tages waren 750 Kreter tot, die Zahl der getöteten Türken war doppelt so hoch.

Obwohl die Schreckensnachricht ganz Europa den kretischen Freiheitswillen

◁ *Das stille Amari-Tal zwischen Ida und Kedros ist vom Tourismus unberührt. Fast unbekannt sind seine byzantinischen Kapellen*

Gute **Taverne ›Panorama‹** in schöner Aussichtslage am südlichen Ortsende von Loutra, eine weitere Taverne in Arkadi.

Wandertip

Auf der Südseite des Klosters beginnt ein Wanderweg nach **Thronos** [Nr. 44], zunächst auf der Straße nach Kavoussi, dann über die als heilkräftig bekannte Quelle ›petra sto nero‹ ins grüne Amari-Becken.

44 Das Amari-Tal

23–30 km südöstlich von Rethimnon, über Prassies in Richtung Fourfouras.

Herrliches, vom Ida und Kedros gerahmtes Hochtal mit vielen freskengeschmückten Kapellen.

Das sich am Westhang des Ida-Gebirges entlangziehende Amari-Becken ist eine Welt für sich, für die man Zeit, Sinn für Landschaft und Interesse für byzantinische Kunst mitbringen muß. Man kann von Rethimnon einen Ausflug ins Amari mit einer kleinen Rundfahrt (Thronos – Monastiraki – Meronas) unternehmen oder weiter über Fourfouras auf aussichtsreicher, wenig belebter Nebenstrecke nach Süden (Agia Galini) fahren.

Geschichte Sicher reicht die Besiedelung des abgelegenen Bezirks bis in minoische Zeit zurück, denn bei *Monastiraki* wurde 1942 eine minoische Anlage mit vielen Magazinräumen freigelegt, die aus dem 2. Jt. v. Chr. stammt. Wie Bronze- und Keramikfunde in der bei *Patsos* gelegenen Antonios-Höhle zeigten, knüpften die Griechen im 1. Jt. v. Chr. nahtlos an spätminoische Kultstätten an, sie weihten die Höhle dem Kult des Hermes Kranios. Im Amari-Becken lag in griechischer und römischer Zeit die Stadt Sivritos, und die ununterbrochene Besiedlung in christlicher Zeit bezeugen die Ruinen der Kirchen von *Thronos* und *Vizari* sowie zahlreiche, mit Fresken des 13.–15. Jh. ausgemalte Kapellen.

Das in 500 m Höhe abseits der Durchzugsrouten gelegene Tal zwischen dem

bewies, blieb Kreta noch bis 1898 unter dem türkischen Besatzungsregime.
Kloster Arkadi wurde zum Nationaldenkmal und der 9. November zum Feiertag auf Kreta (große Prozession am 8. November). Nach gründlicher Renovierung ist das Kloster seit 1994 wieder zugänglich (von Sonnenaufgang bis 18 Uhr).

Besichtigung Die schöne, mit Halbsäulen und Gesimsen gegliederte **Renaissancefassade** der Klosterkirche zeigt deutliche Spuren des Kampfes von 1866. Das nördliche Kirchenschiff ist der Verklärung Christi, das südliche Konstantin und Helena geweiht. Ikonostase und Ikonen stammen aus der Zeit nach 1866. In der Ostseite des Zellentrakts hat sich ein kleines **Museum** etabliert, in dem an den Freiheitskampf erinnert wird: gerettetes liturgisches Gerät, Meßgewänder und die von Kugeln zerfetzte Fahne der Aufständischen. Auf der Westseite der Anlage das **Refektorium** und in der Nordwestecke das **Pulvermagazin**: Schauplätze des Schreckens.

Der Strand bei Agia Galini ist schmal, das Ufer steil, der Blick aufs Meer herrlich. Das Fischerdorf hat sich zu einem der beliebtesten Urlaubsorte der Südküste entwickelt

Ida-Massiv und dem klotzigen Kedros (1776 m) war in Zeiten besonders harter Unterdrückung mehrfach Rückzugsgebiet für Widerständler (mit meist schlimmen Folgen für die Bevölkerung).

Besichtigung Auf der Fahrt durchs Amari-Becken begeistert bei jeder Straßenbiegung die majestätische Schönheit der Bergwelt, die mit dem Grün des quellenreichen Hochtals kontrastiert. Im Frühling, wenn auf den Höhen noch Schneefelder liegen, blühen Wildblumen und Obstbäume; im Frühsommer bieten Kinder am Wegrand die zu Trauben gebundenen roten Jerikari-Kirschen an; im Sommer zeigt sich die Hügellandschaft als fruchtbarer Garten mit kleinen Feldern, Weinbergen, Olivenhainen und Obstplantagen.

In **Thronos** steht die kleine *Panagia-Kirche* auf den Grundmauern einer frühchristlichen Basilika, deren Fußbodenmosaik sich teilweise erhalten hat und bis auf den Vorplatz fortsetzt. Die Kirche ist innen vollständig ausgemalt. Die Fresken des Altarraums (›Panagia zwischen Erzengeln‹, ›Gastmahl des Abraham‹, ›Verkündigung‹) stammen vom Ende des 14. Jh. und wirken flächig, während die etwas jüngeren Bilder des übrigen Kirchenraums durch feine Farbabstufungen

stärkere Plastizität besitzen. An der Südwand beeindruckt Christus auf dem Berg Tabor (›Christi Verklärung‹).

Prächtig ist der Blick von Thronos (und der Akropolis des antiken Sivritos) zum gegenüberliegenden weißen Hangdorf **Kalogeros**. Nur 1,5 km weiter steht außerhalb von **Genna** die *Agios-Onuphrios-Kapelle* mit Fresken von 1329/30, die im realistischen Stil der makedonischen Schule gemalt sind. Bei der in einem ehemaligen Kloster untergebrachten Landwirtschaftsschule von Assomatos kann man über Monastiraki, Amari und Meronas nach Apostoli zurückfahren und in allen diesen Orten eine oder gar mehrere freskengeschmückte Kirchen aufsuchen.

Schlägt man jedoch die Route nach Süden ein, so sind bei **Vizari** die bis zu 2 m Höhe anstehenden Ruinen der dreischiffigen Bischofskirche des 7. Jh. zu entdecken. **Fourfouras** ist dann allen Bergsteigern als Ausgangspunkt für die kürzeste Route auf den Psiloritis (2456 m) ein Begriff.

Tip: Badefans fahren weiter nach **Agia Galini** an der steilen Südküste, das sich in den vergangenen 10 Jahren vom kleinen Fischerdorf zum besonders beliebten Ferienort entwickelt hat (viele Mittelklassehotels und Tavernen).

45 Spätminoische Nekropole Armeni

10 km südlich von Rethimnon, westlich der Durchfahrtsstraße 77 (Hinweisschild). Die Nekropole ist frei zugänglich.

Einzigartige Felsgräber in lichtem Eichenhain.

Die im felsigen Boden versteckte Nekropole wurde erst 1969 entdeckt und gehörte zu einer noch unbekannten spätminoischen Siedlung. Bisher wurden 280 Gräber freigelegt, die als Familiengräber fungierten. Sie stammen aus der Zeit zwischen 1400 und 1200 v. Chr. und gehören alle dem gleichen Typus an: Im leicht welligen Felsboden, den heute ein lichtes Eichenwäldchen bedeckt, führt eine schmale **Treppe** in die Tiefe, an die sich ein 3–5 m langer Gang (**Dromos**) anschließt. Er endet vor dem (ursprünglich) mit einem mächtigen Stein verschlossenen Eingang. Die rechteckige, aus dem gewachsenen Felsen geschlagene **Grabkammer** besitzt meistens eine Steinbank, ein Grab weist eine ›Mittelstütze‹ auf. Die in den Boden eingelassenen Grabanlagen wirken wie einfache Variationen mykenischer Kuppelgräber. Interessanterweise sind die Grabeingänge nach Osten zum Berg Vrissinas gerichtet, auf dem ein minoisches Gipfelheiligtum lag. Viele Gräber waren unberührt, die bemalten *Tonsarkophage* (Larnakes) und *Grabbeigaben* befinden sich heute in den Museen von Rethimnon und Chania. Eine Untersuchung der **Skelette** ergab, daß das Durchschnittsalter der Männer bei 30 und das der Frauen bei 23 Jahren lag.

46 Kloster Preveli

38 km südlich von Rethimnon.

Wichtigstes Kloster der Südküste – im Zweiten Weltkrieg Stützpunkt der Partisanen.

Bei der Fahrt zum Kloster Preveli gilt – wie häufig auf Kreta – die Maxime: der Weg ist das Ziel. Denn schon allein die Anreise ist diesen Ausflug wert. Bei der Straßengabelung vor Koxare sollte man zunächst den Abstecher nach **Spili** unternehmen. Morgens und abends, wenn die Touristenbusse auf der Durchfahrt hier halten, staut sich auf der schmalen Hauptstraße der Verkehr, denn jeder Kreta-Urlauber will die 19 *Wasserspeier* in Löwenkopfform sehen, die Spilis Ruhm ausmachen. In der Tat sprudelt das klare Quellwasser prächtig in das lange, schmale Schöpfbecken. Doch erst außerhalb der Stoßzeiten zeigt sich der wahre Charme des stillen Bergorts, der Bischofssitz ist und ein Priesterseminar be-

Moni Preveli war das reichste und ist das berühmteste Kloster der Südküste. Hier gab es während der Türkenzeit eine griechische Geheimschule

Blick in das Südschiff der Doppelkirche von Kloster Preveli. Kostbarster Besitz ist das Goldkreuz mit einem Splitter vom Kreuz Christi

herbergt. Die Häuser sind weinumrankt und blumenbunt, die großartige Bergkulisse verleiht dem quell- und baumreichen Ort archaischen Zauber.

Wieder zurück auf der Straße Koxare – Asomatos geht es weiter auf guter Fahrbahn durch die eindrucksvolle **Kourtaliotiki-Schlucht**, an deren Ostflanke (nahe dem Nikolaos-Kirchlein) der Megalopotamos entspringt (= großer Fluß). Er gehört zu den wenigen, auch im Sommer wasserführenden Flüssen Kretas. Am Schluchtende überspannt eine elegante *venezianische Brücke* in hohem Bogen den Fluß, der hier eine mit Zypressen, Steineichen, Johannisbrot- und Ölbäumen begrünte Ebene durchfließt. Die Asphaltstraße umgeht die Brücke und gibt den Blick auf die Ruinen von **Kloster Kato Preveli** (auch: Moni Mega Potamou) frei: bleiche Mauern mit leeren Fensterhöhlen, Schornsteine und wie Grillstäbe wirkende Holzbalken, die einst die Raumdecken trugen. Das Kloster wurde im 19. Jh. aufgegeben.

Die asphaltierte Straße umrundet nun die Ostflanke des 420 m hohen, karstigen Bergrückens Timios Stavros und endet vor dem Tor von **Moni Preveli**. Das Johannes dem Theologen (Festtag 8. Mai) geweihte Kloster liegt einzigartig an einem Hang über dem Libyschen Meer. Nur wenige Bäume tupfen etwas Grün in die klösterliche Terrassenanlage und auf die macchiabedeckten Hänge der Felsen, doch gehörte früher ausgedehnter Grundbesitz zum Kloster (geöffnet tgl. 8–13 und 15–19 Uhr).

Spätestens im 18. Jh. erfolgte die Gründung, ein Brunnen am Hofeingang trägt die Jahreszahl 1701; die Kirche wurde 1836 errichtet. Bereits während der Türkenzeit war Preveli ein Zentrum des Widerstands, so besitzt es auf der Rückseite einen Raum, der als ›Geheimschule‹ und Treffpunkt der Aufständischen diente. Während der deutschen Besatzung konnten sich im Kloster zahlreiche Widerstandskämpfer und Soldaten der Alliierten verstecken und auf ein rettendes U-Boot warten, um Kreta zu verlassen. Die Deutschen rächten sich dafür, raubten das Kloster aus und beschädigten die Kirche. Eine Gedenktafel im Hof erinnert an dieses Ereignis.

Kostbarstes Gut der hübschen Ausstattung im zweischiffigen *Katholikon* (Klosterkirche) ist das goldene Kreuz mit einem Splitter vom Kreuz Christi, das heilend bei Augenkrankheiten wirkt.

Im kleinen *Museum* werden mehrere alte Ikonen, liturgisches Gerät und wertvolle Gewänder gezeigt.

Praktische Hinweise

Spili

Hotel Green, an der Dorfstraße, Tel. 08 32/2 22 25, außerhalb der Saison geschlossen.

Strand von Preveli

Baden kann man am paradiesischen Preveli-Strand tief unterhalb vom Kloster an der Mündung des Megalopotamos. Von der Straße zum Kloster zweigt links eine deutlich sichtbare Piste zu einem Hügelplateau ab (hier oder an der Straße vorher parken). Nun bergab klettern zum Strand: Herrlich klares, tiefblaues Meer am hellen Kiesstrand, hinter einer Lagune staut sich grünschimmerndes Flußwasser zu einem kleinen See, Palmen säumen flußaufwärts den sich zwischen steilen Felswänden schnell verengenden Talgrund. Einziger Nachteil: In der Saison fahren Badeboote von den Nachbarbuchten den Strand an. – Einfache Bar vorhanden.

Wandertip

Rundwanderung ab Asomatos über Preveli-Strand und zurück, 6 Stunden.

»Limni« – See – nennen die Kreter den romantischen Lagunenstrand bei Preveli

Miriokefala: ›Einzug in Jerusalem‹ (12. Jh.) im westlichen Kreuzarm der Panagia-Kirche

47 Panagia-Kirche in Miriokefala

33 km südwestlich von Rethimnon. Auf der alten Küstenstraße 18 km nach Episkopi (oder zunächst 14 km auf der neuen Küstenstraße E 75, dann 3 km nach Episkopi), dort südwärts über Argiroupolis zum Bergdorf Miriokefala.

Äußerlich unauffällige Einraumkirche aus der Zeit um die Jahrtausendwende mit Fresken des 11. und 12. Jh.

Liebhabern byzantinischer Kunst sei ein Ausflug in das Bergdorf Miriokefala empfohlen, der zugleich in eine schöne, unberührte Landschaft führt. Bei **Argiroupolis** steht ein venezianisches Herrenhaus auf römischen Fundamenten, in der Nähe liegen – auf einem Gelände, das schon in minoischer Zeit besiedelt war – die nicht ausgegrabenen Ruinen der griechisch-römischen Stadt **Lappa** mit einer frühchristlichen Kirche. Die ehemalige Klosterkirche von **Miriokefala** wurde um das Jahr 1000 von Joannis o Xenos gegründet, der nach dem Ende der Sarazenenherrschaft über Kreta an der Erneuerung des christlichen Lebens mitwirkte. Dem Kloster Miriokefala waren mehrere Nebenklöster unterstellt. Die der Panagia geweihte Kirche in der Dorfmitte wirkt heute durch Modernisierungsmaßnahmen des 20. Jh. äußerlich

enttäuschend. Bauuntersuchungen zeigten, daß sie ursprünglich als kleine Kreuzkuppelkirche (mit Tambour) erbaut wurde und der unverfälscht erhaltenen Agios-Paulos-Kirche an der Südküste (Sfakia, außerhalb von Agios Joannis) gleicht, die ebenfalls eine Gründung von Johannes o Xenos ist. Auffallend sind die verkürzten Kreuzarme im Norden und Süden sowie das um drei Stufen erhöhte Bema (Altarraum). Ein Jahrhundert später wurde dann, etwas schiefwinklig, ein zweijochiges Langhaus angefügt.

Die *älteren Fresken* der Zeit um 1000 wurden unter mehreren Kalkmörtelschichten des Kernraums entdeckt und sind vor allem in der Kuppel vollständig erhalten (Pantokrator mit Engeln und Propheten). Die Malereien sind deutlich vom späten Makedonenstil in Byzanz beeinflußt: streng hieratische, frontale Darstellung der Heiligen mit klaren Umrissen, welche die Figuren ausgesprochen unkörperlich (abstrakt) wirken lassen. Im gleichen Stil sind die Evangelisten Matthäus und Markus am südlichen Kreuzarm dargestellt.

Von den *jüngeren Fresken* (spätes 12. Jh.) sind vier Szenen des Passionszyklus im Tonnengewölbe des westlichen Kreuzarms erwähnenswert, die einen mehr expressiven Stil zeigen: ›Einzug in Jerusalem‹ und ›Judasverrat‹ (Süden); ›Beweinung Christi‹ und ›Christus in der Vorhölle‹ (Norden.)

Praktische Hinweise

Einfache **Kafenia** in Miriokefala und Argiroupolis.
Auf der Rückfahrt kann man einen Abstecher zum **Süßwassersee bei Kournas** unternehmen, auch der Strand des beliebten Badeorts **Georgioupoli** [vgl. Nr. 41] ist nah.

48 Frangokastello

55 km südwestlich von Rethimnon (über Armeni, Sellia, Rodakino). Oder 80 km südöstlich von Chania (über Vrysses und die Askifou-Hochebene, kurz vor Chora Sfakion nach Osten über Komitades).

Eines der ältesten venezianischen Kastelle: einsam und legendenumwoben.

Landschaftlich ungemein reizvoll ist die Anfahrt von Osten (Sellia). Die gut ausgebaute Straße zieht kurvenreich am Hang über dem Meer entlang, berührt

Wie eine Zwingburg streckt sich das venezianische Kastell Frangokastello vor die Felsküste des Südens. Die Venezianer bekamen das Bergland allerdings nie ganz unter Kontrolle

weiße Dörfer in Olivenhainen; Bauern reiten auf Eseln, Ziegenherden sind unterwegs; das Meer glitzert silbern im Gegenlicht oder tiefblau in der Mittagssonne – Kreta, wie aus dem Bilderbuch.

Die **Festung** wurde 1371 auf einer flachen, nach Süden vorspringenden Halbinsel nahe an der Küste erbaut und besitzt den typisch rechteckigen Grundriß frühvenezianischer Kastelle [vgl. Ierapetra, Nr. 34]. Damals genügten vier mächtige, aus der Mauerflucht vorspringende Ecktürme und zinnengekrönte Mauern, um Angreifer – Piraten und aufständische Einheimische – in Schach zu halten. Erstaunlich genug, daß die Türken die Burg nicht ›modernisierten‹.

Die Venezianer benannten die Festung nach dem hl. Nikitas, dem in der Nähe (etwas weiter östlich, links der Straße) eine Kapelle geweiht war, bald hieß sie im Volksmund jedoch nur noch ›Frankenkastell‹. Die Burg ist teilweise aus antiken Spolien erbaut und wird von einem Relief des Markuslöwen über dem Südportal bewacht.

Nach dem großen Aufstand von 1826 kam es am 17. Mai 1828 bei Frangokastello zu einer erbitterten Schlacht zwischen aufständischen Kretern und einem türkischen Heer. Angeblich standen 700 Pallikaren gegen die Übermacht von 8000 Türken, die alle Kreter, einschließlich ihres Anführers Chadzimichali Daliani, töteten. Bis heute hält sich der Glaube, daß jedes Jahr im Mai der Geisterzug der Freiheitskämpfer an der Burg vorbeiwallt, und zwar in den frühen Morgenstunden, »wenn der Tau fällt«. Deshalb heißen die in unheimlicher Stille vorbeiziehenden Geister ›Taumänner‹. Nüchtern denkende Zeitgenossen vermuten, daß speziell im Mai wirksame atmosphärische Faktoren Luftspiegelungen verursachen. Wie auch immer, etwas Unheimliches umgibt im zeitigen Frühling die (leere) Burg.

Doch im Sommer sorgen der nahe, feine Sandstrand, an dem auch Kinder sorglos ins Meer gehen können, und viele junge Leute dafür, daß die Geister verschwinden. Der Anblick des von blühendem Oleander umgebenen, von lehmfarbenen Felsen der Südküste überragten Kastells ist besonders vom Meer aus faszinierend.

<mark>Praktische Hinweise</mark>

Mehrere einfache Tavernen und Pensionen in nächster Umgebung der Burg.

49 Panagia-Kapelle in Alikambos

Auf halbem Weg zwischen Rethimnon und Chania: über Vrysses in Richtung Süden (Chora Sfakion). Nach 5 km: Abzweigung nach Osten, 1 km Alikambos. Die Kapelle liegt vor dem Dorf links in einem aufgelassenen Friedhof.

Die Fresken im Kirchenschiff wurden vom berühmten, vielbeschäftigten Maler Johannes Pagomenos (Anfang 14. Jh.) geschaffen.

Zur kleinen Kapelle geht man vom Brunnenplatz an der Straße einen kurzen Weg bergab. Die nur 6 m lange Panagia-

Panagia-Kapelle in Alikambos: ›Tempelgang Mariens‹, Fresko von Johannes Pagomenos

Kirche steht im Schatten großer Eichen; eine Nische im Entlastungsbogen über der Tür und Keramikteller sind der einzige äußere Schmuck der Westfassade, seit bei den kürzlich vorgenommenen Restaurierungsarbeiten die schlichte Glokkenarkade entfernt wurde. Auch die weiß gekalkte Putzschicht ließen die Restauratoren abschlagen, so daß nun das ursprüngliche Bruchsteinmauerwerk wieder sichtbar ist. Grabungsberichte über Bodensondierungen im Umkreis der Kirche liegen noch nicht vor.

Wie fast alle Einraumkapellen besitzt die Panagia-Kirche im Osten eine halbkreisförmige Apsis mit Fensterschlitz, im übrigen erfolgt die Belichtung des tonnengewölbten Rechteckraums über das Portal im Westen. Die Fresken im **Altarraum** (›Christi Himmelfahrt‹, ›Panagia‹, ›Liturgie der Kirchenväter‹) werden nicht Pagomenos zugeschrieben. Dagegen sind die Bilder im Kirchenraum sicher von Pagomenos gemalt und durch Stifterschrift auf 1315/16 datiert.

Die **Pagomenos-Fresken** stehen stilistisch zwischen der flächenhaften Körperauffassung der vorangegangenen Zeit und dem neuen Stil der Paläologen, der das Körpervolumen durch sanfte Farbabstufungen betont und stärkeren Realismus anstrebt. Die meisten Bilder sind gut erhalten und von warmer Leuchtkraft, grüne Schatten und helle Lichter betonen die Plastizität der Figuren.

Im **Tonnengewölbe** des Langschiffs, Südseite: ›Geburt Christi‹, ›Judasverrat‹, ›Lazarus‹, ›Christus in der Vorhölle‹. Nordseite: ›Kreuzigung‹, ›Darbringung im Tempel‹, ›Tempelgang Mariens‹, ›Taufe Christi‹.

An der **Westwand** im Giebelfeld das traditionelle Thema ›Marientod‹. Links von der Tür: Konstantin und Helena; rechts: der hl. Mamas (Patron der Hirten). An der Südwand beim Portal: Stifter mit Kirchenmodell und Inschrift.

50 Askifou-Hochebene – Imbros-Schlucht – Chora Sfakion

Von Vrysses 37 km nach Süden zur ›Hauptstadt‹ der Sfakia.

Großartige, geschichtsträchtige Strecke, auf der typische Landschaftsformen Westkretas durchquert werden.

Auf knappen 40 Kilometern zeigt sich die ganze herbe Schönheit Westkretas: kreisrunde Hochebenen im Kranz der Berge, tiefe Schluchten und die felsige Südküste am Saum des Libyschen Meers. Südlich von Vrysses steigt die Straße in vielen Kurven an und erreicht die kleine **Krapis-Ebene**, hier ist im Süden der Anfang der schmalen, 2 km langen *Katre-Schlucht* zu erkennen, die als ›Thermopylen von Sfakia‹ gilt. Zweimal war diese Schlucht Schauplatz besonders blutiger Massaker: 1821 und 1866 wurden hier türkische Truppen von kretischen Widerstandskämpfern vollständig vernichtet.

Vom Paß (800 m) bietet sich ein schöner Blick auf die fruchtbare, brettebene **Askifou-Hochebene**, in der vorwiegend Kartoffeln und Getreide angebaut werden. Östlich der Straße liegt auf einem markanten Hügel die Ruine eines *türkischen Kastells*. Im Dunst lassen sich im Westen zwei Gipfel der Lefka Ori – Kastro (2218 m) und Fanari (2190 m) – ausmachen. Das größte Dorf der Ebene, *Askifou*, ist in das Grün von Reben, Nußbäumen und Steineichen gebettet.

Nach dem Paßübergang bei Imbros schlängelt sich die großartig angelegte Straße in abenteuerlichen Kurven am Westrand der **Imbros-Schlucht** – manchmal unter überhängender Felswand – zur Küste hinab. Bis zum Ende des Zweiten Weltkriegs war der Schluchtgrund der einzige Zugang zur Südküste

Zu den typischen Landschaftsformen Kretas gehören Hochebenen, deren fruchtbare Erden von den umgebenden Bergen stammen. Auf der Askifou-Ebene (750 m) wächst sogar Wein

(**Tip:** eindrucksvoller Wanderweg ab Imbros durch die vom Bach ausgeschliffene, stellenweise nur 2 m breite Felsenschlucht, 2¹/₂ Stunden bis Komitades). Nach Haarnadelkurven und prächtigen Ausblicken gelangt man zum bewaldeten Vorberg über **Chora Sfakion**, den ein Kastell beherrschte. Die Hauptstadt der Sfakia, des ›Herzens Westkretas‹, war früher nur über Saumpfade erreichbar und ist heute durch die Nähe zur Samaria-Schlucht fast zu einem Durchgangsort geworden. Einst Zentrum der stolzen, unbesiegten Sfakioten, leben hier heute noch 300 Kreter – vorwiegend vom Tourismus. Wer jedoch das Dorf als Ausgangspunkt für Wanderungen ins Bergland der Lefka Ori, nach *Aradena, Anopolis* oder zu den *Pachnes-Gipfeln* wählt, wird eine grandiose Bergwelt, gastfreundliche Menschen, einsame Dörfer mit eindrucksvollen Kirchen, kurz: Westkreta in seiner ursprünglichsten Form erleben.

Lange ein Geheimtip für Insider: Loutro – der bezauberndste Ort der Südküste

Daß die unter extrem harten Bedingungen lebenden Hirten und Kleinbauern der Sfakia ihren besonderen Ehrenkodex besaßen und z. B. Viehraub nicht als Diebstahl ansahen, verschaffte ihnen den Beinamen ›Klephten‹ (Diebe). Doch ihr mutiger und kompromißloser Widerstand gegen jegliche Unterdrückung ließ den Namen rasch zur Ehrenbezeichnung für alle Widerständler werden.

Der bekannteste Widerstandskämpfer gegen die Türken war der Sfakiote Daskalojannis. Wegen seines Wissens ›Lehrer‹ (Daskalo) genannt, führte der in Anopolis geborene Jannis Vlachos den Aufstand von 1770/71 an. Unter falschen Versprechungen lockten ihn die Türken nach Iraklion und ließen ihn (im Beisein seines Bruders und – zur Verstärkung der Schmerzen – vor einem Spiegel) bei lebendigem Leib häuten.

Die Sfakioten:
Freiheit – Mut – Ehre

»Kreta ist das Herz Griechenlands und das Herz Kretas ist die Sfakia!«, sagen die Sfakioten mit berechtigtem Stolz. Denn die Bewohner der Weißen Berge mit ihrer ›Hauptstadt‹ Chora Sfakion wurden während der jahrhundertelangen Fremdbestimmung nie wirklich unterworfen, weder von Sarazenen, Venezianern, Türken, noch von Deutschen. Zu unübersichtlich ist das rauhe Bergland der Zweitausender, zu zahlreich sind die weitverzweigten Höhlen und scheinbar unpassierbaren Schluchten, in denen Einheimische Unterschlupf finden können.

Stolz und Ehre sind auch innerhalb der Familienverbände höchste Werte. So kann schon der Eindruck persönlicher Kränkung, erst recht jedoch die Verführung eines jungen Mädchens die Blutrache auslösen, die noch in unserem Jahrhundert ganze Sippen auslöschte. Auge um Auge, Zahn um Zahn, Tod um Tod gilt für Sfakioten. Daß diese leidenschaftlichen, selbstbewußten und wortkargen Gebirgler aber auch besonders hilfsbereit und gastfreundlich sind, können viele Bergwanderer bezeugen.

Ausflug

Zu den malerischsten und noch immer ruhigen Orten der Südküste gehört der kleine autofreie Weiler **Loutro**, der nur aus gut 20 Häusern besteht.

Viele Touristen entdecken die von kahlen Bergrücken umgebene Bucht mit dem schmalen, von weißen Häusern gerahmten Strand auf der Bootsfahrt von Agia Roumeli nach Chora Sfakion – einige kommen dann im nächsten Urlaub für mehrere Tage nach Loutro. Hier und in den benachbarten Buchten (Finix-, Lykos-, Marmarabeach) können sie noch in Ruhe träumen und die Seele baumeln lassen. Noch – denn eine Straße wird bereits geplant. Einstweilen ist der ehemalige Fischerort nur *per Schiff* von Chora Sfakion oder *zu Fuß* erreichbar (steinige Küstenwanderung oder strapaziöser, aber lohnender Weg über Anopolis).

Praktische Hinweise

Chora Sfakion

In Chora Sfakion gibt es mehrere kleine **Hotels** und **Zimmervermieter**:
** **Xenia**, am Landungsplatz, Tel. 08 25/9 12 02.
** **Panorama**, auf dem Hügel vor Ortsbeginn, Tel. 08 25/9 12 96.
Mehrere **Tavernen**. – Da hier die Motorboote mit den Wanderern aus der Samaria-Schlucht anlegen, wird es am Spätnachmittag laut.

Loutro

Einziges **Hotel** ist das ** **Porto Loutro**, Tel. 08 25/9 10 91. Hübsche Terrassen. **Zimmer** werden in fast allen Häusern vermietet.
Tavernen: To Kri Kri und **Finix**, gute Fischgerichte.

51 Chania

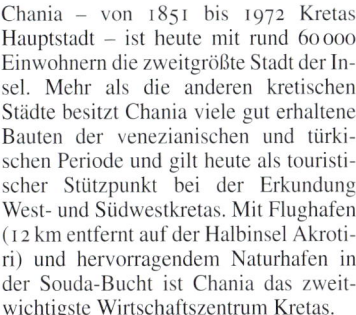

Bedeutendste, traditionsreichste und liebenswerteste Stadt Kretas.

Chania – von 1851 bis 1972 Kretas Hauptstadt – ist heute mit rund 60 000 Einwohnern die zweitgrößte Stadt der Insel. Mehr als die anderen kretischen Städte besitzt Chania viele gut erhaltene Bauten der venezianischen und türkischen Periode und gilt heute als touristischer Stützpunkt bei der Erkundung West- und Südwestkretas. Mit Flughafen (12 km entfernt auf der Halbinsel Akrotiri) und hervorragendem Naturhafen in der Souda-Bucht ist Chania das zweitwichtigste Wirtschaftszentrum Kretas.

Geschichte Seit 1965 in der Nähe des Hafens (Kastelli-Hügel) minoische Straßenzüge freigelegt und Gefäße mit Linear-A- und -B-Inschriften gefunden wurden, ist klar, daß der Ort bereits in der 1. Hälfte des 2. Jt. v. Chr. besiedelt war und daß von hier Handel und Seefahrt betrieben wurden. Auch nach der Zerstörung von Knossos blieb er ein blühendes Gemeinwesen.
Funde auf Kastelli beweisen die Fortexistenz in geometrischer, griechischer und römischer Zeit. Die wohlhabende Stadt hieß in der Antike Kydonia, angeblich nach dem Volksstamm der Kydonier mit ihrem sagenhaft gastfreundlichen König Kydon; antike Münzen zeigen als Symbol die Quitte (Kydoni).

Im 9. Jh. wurde Kydonia von den Arabern umbenannt und hieß seit der Eroberung durch die Venezianer (ab 1252) La Canea. Um 1300 legten die Venezianer einen ersten Mauerring um den Hügel Kastelli, 1537 wurde dann die ganze Stadt nach Plänen des Veroneser Baumeisters Michele Sanmicheli ummauert und befestigt. Viele Patrizierhäuser, Kirchen und Schiffshallen sind aus der venezianischen Epoche erhalten. Diese endete 1645, als die Türken nach nur 55 Tagen Belagerung Canea eroberten.
Die Türken widmeten die meisten Kirchen zu Moscheen um und betrieben von Chania aus die Eroberung Kretas. Ab 1852 wurde die gesamte Insel von hier verwaltet, und nach der Befreiung vom Türkenjoch (1898) war Chania Hauptstadt des autonomen Kretischen Staates unter dem Hochkommissar Prinz Georg. Erst 1972 übernahm Iraklion wieder die Funktion der Hauptstadt.

Besichtigung In den letzten Jahren wurde der größte Teil der Altstadt zur Fußgängerzone, viele altstadtnahe Straßen zu Einbahnstraßen erklärt: Wer einen Parkplatz sucht, findet ihn, wenn überhaupt, nur *vor* 16 Uhr. Die gesamte Zone um den **venezianischen Hafen** ist eine einzige Flanier- und Restaurantmeile, die abends zur Bühne der Einheimischen und Urlauber wird. Porträtisten, Schmuckhändler und Haarflechter haben ihr Publikum, Taverne grenzt an Taverne, die

Chania bietet Denkmäler vor grandioser Kulisse. Hinter den venezianischen Arsenalen am Yacht- und Fischerhafen ragen Glockenturm und Minarett der Nikolaos-Kirche auf

Luft riecht salzig, der Leuchtturm strahlt: kurzum, der Hafen verspricht Ferne, bietet Nähe und gehört zu den reizvollsten Orten Kretas. In den anschließenden Gassen locken kleine Souvenir-, Schmuck- und Volkskunstläden, und auch hier haben sich in romantischen Ruinen Tavernen eingenistet.

Blickpunkt am Hafen ist die **Janitscharen-Moschee** [1] mit ihren weißen Kuppeln. Der originelle Bau wurde gleich nach der türkischen Eroberung errichtet, lediglich die Strebebögen sind eine spätere Zutat. Es lohnt sich, in den verwinkelten Gassen um den Hafen ohne festen Plan zu bummeln, denn hier kann man viele einst prächtige venezianische Patrizierhäuser – wenn auch teils in ruinösem, aber dennoch malerischem Zustand – entdecken. Einen Besuch verdient das **Nautische Museum** [2] in der Firkas-Bastion, das 1994 neu geordnet wurde (geöffnet tgl. außer Mo 10–16 Uhr). Es zeigt viele Schiffsmodelle und -fotos sowie Panoramen antiker Seeschlachten und besitzt eine interessante Muschelsammlung. Abends finden im Hof des Museums (während der Saison) Vorführungen griechischer Volkstänze statt. In der Chalidon-Straße 30 ist das **Archäologische Museum** [3] in den drei

Der venezianische Hafen – Chanias Flanier- und Restaurantmeile

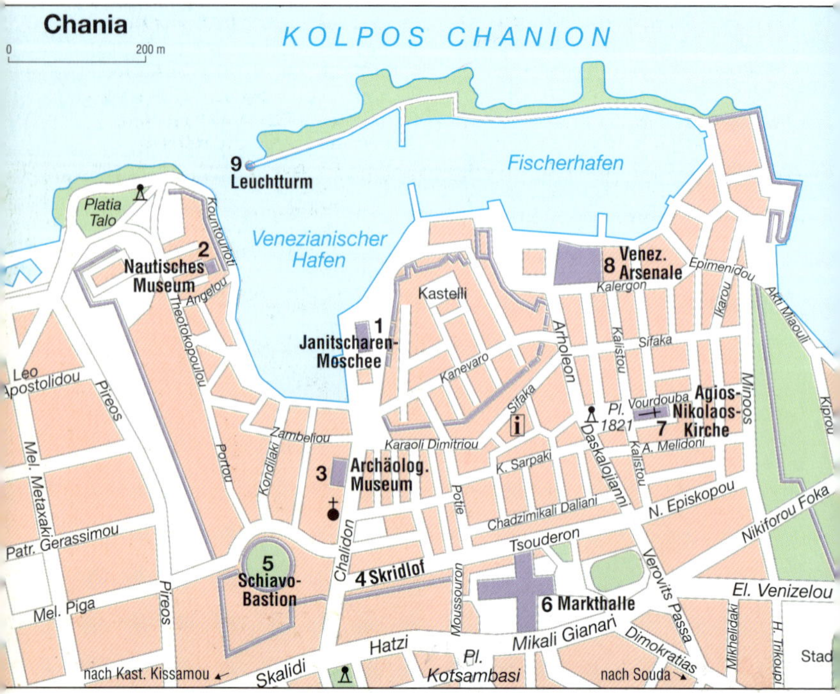

gotischen Schiffen der venezianischen San-Francesco-Kirche untergebracht (Tel. 9 03 34, tgl. außer Mo 8.30–15 Uhr). Im vorderen Bereich der ehemaligen Klosterkirche sind Funde vom *Neolithikum bis zur Bronzezeit* ausgestellt, u. a. kykladische und helladische Gefäße, die den Seehandel seit dem 3. Jt. v. Chr. belegen. Besonders interessant sind Siegel und Tontäfelchen mit Linear-A-Inschriften vom Kastelli-Hügel, die im Feuer der Katastrophe von 1450 v. Chr. gebrannt wurden, darunter ein Siegel mit dem Bild einer minoischen Stadt, die von einem Gott beschützt wird.

Aus der *spätminoischen Zeit* (bis 1200 v. Chr.) stammen bemalte Larnakes der Nekropole von Armeni [Nr. 45] und Schmuck aus einem Tholosgrab in Phylaki.

Die zweite Gruppe der Exponate im hinteren Kirchenschiff umfaßt die Zeitspanne von der *Eisen- bis in spätrömische Zeit*. Unter ihnen imponiert das Fragment eines Kalksteinfrieses mit Reitern, die einen Tempel angreifen (Anfang 7. Jh. v. Chr.). Ferner Grabstelen und Grabbeigaben, eine sehr schöne Artemis-Marmorstatue vom Diktynna-Heiligtum (Menies), Glasgefäße und römische Bodenmosaike des 3. Jh. n. Chr. aus Chania: eines zeigt Poseidon mit der Nymphe Amymone, das andere Dionysos und Ariadne auf Naxos.

Im kleinen **Museumsgarten** steht – fast versteckt – das besonders hübsche *Brunnenhaus* einer türkischen Moschee.

Das Archäologische Museum Chanias ist in den gotischen Schiffen der venezianischen San-Francesco-Kirche untergebracht

Etwas weiter südlich folgt an der Chalidon-Straße die Orthodoxe Kathedrale und kurz danach die **Skridlof-** oder **Ledergasse [4]**, in der ein Ledergeschäft an das nächste grenzt. Von der Handtasche aus Schafsleder bis zu Sandalen, von der Jacke bis zum Koffer ist hier alles zu haben. Wendet man sich jedoch nach Westen, so kann man auf die **Schiavo-Bastion [5]** steigen, die einen herrlichen Blick auf die Berge (im Süden) und Hafen und Meer (im Norden) gewährt.

Abwechslung bringt ein vormittäglicher Besuch der riesigen kreuzförmigen **Markthalle [6]** an der Platia Sofia Venizelou. Hier kann man den Hausfrauen von Chania beim Einkauf zuschauen oder auch selbst einen Imbiß nehmen und die Basaratmosphäre genießen. Die Halle wurde 1913 erbaut und ist auf Kreta einzigartig (geschlossen So sowie Mo, Mi und Sa nachmittags).

Im kleinen Park nördlich der Markthalle entdeckt der aufmerksame Stadtwanderer die Spitze eines Minaretts (es liegt in einer Seitengasse und ist nicht zugänglich). Geht man in der Daskalojianni-Straße nach Norden, trifft man am kleinen 1821-Platz auf die ungewöhnlichste Kirche Kretas, ja Griechenlands: die **Agios-Nikolaos-Kirche [7]**, die an der Nordseite ihrer Fassade einen Glockenturm, an der Südseite ein Minarett besitzt! Leider ist letzteres seit Jahren eingerüstet und harrt dringend der Restaurierung. Weiter im Norden stößt man an den Fischerhafen mit zahlreichen **venezianischen Arsenalen [8]** und der langen Mole mit dem schlanken venezianischen **Leuchtturm [9]**. Von hier hat man gegen Abend den prächtigsten Blick über Hafen und Stadt auf die Kette der Weißen Berge.

Praktische Hinweise

Tel.-Vorwahl Chania: 08 21
Postleitzahl: 73100
Information: Seit 1994 in der Sifaka-Straße 12 (Nebengasse der Daskalojianni-Straße), Tel. 9 29 43

Stadthotels

*** **Porto Veneziano**, Akti Enosseos, Tel. 5 93 11- 3, Fax 4 40 53. Günstige Lage am Fischerhafen, Parkplatz, 57 Zimmer.
*** **Xenia**, Theotokopoulo, Tel. 2 45 61-2. Oberhalb vom Meer sehr schön und günstig gelegen (westlich der Firkas-Festung), mit eigenem Parkplatz. Zimmer und Bäder einfach, Pool seit Jahren unbenutzbar. 44 Zimmer.
*** **Doma**, Eleftheriou Venizelou 124, Tel. 5 17 72 -3, Fax 4 15 78. Traditionsreiche Villa im vornehmen Viertel Chalepas mit Blick aufs Meer, 29 Zimmer.
*** **Samaria**, Platia 1866, Tel. 7 12 71, Fax 7 12 70. Im Stadtzentrum, etwas laut, 75 Zimmer.

Restaurants und Tavernen

Am venezianischen Hafen: Angebot und Preise nahezu gleich, empfehlenswert ist das **Akti**. In einer Nebenstraße der Hafenpromenade: **Tamam**, Odos Zambeliou 49 (in altem türkischem Bad). Gut und preiswert, tgl. neue Speisekarte, Wein vom Faß.
Am Fischerhafen: **To Karnagio**, Platia Katechaki 8. Gut, Fischgerichte.

Strände

Strände finden sich in westlicher Richtung von Chania, wo *Agia Marina* und *Platanias* beliebte Urlaubsorte geworden sind.

Das Angebot in Chanias Ledergasse ist so riesig, daß die Auswahl schwerfällt!

Die Fassade der Klosterkirche von Agia Triada verrät deutlich venezianischen Einfluß

52 Die Halbinsel Akrotiri

Größte der drei nach Norden vorspringenden Halbinseln Westkretas, nordöstlich von Chania.

Mit den beiden Klöstern Agia Triada und Gouverneto und dem Grab von Eleftherios Venizelos eine der wichtigsten Sehenswürdigkeiten Westkretas.

Akrotiri heißt ›Kap‹. Vom Meer aus sieht man, daß die vegetationsarme Halbinsel sogar ein sehr eindrucksvolles Kap mit einer Steilküste ist, die an der höchsten Stelle 530 m über dem Meeresspiegel liegt. Einsiedlern und Mönchen bot die Felsküste Schutz gegen Seepiraten; die Halbinsel wiederum schützt im Süden die Souda-Bucht und macht diese zum besten Naturhafen Kretas.

Bis vor wenigen Jahrzehnten war die nur langsam nach Norden ansteigende, windige Halbinsel Akrotiri ein einsames, vorwiegend als Weidefläche genutztes Gebiet; hier fanden Mönche Ruhe und hier suchte sich der bedeutendste Politiker Kretas, Eleftherios Venizelos, einen Platz für sein Grab. Heute heulen die Düsenjets des zivilen und militärischen Flugverkehrs über das Kap, denn der **Flughafen von Chania** liegt auf Akrotiri und muß – zusammen mit jenem von Iraklion – den ständig zunehmenden Passagier- und Güterverkehr Kretas bewältigen. Gleichzeitig besitzt hier die **NATO** ihre wichtigste Mittelmeerbasis.

Das Grabmal von Eleftherios Venizelos

Zufahrt von Chania durch den Stadtteil Chalepas, in dem schöne Villen aus der ›Hauptstadt-Zeit‹ (1851–1972) stehen (u. a. die von Venizelos). Nach 6 km die gut ausgeschilderte Anlage in der Nähe der Technischen Universität.

Der 1864 bei Chania geborene **Eleftherios Venizelos** war von Beruf Rechtsanwalt und erreichte als Politiker 1913 die ›Enosis‹, die lange ersehnte Vereinigung Kretas mit Griechenland. In der Folge wurde er mehrfach zum Ministerpräsidenten Griechenlands gewählt und engagierte sich stark für seine Heimat-

Agia Triada: Die kostbarsten Ikonen sind heute im kleinen Klostermuseum zu bewundern (oben)
Kloster Gouverneto feiert am 7. Oktober das wichtigste Patroziniumsfest Westkretas (unten)

insel, auf der er bis heute höchste Verehrung genießt.

Venizelos starb 1936, den Platz für sein Grab hatte er bereits zu Lebzeiten in herrlicher Aussichtslage auf dem sog. Prophet-Elias-Hügel gewählt.

Auch sein Sohn **Sophokles Venizelos** (1894–1964), der ebenfalls mehrfach das Amt eines Ministers und des Ministerpräsidenten bekleidete, erhielt hier seine letzte Ruhestätte.

Beide Politiker ruhen unter schlichten Grabplatten in einer wunderschön begrünten Umgebung: Aleppokiefern spenden Schatten, zwischen gepflegten Rasenflächen blühen Rosen, Hibiskus und Sommerblumen. Der Blick von hier umfaßt die Küste von Chania bis zur Halbinsel Rodopou und im Süden die mächtige Bergkulisse der Lefka Ori.

Kloster Agia Triada

16 km von Chania entfernt. Den Flugplatz rechts liegen lassen, geradeaus weiter (ausgeschildert), 4 km nach Norden. Eine Zypressenallee begleitet den Besucher auf dem letzten Kilometer bis zum Kloster (von 14–17 Uhr geschlossen; Eintrittsgebühr).

Das im Zentrum der Halbinsel liegende Kloster wurde im 17. Jh. von dem Venezianer *Jeremias Zangarola* gegründet, der zum griechisch-orthodoxen Glauben konvertiert war. Deshalb heißt das Kloster im Volksmund auch ›Moni Tzangarolou‹. Die festungsartige Anlage erhält durch die große, zum **Mittelportal** führende Freitreppe einen freundlichen Akzent, früher war natürlich das weit über dem Bodenniveau liegende Portal nicht so leicht zugänglich. Über dem von Halbsäulen, Giebeln und Girlanden gegliederten Renaissance-Portal erhebt sich der **Glockenturm**, der bei den jüngsten Umbaumaßnahmen von vier Geschossen auf drei verkürzt wurde. Das **Katholikon**, eine Kreuzkuppelkirche mit nach Westen verlängertem Kreuzarm und Narthex, nimmt den größten Teil des Innenhofs ein. Kostbar ist die ganz unter Treibsilber verborgene *Dreifaltigkeits-Ikone*, die Vater und Sohn sitzend unter dem als Taube dargestellten ›Pnevma‹ zeigt. Die ausdrucksstarken *Fresken* sind neu und z. T. noch in Arbeit, folgen aber dem traditionellen byzantinischen Bilderkanon. Die holzgeschnitzte Bilderwand stammt aus dem Jahr 1887.

Sehr sehenswert ist das **Museum** mit dem Kirchenschatz, der einen kostbaren goldgestickten *Epitaphios* und die Stola des Gründers aus dem 17. Jh. umfaßt, ferner eine *Pergamenthandschrift* der Basilius-Messe aus dem 12. Jh. und u. a. drei Emmanouil Skordilis zugeschriebene *Ikonen* (Mitte 17. Jh.): ›Das Jüngste Gericht‹, ›Christus in der Glorie‹ und ›Maria als Lebensspenderin‹.

1994 lebten noch fünf Mönche im vielbesuchten Kloster; das bis 1973 hier untergebrachte Priesterseminar wurde ausgesiedelt. Genaues Hinsehen erfordert der Baum auf der Südseite der Freitreppe, der nach mehrfacher Pfropfung gleichzeitig Orangen, Mandarinen, Zitronen und Limonen hervorbringt.

Kloster Gouverneto

Die schmale Straße zum Kloster Gouverneto biegt direkt beim Agia-Triada-Kloster nach Norden ab (ausgeschildert, 4 km) und zieht kurvenreich, aber asphaltiert bis an den Rand des Kaps in 400 m Höhe hinauf (geöffnet 7.30–12 und 15–19 Uhr).

An steile Felswände geschmiegt – Kloster Katholiko wurde im 16. Jh. zerstört

Kloster Gouverneto liegt auf einem kleinen Plateau und wird von einer Wehrmauer umschlossen, die an den Ecken vier Türme besitzt. Der **Kirchenfassade** verleihen die auf hohen Postamenten stehenden und im unteren Teil phantasievoll dekorierten Säulen manieristische Züge. Die überkuppelte **Kirche** (1. Hälfte 17. Jh.) ist der Panagia gewidmet, in den Seitenkapellen werden der Eremit Johannes und die Zehn Heiligen (Agii Deka) verehrt. Die schöne *Ikonostase* wurde aus Marmor gearbeitet. Im kleinen **Museum** sind mehrere alte Ikonen und Meßgewänder ausgestellt.

Nur ein Mönch lebt noch ständig im Kloster. Höchstes **Kirchenfest** ist der 7. Oktober – der Gedenktag des hl. Eremiten Johannes –, an dessen Vorabend bereits viele Gläubige zum Kloster strömen, am Festtag selbst ist die Straße kilometerweit mit Autos zugeparkt. Neben der Glockenarkade der Kirchenfassade wehen dann zwei Fahnen: die griechische und die byzantinische mit dem schwarzen Doppeladler auf gelbem Grund.

Vom Klosterplateau kann man auf steilem, steinigen Pfad in einer halben Stunde in die Schlucht hinabsteigen und unterwegs die sog. **Bärenhöhle** besichtigen. Eine kleine Marienkapelle am Eingang stellt die in der Antike der Artemis geweihte Höhle (Funde aus römischer und hellenistischer Zeit) in den christlichen Kontext. Ein Stalagmit (Tropf-

stein vom Boden her) der Höhle soll einem Bären gleichen – Artemis als Herrin der Tiere wurde von der ›Panagia Arkoudiotissa‹ (arkouda = Bär) abgelöst.

Am Schluchtgrund stehen schließlich die eindrucksvollen Ruinen des **Klosters Katholiko** zwischen fast senkrecht aufragenden Felswänden. Und hier liegt auch das Ziel vieler Pilger: Die *Höhle*, in der Johannes der Eremit um 1100 lebte und starb. Ein Bauer soll den heiligmäßig lebenden Eremiten für ein Tier gehalten und angeschossen haben, worauf sich der Schwerverletzte zum Sterben in die Höhle zurückzog. Diese ist ein relativ schmales (10–15 m), ehemaliges unterirdisches Flußbett und steigt auf 135 m Länge leicht an. Ganz am Ende bildet ein Tropfstein einen kleinen Wandaltar, auf dem die Ikone des vielverehrten Eremiten steht.

Tip: Schon im Frühsommer können Ab- und Aufstieg sehr anstrengend sein. Eine gefüllte Wasserflasche ist nützlich.

Ein Muß für Kino-Fans ist schließlich **Stavros** (13 km von Chania) an der Nordwestspitze Akrotiris, denn hier wurde die Schlußszene des Films ›Alexis Sorbas‹ gedreht! Hier steht der Berg, den die so eindrucksvoll zusammenbrechende Seilbahn erschließen sollte, und hier tanzte Anthony Quinn den eigens für ihn erfundenen (heute als typisch kretisch geltenden) Sirtaki, den Tanz seines Lebens. Die Badebucht am Fuß des Berges lohnt in jedem Fall den Ausflug.

Sorbas Tanz

*Der von Mikis Theodorakis für die Verfilmung des ›Alexis Sorbas‹-Romans komponierte Sirtaki gehört heute zu jedem auf Kreta verbrachten Folklore-Abend, gilt als **der** kretische Tanz. Nur wenige wissen, daß er ein Kunstprodukt ist. Denn der ursprünglichere **Pendosalis**, der ›Fünfschritt-Tanz‹, ist längst nicht so einfach zu beherrschen wie der, eigens für Anthony Quinn kreierte Sirtaki.*

Getanzt wird bei Familien- und Volksfesten oder im Kentro, einem speziellen Abendlokal. Die Musiker spielen Lyra (die dreisaitige Kniegeige) und Laute, dazu singen sie; der Rhythmus ändert sich kaum, treibt wild und heftig, aber gleichbleibend voran, scheint endlos und monoton.

*Theodorakis beschreibt, wie er den **Sirtos Chaniotiki** kennenlernte, der ihn zum Sirtaki inspirierte: »Die Musiker stiegen am Samstagabend auf den Tisch und erst am Montag wieder herunter. In der Zwischenzeit gab es keine Unterbrechung. Und der Rhythmus änderte sich kaum.«*

*Uralt, schon frühgriechisch, ist die Rolle des **Vortänzers**, der mit gewagten Sprüngen die Reihe der Tänzer anführt. Er faßt mit einer Hand das Tuch, das von wechselnden Mittänzern gehalten wird. Alle Tänzer bleiben stumm und werden von den Zuschauern durch Zurufe angefeuert; es handelt sich zwar um einen Reigen- und Reihentanz, der Kreis wird aber nicht geschlossen.*

*»Spiele, Fanurios, spiele!«, schreit der junge Schafhirte im Sorbas-Roman dem Musikanten zu, »auf daß der Tod sterben muß.« Und an anderer Stelle ruft Sorbas: »Chef, ich werde dir zuerst den **Seibebiko** beibringen, einen wilden, kriegerischen Tanz. Wir tanzten ihn vor der Schlacht.« Und genauso ist Sorbas' Tanz, der **Sirtaki**: wild, leidenschaftlich, herausfordernd. Selbstaufgabe und Selbstbestätigung, Sieg über den Tod und – schneller und schneller werdend – **Ausdruck des Lebens**. »Ich habe dir viel zu sagen, aber meine Zunge schafft es nicht. Ich werde es dir vortanzen!«, ruft Sorbas, nachdem das große Projekt, der Bau einer Materialbahn, gescheitert ist.*

53 Aptéra

14 km östlich von Chania, ausgeschildert an der alten und neuen Straße. Bei der türkischen Festung Idzedin in engen, asphaltierten Kurven bergauf (1 km) zum Dorf Megala Chorafia und weiter zum neuen Dorf Aptera (2 km). Die Ruinen sind ausgeschildert.

In der Antike einer der bedeutendsten Stadtstaaten Kretas.

Die Ruinen (tgl. außer Mo von 8.30–15 Uhr zu besichtigen) stehen in beherrschender Lage im Süden der Bucht von Souda. Man überblickt von hier die drei kleinen Inseln, welche die Zufahrt zur inneren Bucht sperren; auf der größten blieb die *venezianische Festung*, die bis 1715 dem osmanischen Ansturm widerstand, gut erhalten.

Die Stadt Aptera hatte ihre Blütezeit im 3 Jh. v. Chr., ihr Wohlstand gründete sich auf den Seehandel, wobei die Souda-Bucht einen hervorragenden Ankerplatz für ihre Handelsschiffe bot. Die Ausgrabung Apteras wurde Anfang des 20. Jh. begonnen und vor kurzem wieder aufgenommen. So werden auf der Hügelkuppe eine Straße und ein zweischiffiges Heiligtum freigelegt. Das aufgelassene venezianische **Johannes-Kloster** ragt mit wuchtigem Kirchen- und Refektoriumsbau mitten im Ruinengelände auf. Am sehenswertesten sind die römischen **Zisternen** (ausgeschildert), drei lange, durch Pfeiler getrennte, überwölbte Schiffe. (Vorsicht: Einsturzgefahr). An mehreren Stellen des gegen antiken Stadtgeländes sind Reste der griechischen **Stadtmauer** und römischer Gebäude erhalten; hinreißend ist der Blick aufs Meer und auf die Berge im Süden.

Tip: Auf dem Hin- oder Rückweg von Chania aus kann man das liebevoll gepflegte **Kloster Chrysopigi** besuchen (2 km östlich von Chania bei Kamaki, ausgeschildert, 1 km). Das Kloster (geöffnet 8–12 und 15–18 Uhr) wird von 23 Nonnen bewohnt und liegt in einem blühenden Garten. Viele Votivgaben schmücken die Ikone der Panagia.

54 Omalos-Hochebene und Samaria-Schlucht

42 km südlich von Chania beginnt die 18 km lange Samaria-Schlucht.

Kretas berühmteste Wanderroute.

Diese Tour läßt sich am besten mit örtlichen Veranstaltern durchführen (Bu-

Die 1050 m hoch gelegene Omalos-Ebene ist Weidegrund – und Ausgangspunkt vieler Bergwanderer

chungen in allen größeren Orten). Der Bus fährt die Wanderer nach Xylokastro am Südrand der Omalos-Ebene; nach dem sechs- bis siebenstündigen Weg warten am Ausgang der Samaria-Schlucht Motorboote und bringen die müden Wanderer nach Chora Sfakion, von dort fahren Busse zum Ausgangsort zurück. Allein ist man während der Wanderung ohnehin nicht (während der Saison durchqueren täglich mehrere tausend Menschen die Schlucht). **Achtung:** Die (ohne Pause) sechsstündige Wanderung führt zunächst steil bergab und ist anstrengend. Der Höhenunterschied beträgt 1200 m. (Alternative: Von Agia Roumeli aus lediglich bis zu den ›Eisernen Pforten‹ in die Schlucht hineinwandern.)

Schon die Auffahrt zur Omalos-Ebene ist ein großartiges Erlebnis, denn von den dunkelgrünen Orangenhainen der Nordküste gelangt man über die silbergrünen Olivenhaine der Bergterrassen nach *Lakki*, wo das dichte Grün der Kiefern, Zypressen und Laubbäume vor dem Hintergrund der kahlen Bergrücken ganz andere Akzente setzt. Dann beginnt die kurvenreiche Bergstrecke durch die vegetationsarmen Felshänge der Lefka Ori; Farne, Phrygana, Wacholder bilden grüne Tupfer, Maschendraht-geschützte Bäume säumen die Straße. Über einen Paß in fast 1200 m Höhe geht es in einigen Serpentinen hinab in die 25 km² große, tellerrunde Ebene, deren einziger Ort der Weiler Omalos ist.

Der **Omalos** gehört zu den kretatypischen Hochebenen im Herzen der Berge. Die Einheimischen nennen sie ›Oropedia‹ (Fuß der Berge) und bezeichnen da-

mit kurz und prägnant auch ihre Entstehung, denn ihr Erdreich wurde von den umliegenden Bergen herabgeschwemmt. Im Frühjahr sammelt sich in den Becken das Wasser und läuft je nach Beschaffenheit des Untergrunds (Karst) unterschiedlich rasch ab. Entsprechend der Höhenlage sind die Hochebenen mehr oder weniger fruchtbar: Die 1050 m hoch liegende Omalos-Ebene ist wie die Nida-Ebene (1370 m) nur als *Weidegebiet* nutzbar, während auf der Lassithi-Ebene (805 m) Obst, Kartoffeln und Getreide gedeihen.

Im Winter liegen auf dem Omalos bis zu 2 m Schnee, das Schmelzwasser läuft durch den Karsttunnel der (angeblich bis in 2500 m Tiefe reichenden) *Tsanis-Höhle* am Nordrand des Omalos ab.

Der Einstieg zur **Samaria-Schlucht** beginnt 4 km südlich vom Weiler beim 1227 m hoch liegenden Paß Xyloskala (= Holztreppe). Eintrittsgebühr. Die Schlucht ist seit 1962 Nationalpark, Vorschriften (Tafel am Parkeingang) beachten! Öffnungszeiten: vom 1.5. bis 31.10. tgl. 6–16 Uhr.

Majestätisch ragt die Steilwand des 2080 m hohen *Gingilos* über dem Beginn der Samaria-Schlucht auf, einen besonders großartigen Blick bietet die Terrasse der Xenia-Schutzhütte über dem Einstieg. Der Wanderweg führt zunächst in engen Serpentinen am kieferbewachsenen Hang hinab zu einem Aussichtspunkt und weiter bis zur *Kapelle Agios Nikolaos*. Der Weg im Schluchtgrund verläuft im schattigen Flußbett, mächtige Felsblöcke, Platanen und Zypressen bieten ständig neue Eindrücke. Nach der halben Wegstrecke wird in einer Lichtung das verlassene *Dorf Samaria* (heute mit Station des Wärters und Notfall-Telefon) erreicht, dessen Kapelle (Ossia Maria – Sia Maria) für Dorf und Schlucht namengebend war. Die Felswände rücken nun immer enger zusammen, bis sie sich an der engsten Stelle, den *Sideroportes* (›Eisernen Pforten‹), einander auf nur 3 m annähern. Bald danach tauchen die ersten Häuser von Agia Roumeli auf, wo man sich nach einer Erholungspause bei einem Bad im Libyschen Meer erfrischen kann.

Praktische Hinweise

In **Agia Roumeli** gibt es mehrere Kafenia und Tavernen, auch zwei kleine Hotels und Zimmervermietung.

55 Maleme

Von Chania 18 km nach Westen auf der Küstenstraße E 65, gut ausgeschildert beim Hotel Chandris, 1,5 km durch hohe Schilfwände leicht bergan. Ganztägig geöffnet.

Zweitgrößter deutscher Soldatenfriedhof in Griechenland.

Schöne, schlichte Anlage am sanften Hanggelände mit Blick über die Bucht zur Halbinsel Rodopou. Der Friedhof wird während der Saison täglich von mehreren Touristenbussen besucht, nicht nur Angehörige der hier ruhenden deutschen Soldaten kommen, auch Griechen, Australier, Engländer und Amerikaner schreiben in die aufliegenden Gästebücher ihren Namen – mit der Hoffnung, daß dieser Ort ein Mahnmal für den Frieden sein möge.

Während der verlustreichen deutschen Luftlandeaktion auf Kreta im Mai 1941 war das Gelände, auf dem heute der Friedhof liegt, wegen der Nähe zum damals strategisch wichtigen Flugplatz besonders erbittert umkämpft. Die Gebeine von vielen Gefallenen wurden zunächst im Kloster Gonias auf der Halbinsel Rodopou untergebracht. Im Oktober 1974 konnte der vom deutschen Verein für Kriegsgräberfürsorge eingerichtete Friedhof eingeweiht werden. Hier sind 4465 deutsche Soldaten bestattet, die meisten wurden nicht älter als 21 Jahre. Der größte deutsche Soldatenfriedhof auf griechischem Boden mit mehr als 10 000 Gräbern liegt in der Nähe von Athen.

56 Kloster Gonias
Moni Odigitria

23 km westlich von Chania. In Kolimbari (ausgeschildert ›Moni Gonia‹) nach Norden abbiegen, 2 km.

Kloster mit besonders wertvoller Ikonensammlung.

Bezaubernd ist schon allein die Lage des Klosters am Fuß der Halbinsel Rodopou, über der Bucht von Kolimbari, wo der Golf von Chania eine Ecke (= gonia) bildet – sie wurde namengebend für das Kloster (geöffnet 8.30–12.30 und ab 16 Uhr, Sa durchgehend 7–16 Uhr. Das Museum wird nach Bedarf geöffnet).

Geschichte Die Tradition des Klosters reicht bis in die Mitte des 9. Jh. zurück, damals ließen sich am Nordkap der Halb-

insel Rodopou Eremiten nieder, bald darauf wurde am Platz des antiken Artemis-Diktynna-Heiligtums ein Kloster gegründet. Nach mehrfachen Überfällen von See zogen sich im 13. Jh. Asketen und Mönche an die innere Bucht (auf das Gelände des heutigen Klosterfriedhofs) zurück.

Aufgrund einer Vision errichtete der hl. Blasius von Zypern 1618–34 das Kloster an der heutigen Stelle, die Familie Zangarola [vgl. Nr. 52] unterstützte das Bauvorhaben. In den darauffolgenden Jahrzehnten wurde es von den Türken zweimal niedergebrannt, 1662 wieder aufgebaut und erhielt nach Intervention des Patriarchen in Konstantinopel sogar die Erlaubnis, eine Schule einzurichten und Priester auszubilden. Wie Arkadi war auch Gonias stets ein Zentrum des kretischen Widerstands gegen die Türken, weshalb das Kloster noch mehrfach schwere Verwüstungen erlitt (1822, 1841). 1867 wurde beim Beschuß durch türkische Kriegsschiffe die wertvolle Bibliothek vernichtet.

Auch im Zweiten Weltkrieg war das Kloster Zufluchtsort kretischer Widerstandskämpfer und wurde 1941 von deutschen Truppen schwer beschädigt, die Mönche sogar zeitweilig inhaftiert.

Dennoch war der Abt des Klosters nach dem Krieg bereit, die Gebeine deutscher Soldaten bis zur Umbettung nach Maleme im Klostergelände zu beherbergen. Heute leben noch vier Mönche im Moni Gonias, das nach einer Ikone der Panagia Odigitria (Wegweiserin) auch Moni Odigitria genannt wird.

Besichtigung Von außen wirkt das direkt an der Straße stehende Kloster wenig ansehnlich. Neben dem Portal sind noch Marmorkonsolen einer ehemaligen Balustrade in Form springender Löwen erhalten, der Glockenturm über der Kirchenfassade entstand 1899. 1634 wurde die Klosterkirche fertiggestellt, Ende des 19. Jh. kamen zwei Seitenschiffe und eine gemeinsame Vorhalle im Westen hinzu. Das Katholikon ist im Besitz sehr schöner **Ikonen**: rechts von der Orea Pyli ›Christus Pantokrator‹, daneben ›Johannes d. Täufer‹, links die thronende ›Muttergottes Odigitria‹ (reich mit Votivgaben behängt), neben ihr ›Johannes d. Theologe‹. Alle vier Ikonen wurden 1671 vom Mönch Parthenios gemalt. Aus der Mitte des 15. Jh. stammt ›Christus als Hoherpriester‹ im linken Nebenschiff (vielleicht von Andreas Ritzos), ebenfalls aus dem 15. Jh. eine ›Barmherzige Muttergottes‹ (Panagia Eleousa) im rechten Nebenschiff. Prächtig ist auch der reich geschnitzte Bischofsstuhl. Eindrucksvoll ist schließlich noch das ›Jüngste Gericht‹ mit dem feuerspeienden Rachen des Höllendrachens (im Langschiff links).

Das **Museum** bewahrt neben vielen Priestergewändern weitere hervorragende Ikonen, darunter eine ›Nikolaos-Ikone‹ aus dem 15. Jh., ferner eine ›Kreuzigung‹ und ein ›Nikolausbild‹ von Konstantinos Paleokapas (1634 und 1638); die ›Josephsgeschichte‹ von Neilos (1642) u. a. m.

Gegenüber vom Klosterportal steht an der Straße ein recht beschädigter, in gutem Quadermauerwerk errichteter *Brunnen* von 1708.

Knapp einen Kilometer weiter nördlich liegt der moderne Bau der **Orthodoxen Akademie**, in der viele Tagungen, auch mit deutschen Teilnehmern, stattfinden. Die Akademie wurde vom Metropoliten des Bezirks Kissamos, Bischof Ireneos, gegründet, der in den sechziger Jahren die orthodoxe Kirche den aktuellen Lebensproblemen öffnete. Er engagierte sich sehr für soziale Fragen und initiierte 1968 die Gründung der volkseigenen Reederei ANEK, die das Monopol der Reeder von Piräus durchbrach.

Kloster Gonias wurde 1618 gegründet. Die Mönche hüten ein sehr schönes Ikonenmuseum

57 Die Erzengel-Michael-Rotunde beim Dorf Episkopi Kisamou

Von Chania zunächst 23 km auf der Küstenstraße westwärts nach Kolimbari; in Kolimbari nach Süden über Spilia (3 km) und Drakona in Richtung Episkopi. 2 km südlich Drakona nach rechts auf Feldweg (ausgeschildert), 1 km.

Einzige Rotunde Kretas, in einsamer Landschaft.

Die Erzengel-Michael-Rotunde – eines der bemerkenswertesten Bauwerke Kretas – steht in der Tradition des römischen Pantheon und der Georgs-Rotunde in Thessaloniki, die Ende des 4. Jh. zu einer christlichen Kirche umgebaut wurde. Wie alle byzantinischen Kirchen überrascht sie durch das Mini-Format, besitzt jedoch durch ihre ungewöhnliche Raumlösung und originelle Kuppel eine ganz besondere Ausstrahlung.

Die Baugeschichte wird seit 1994 unter-

sucht, offensichtlich steht die Rotunde auf dem Boden einer frühchristlichen Basilika, von der Reste des *Fußbodenmosaiks* (Ranken, Schuppenmuster und Fisch) im südwestlichen Narthex erhalten sind. Aus frühchristlicher Zeit dürfte auch das in den Boden eingelassene *Taufbecken* stammen, das im Südgang erhalten ist (1994 ausgebaut und im Narthex gelagert).

Die Rotunde entstand entweder noch in vor-arabischer Zeit (7./8. Jh.) – also in spätantik-frühchristlicher Tradition –, oder nach Ende der Sarazenenherrschaft (961), jedenfalls sicher noch vor der Jahrtausendwende. Ungeklärt ist einstweilen, ob der ursprüngliche Bau eine Ringhalle besaß. Besonders interessant ist die **Kuppel**, die im Längsschnitt eine halbe Ellipse zeigt und sich außen mit fünf konzentrischen Mauerringen stufenförmig auf-

Kretas originellster Sakralbau – die Erzengel-Michael-Kirche von Episkopi

baut. Der relativ tiefe Mönchschor wurde nachträglich an den Rundbau angefügt.

In späterer Zeit wurde die Rotunde zu einer Kirche über nahezu quadratischem Grundriß erweitert. Der nur sehr fragmentarisch erhaltene *Freskenschmuck* (10. Jh.?) wurde übermalt, erhalten blieben ein wunderschönes Antlitz des Erzengels Michael, einige Heilige und ›Mariä Tempelgang‹.

Die Vermutung, daß die Rotunde als Martyrium erbaut wurde, konnte durch die Untersuchung des Friedhofs vor der Ostapsis nicht bestätigt werden, denn diese Gräber enthalten Opfer eines Massakers aus dem 17./18. Jh.

Tip: Auf dem Rückweg kann man noch die kleine *Agios-Stephanos-Kirche* besuchen, 1 km südlich von Drakona (ausgeschildert, Wagen an der Straße stehen lassen, 10 Minuten Fußweg). Fast noch lohnender ist es, in **Spilia** zur *Panagia-Kirche* über dem südlichen Dorfende zu wandern (20 Minuten) oder zu fahren. Schöner Weg mit Blick auf die Weißen Berge; die nur 5 m lange Einraumkirche liegt im Schatten von Zypressen und ist vollständig ausgemalt (Fresken stark beschädigt).

Praktische Hinweise

Sehr einfaches Kafenion in **Spilia**, bessere Tavernen in **Kolimbari**.

58 Anisaraki bei Kandanos

66 km südwestlich von Chania. Zunächst nach Maleme (18 km), kurz nach Maleme Richtung Süden bis Kandanos (44 km). In Kandanos nach Osten bis Anisaraki, 4 km.

In Olivenhaine gebettetes kleines Dorf mit vier byzantinischen Kirchen.

Natürlich wird man kaum alle vier byzantinischen Kapellen ansehen, denn während noch vor zehn Jahren sämtliche Dorfkirchen unverschlossen waren, muß heute für jede einzeln mühsam der Schlüssel besorgt oder der Betreuer gefunden werden.

Doch Freunde der für Kreta so typischen, vollständig ausgemalten Einraumkirchen des 14.–15. Jh. sollten wenigstens die Anna-Kirche besuchen, die eine – auf Kreta höchst seltene – steinerne Ikonostase und die am besten erhaltenen Fresken Anisarakis besitzt.

Wer am Hauptplatz in **Kandanos** eine

Rast einlegt, muß wissen, daß Kandanos im Zweiten Weltkrieg von deutschen Truppen als Vergeltungsmaßnahme für die Tötung von 25 deutschen Soldaten völlig zerstört wurde. »Es war Krieg«, sagen die Bewohner des wiederaufgebauten Ortes. Am Marktplatz erinnern *Mahntafeln* an diesen grausamen Vergeltungsakt.

In **Anisaraki** führt ein kurzer, von Olivenbäumen beschirmter Hohlweg zur *Agia-Anna-Kapelle* (Hinweisschild) hinab. Im Herbst werden schwarze Kunststoffnetze über den Pfad gespannt, um die herabfallenden Oliven aufzufangen, dann geht man wie durch einen hellen Tunnel zur Kapelle (nur hochwertige Oliven werden von Hand gepflückt, die anderen »pflückt der Wind«, wie die Bauern sagen). Uralte knorrige Ölbäume beschirmen auch die kleine Kirche, die wahrscheinlich auf dem Boden eines früheren Heiligtums steht, denn mehrere monolithische Säulenschäfte liegen auf dem Vorplatz im Gras.

Über der einzigen Tür im Westen sitzen eine hohe Rundbogennische und eine Glockenarkade. Das überwölbte Langschiff der Einraumkapelle ist in zwei Joche unterteilt, besitzt an der Nord- und Südwand je zwei Wandnischen und ist vollständig ausgemalt, wobei die Fresken mit der Vita der hl. Anna sehr schlecht erhalten sind.

In die Stein-Ikonostase sind zu beiden Seiten der spitzbogigen Orea Pyli relativ tiefe Nischen mit großflächigen Christus- und Panagia-Fresken eingelassen. Möglicherweise sind die aus Stein aufgemauerten, verputzten Ikonostasen auf Kreta nur deshalb so selten, weil sie später ›wertvolleren‹ (meist holzgeschnitzten und vergoldeten) Bilderwänden weichen mußten.

Die Fresken zeigen in der Apsis die ›Panagia Platytera‹ (Allumfassende), darunter Kirchenväter, am Triumphbogen das ›Gastmahl Abrahams‹ und eine ›Verkündigung‹, im Gewölbe die ›Himmelfahrt‹. An der Südwand sind im östlichen Blendbogen Demetrios und Theodoros dargestellt, im Bogen daneben Stifter und dazwischen Christus.

An der Nordwand sind im östlichen Blendbogen der Erzengel Michael, im westlichen Georg als Reiter, rechts Anna mit dem Marienkind, an den Laibungen der Blendbögen ganzfigurige Heilige zu erkennen, ferner an der Westwand das ›Jüngste Gericht‹ und beidseits der Tür

Das auf einer Halbinsel erbaute Paleochora besitzt zwei ›Gesichter‹: auf der Westseite lockt ein prächtiger Strand, auf der steilen Ostseite (im Bild) legen die Fischerboote an

Höllenstrafen. Nur fragmentarisch erhalten sind die Fresken des Tonnengewölbes mit dem Anna-Zyklus, durch Stifterinschrift sind die Malereien auf das Jahr 1462 datiert.

Die ebenfalls freskengeschmückte *Panagia-Kirche* liegt oberhalb vom Dorf im Friedhof. Steinstufen führen weiter hinauf zur *Paraskevi-Kapelle*, in deren Apsis ein schönes Christusbild zu bewundern ist. Von beiden Kirchen hat man einen herrlichen Blick auf das üppig bebaute Tal. Schließlich führt mitten im Dorf noch ein langer Weg nach Norden durch alten Olivenbestand zur *Agios-Georgios-Kirche*. Hier sind die um 1400 gemalten Fresken des hl. Georg (stehend und zu Pferde) sowie Demetrios, Konstantin und Helena am besten erhalten.

Praktische Hinweise

Im Oktober wird an vielen Plätzen bei Anisaraki und Kandanos ›Raki‹ (kretisch: Tsikoudia) gebrannt, ein klarer Schnaps aus Traubentrester. Nur wer im Besitz der alten einfachen Destilliergeräte ist, darf ihn herstellen. Der vorüberkommende Fremde wird gastlich mit einem Gläschen des noch warmen ›Obstlers‹ bewirtet, dazu gibt es Walnüsse. Am Dorfplatz in Kandanos gibt es eine gute **Taverne**.

59 Paleochora

80 km südwestlich von Chania, 18 km von Kandanos.

Kretas südwestlichster Ort, auf einer Halbinsel mit schönem, von Tamarisken gesäumten Strand.

Die Überraschung ist groß, wenn man von den kahlen Küstenbergen die sichelförmig ins Libysche Meer vorstoßende Halbinsel Paleochora erblickt: Ein herrlicher, breiter *Sandstrand* säumt ihre sanft geschwungene Westküste! Gerahmt von hohen Tamarisken, feinsandig und flach, ist er der schönste Strand der Südküste, ursprünglich bewacht vom *Kastell Selinou*. Die Venezianer erbauten es 1279 auf dem niedrigen Felsplateau an der Südspitze des Dorns; 1539 legte Chaireddin Barbarossa die Festung in Schutt und Asche.

Von hier hat man den schönsten Blick auf den Ort und den ihn im Norden begrenzenden Kranz der hellen Berge. Die Häuser des Dorfzentrums an der Ostseite der Halbinsel stocken mächtig auf, denn nicht nur ausländische Rucksack- und Pauschaltouristen haben Paleochora entdeckt, auch Griechen machen bevorzugt hier Urlaub. Und da es keine ›Sehenswürdigkeiten‹ gibt, steht dem reinen Bade-, Sonnen- und Wandervergnügen nichts im Weg. Am Kai machen Fischer-

und Ausflugsboote fest, die Tavernen haben sich auf den sommerlichen Touristenansturm eingestellt, nur der alte Pelikan interessiert sich nicht für den Rummel, der sich noch verstärken wird, denn ein größerer Hafen wurde an der äußersten Spitze der Halbinsel erbaut.

Ausflüge

Wenn die Windverhältnisse es erlauben, fahren täglich Boote nach **Agia Roumeli**, von wo man ein Stück in die Samaria-Schlucht [Nr. 54] hineinwandern kann. Auch **Sougia** [Nr. 60] und **Elafonisi** [Nr. 63] werden angesteuert und sind für Wanderer interessant.

Freunde byzantinischer Kirchen können Tagesausflüge ins Gebiet um **Kandanos** unternehmen, wo ungewöhnlich viele freskierte Einraumkapellen stehen.

Wöchentlich legen hier mehrfach Schiffe zum südlichsten Punkt Europas – zur **Insel Gavdos** – ab, vielleicht die Insel der Calypso, sicher auch Verbannungsort im 20. Jh. Die meisten Bewohner verließen das Eiland wegen zunehmender Trockenheit und übersiedelten nach Paleochora. Der südlichste Vorposten Europas zieht Menschen, die Einsamkeit suchen und aushalten, magisch an – allerdings vorwiegend im Sommer, wenn die Einsamkeit nicht zu groß wird.

Praktische Hinweise

Tel.-Vorwahl Paleochora: 08 23

Hotels

** **Elman**, Pachia Ammos, Tel. 4 14 12-4. Das älteste, gut geführte Appartement-Hotel, in Strandnähe. Die 23 Appartements sind im Hochsommer vorwiegend von griechischen Familien ausgebucht.
** **Dictamo**, Tel. 4 15 69, Fax 4 15 81. Neu, sauber, an der Straße zwischen Strand und Hafenmole, 16 Zimmer.
** **Aris**, Tel. 4 15 02, Fax 4 15 46. Neues Haus, 25 Zimmer.
* **Polydoros**, Tel. 4 10 68. Neben Dictamo, hübscher Patio, 13 Zimmer.
* **Rea**, Peraki-Str. (östlich der Ortseinfahrt), Tel. 4 13 07, Fax 4 14 21. 12 Zimmer.

Tavernen

Viele an der Hauptstraße gelegen, die abends für den Autoverkehr gesperrt ist. Empfehlenswert sind **Dionysos** und **Savvas**. An der Paralia (Hafenpromenade): **Pelican** und **Corali**.

60 Sougia und Lisos

An der Südküste zwischen Paleochora und Agia Roumeli. Anfahrt nach Sougia entweder von **Chania** aus entlang der Westflanke der Lefka Ori über Fournes, Nea Roumata und Moni (69 km) oder von Chania über Maleme und Kandanos (85 km).
Von **Paleochora** aus über Kandanos und Moni (41 km) oder per Boot an der Südküste entlang (während der Saison täglich morgens).

Antike Stätten, von denen Sougia zu neuem, einfachem Leben erwacht.

Sougia ist das antike Syia, das Strabo als »Stadt mit gutem Hafen« erwähnt. Syia war Mitglied eines kretischen Städtebundes und diente später als Hafen von Elyros (beim heutigen Rodovani), das seit dem 3. Jh. v. Chr. die bedeutendste Stadt im Südwesten, in byzantinischer Zeit sogar Bischofssitz war. Im 9. Jh. wurden Syia und Elyros von den Sarazenen völlig zerstört.

Vom antiken **Syia** ist bis auf den schönen *Mosaikfußboden* einer frühchristlichen Basilika (in oder vor der neuen Dorfkirche) fast nichts zu sehen. Die nur in den Grundmauern erhaltene dreischiffige Basilika wurde im 6. Jh. errichtet, ihre Mosaikreste gehören zu den besten Kretas. Sie zeigen neben geometrischen Motiven Amphoren, ein Reh, Enten und Pfaue. Die Ruinen von zwei weiteren Basiliken und Wohnhäusern östlich vom Flußbett sind noch nicht erforscht.

Nur wenige Familien lebten noch in dem abgelegenen Weiler der Südküste, als Rucksacktouristen den breiten Kiesstrand an der Mündung des Flußtals entdeckten. Nun entstehen seit einem Jahrzehnt neue Häuser mit Zimmervermietung, Kafenia, Tavernen und sogar Diskos. Einstweilen ist **Sougia** die reizvolle, idyllische Alternative zum laut und turbulent gewordenen Paleochora. Alles ist überschaubar im kleinen Dorf zwischen den steilen Felswänden der Südküste, und nur wenn der Bus aus Chania kommt (zweimal pro Tag), oder das Schiff aus Paleochora auf der Hin- und Rückfahrt nach Agia Roumeli an der Mole festmacht, wird tagsüber die Stille für kurze Zeit unterbrochen. Nach einem ereignislosen, heißen und ruhigen Tag am Strand scheint die nächtliche Diskomusik länger bleibende Urlauber noch wenig zu stören.

Für Landschafts- und Antikenfreunde ist die gut einstündige, nicht zu anstrengen-

Falasarna: Feinster Sand, der vergessen läßt, daß Kreta geologisch nicht zur Ruhe kommt. Hier hat sich die Küste in den vergangenen zwei Jahrtausenden um mehrere Meter gehoben

de Wanderung nach Westen zum antiken **Lisos** (auch: Lissos) lohnend. Lisos war ursprünglich Hafenort der von den Dorern gegründeten Stadt Hyrtakina. Früh wurde die quellenreiche Stätte als Heilbad berühmt und unter den Schutz von Asklepios gestellt. Im unübersichtlichen Gelände sind wenige Ruinen identifiziert (Bäder, Theater), ausgegraben wurde nur das *Asklepios-Heiligtum*, das bis in spätrömische Zeit viel besucht und mit Skulpturen geschmückt wurde (u. a. Pan-Statue und Votivgaben des 3. Jh. v. Chr. im Archäolog. Museum Chania). Der aus Quadern errichtete Tempelbau besaß ein erhöhtes Podium für Kultstandbilder und einen prächtigen, z. T. erhaltenen *Mosaikfußboden* mit Tiermotiven und geometrischen Ornamenten. Das Wasser der Heilquelle wurde unter dem Hofpflaster hindurch zu einem Brunnenbecken dicht unterhalb des Tempels geleitet. Eine breite Treppe führte zum Heiligtum.

Im Norden stand ein spätrömisches Wohn- und Gästehaus, auf dem Abhang im Westen liegen überwölbte *Grabhäuser* aus hellenistisch-römischer Zeit – nicht allen Genesung Suchenden konnte Asklepios helfen.

Was heute Lisos so reizvoll macht, sind die aus Spolien erbauten Kapellen, besonders die *Kyriakos-Kapelle* mit eingemauerten Säulentrommeln, Resten eines Palmettenfrieses und Giebels. Weniger interessant ist ihr Innenraum mit zwei symmetrischen Nischen. Näher am Ufer steht die *Panagia-Kapelle* mit wenigen Freskenresten, auch sie eine Einraumkirche. Die beiden frühchristlichen Basiliken sind noch nicht erforscht, beweisen aber die ununterbrochene Tradition der heiligen Stätte.

Praktische Hinweise

In Sougia mehrere **Tavernen**. Zimmervermietung, u. a. **Zorbas**, Uferstraße, Tel. 08 23/5 13 53. Lisos ist unbewohnt.

61 Falasarna Phalasarna

60 km westlich von Chania, über Kissamos nach Platanos. In Platanos zweigt nordwärts die Panoramastraße nach Falasarna ab, 7 km.

Wenige Ruinen der westlichsten antiken Hafenstadt Kretas und ein feinsandiger, kilometerlanger weißer Strand.

Noch haben die Anbieter von Pauschalreisen die Westküste nicht entdeckt – zum Entzücken der Freunde unberührter Natur. Dagegen war die Antike hier spätestens seit nachminoischer Zeit präsent: bei Platanos wurde beim Bau der Straße ein Grab aus dem Anfang des 1. Jt. v. Chr. gefunden.

Das antike Phalasarna war zunächst Zweithafen der im sicheren Bergland thronenden dorischen Stadt *Polyrhinia*, deren Ruinen (6 km südlich von Kissamos) nur wegen der prächtigen, exponierten Aussichtslage einen Abstecher lohnen (Haupthafen Polyrhinias war das heutige Kastelli Kissamos).

Mit Polyrhinia verband Phalasarna in frühgriechischer Zeit auch die kultische Verehrung der Artemis Diktynna auf der Halbinsel Rodopou; später wurde Phalasarna autonom und prägte eigene Münzen. Noch unter den Römern war der Hafen bedeutend. Die Erdbewegungen des 4.–6. Jh. haben den Hafen im wörtlichen Sinn trockengelegt: Der gesamte Westen Kretas hob sich um 6 m, während der Osten abgesenkt wurde (deutlich sichtbar bei Olous [Nr. 30]).

Der Besuch der antiken Stadt Phalasarna enttäuscht denjenigen, der vor allem Ruinen besichtigen möchte. Denn die weit geschwungene Bucht begeistert durch den flach ins Meer übergehenden **Sandstrand** und die bizarre Felskulisse im Hintergrund, die einst die Küstenlinie bildete. Auf der prächtigen Aussichtsroute von Platanos überrascht beim Blick auf die Bucht, daß auch hier nicht vorwiegend Fischer, sondern Bauern wohnen. In vielen Plastikgewächshäusern reifen Tomaten, Gurken, Frühgemüse, sogar Bananen, die z. T. vom Hafen (Limani) etwas weiter südlich abtransportiert werden.

Schneeweiß auf hohem Felssockel –
Moni Chryssoskalitissa im Südwesten Kretas

Die **Ruinen** der Stadt liegen im Norden der Bucht, an der Südostseite des kleinen Kaps. Durch die griechisch-römische *Nekropole* kommt man zum Gebiet des ehemaligen *Hafens*, der durch einen Kanal mit dem Meer verbunden war. Felsabarbeitungen, Reste eines Befestigungsturms und Hausruinen sind im macchiabewachsenen, terrassierten Gelände verborgen. Am auffälligsten ist an der Straße der aus dem Felsen gearbeitete ›Thron‹, dessen Bedeutung ungeklärt ist.

Praktische Hinweise

Einfache Tavernen und Hotels am Ort, die für längere Aufenthalte allerdings nicht empfehlenswert sind.

62 Kloster Chryssoskalitissa

50 km von Chania, an der Südwestküste Kretas. Über Topolia nach Vathi. Die 8,5 km lange, holprige Piste zwischen Vathi und der Küste verlangt ein intaktes Auto (mit Reservereifen). In Sichtweite der Küste nach links (Süden) abbiegen, dann 3,5 km zum Kloster. **Wichtig:** Rechtzeitig tanken, an der Südwestküste keine Tankstelle.

Das ›Kloster mit der goldenen Stufe‹ in Kretas äußerstem Südwesten am Meer.

›Goldtreppen-Kloster‹ heißt die Abtei am Meer, die jahrhundertelang in größter Einsamkeit Heimat für bis zu 200 Mönche war. Wer das Kloster unvermutet auf hohem Felsensockel schneeweiß in den Himmel ragen sieht und das Gold (Chrysos) vermißt, muß die Legende kennen: Von den 90 Stufen, die zur Kirche emporführen, ist eine aus Gold – aber nur, wer ohne Sünde ist, kann sie sehen! Bei der Anreise von Chania über Kaloudiana durchfährt man südlich vom Bergdorf Topolia die 1,5 km lange **Topolia-Schlucht** mit schroff und hoch aufragenden, rostbraunen Felswänden und wildgezackten Spitzen. Am Schluchtende führen Stufen zur 80 m höher liegenden Agia-Sofia-Höhle, die seit neolithischer Zeit benutzt wurde. Der größte Kastanienwald Kretas umringt das Gebiet rund um *Elos* und *Kefali,* hier wird Anfang Oktober, wenn die Eßkastanien reif sind, sogar ein ›Kastanienfest‹ gefeiert. In dieser Gegend gibt es mehrere freskengeschmückte Einraumkirchen. **Moni Chryssoskalitissa** (geöffnet 9–12 und 15–17 Uhr) ist ein typisches Wehr-

*Elafonisi: Feinsandige Lagunen, glasklare Wasserbecken, sanft ins Meer schwingende Küsten-
linien unter blauem Himmel – Kretas südwestlichster Strand verführt zum Schwärmen*

kloster aus venezianischer Zeit, das allerdings durch moderne Erweiterungsbau-
ten seinen wehrhaften Charakter verlor.
Sein Marienbild wurde ursprünglich in
einer Höhle verehrt. Auf der obersten
Spitze des Felshügels überragt eine kleine Kapelle die tonnengewölbte Klosterkirche. Das als Bau eindrucksvolle Kloster wird heute nur noch von einer Non-
ne und einem Mönch bewohnt, große
Kostbarkeiten beherbergt es nicht.

Die Klosterkirche ist Agia Triada (Dreifaltigkeit) und der Koimisis (Tod Mariens) gewidmet; wie die ganze Ikonostase stammen auch die Dreifaltigkeits- und
die Koimisis-Ikone neben der Orea Pyli
aus dem 19. Jh. Meistverehrte Ikone ist
das ganz mit Silber verkleidete und mit
vielen Votivgaben behängte Marienbild
an der Nordwand der Kirche. Patrozini-
um wird am 15. August gefeiert.

Einige Kafenia und Tavernen in der sich
langsam vergrößernden Streusiedlung
vorhanden, auch einfache Übernach-
tungsmöglichkeit.

Der Ort ist Ausgangspunkt des ›Internationalen Minoa Kelefthos‹, den der
Langlaufverein von Kreta seit 1992 alle
zwei Jahre durchführt. Hierbei wird in
der zweiten Julihälfte innerhalb von
12 Tagen ganz Kreta von West nach Ost
durchquert (490 km), wobei archäolo-
gisch und historisch bedeutende Stätten
als Etappenziel gewählt werden (Lauf-
und Wanderwettbewerb als Einzel- und
Mannschaftskampf).

63   Sandstrand Elafonisi

6 km südlich von Moni Chryssoskalitissa, Staubpiste vom Kloster bis zum
Strand. Von Paleochora aus 4 km Fahr-
straße bis Koundoura, dann fünfstün-
dige Wanderung über küstennahe Bergrücken (z. T. markiert durch ›Stein-
männchen‹), ca. 10 km. Empfehlenswert: Nach Absprache eine Strecke
(oder beide) per Badeboot ab Paleochora (während der Saison täglich).

*Mehrere Kilometer feiner, manchmal leicht
rötlicher Sandstrand – ›Kretas Südseestrand‹.*

Natürlich wird ein als Geheimtip gehan-
delter Platz besonders rasch bekannt.
Jedenfalls hat die abgeschiedene Lage
nicht verhindert, daß zunächst Wanderer
von Paleochora, dann Camper den schönen Strand entdeckten. Mancher mag den
Sandstrand bei Falasarna vorziehen, andere mögen vom Palmenstrand bei Vai
schwärmen – doch der lange, an man-
chen Stellen wie eine Lagune wirkende
Strand von Elafonisi am Rand der flachen, weit geschwungenen und zerlapp-
ten Küste besitzt seinen eigenen Reiz.
Der Leuchtturm von Elafonisi (Elaph =
Hirsch, nisi = Insel) setzt vor dem weiten,
im Dunst der Ferne mit dem Himmel ver-
schmelzenden Meer den einzigen senk-
rechten Akzent.

Im flachen Meer kann man zur Insel
hinüberwaten. Inzwischen existieren einfache Tavernen und Kioske am Strand.
Quartier sollte man in Paleochora [Nr. 59]
beziehen.

Kreta aktuell

Vor Reiseantritt

ADAC Info-Service:
Tel. 0 18 05/10 11 12, Fax 30 29 28

Informationen erteilt die **Griechische Zentrale für Fremdenverkehr (GZF)**, die auch einen Hotelprospekt sowie Angebote verschiedener Fährschiff-Reedereien und Veranstalter von Wander- und Sprachreisen bereithält.

Deutschland
Neue Mainzer Str. 22, 60311 Frankfurt/M. (Direktion Deutschland), Tel. 0 69/23 65 61–63, Fax 23 65 76, Mo–Fr 9–18 Uhr.
Wittenbergplatz 3a, 10789 Berlin, Tel. 0 30/2 17 62 62–63, Fax 2 17 79 65, Mo–Fr 9–18 Uhr.

Abteistr. 33, 20149 Hamburg, Tel. 0 40/45 44 98, Fax 44 96 48, Mo–Fr 9–13 Uhr.
Pacellistr. 5, 80333 München, Tel. 0 89/22 20 35–36, Fax 29 70 58, Mo–Fr 9–18 Uhr.

Österreich
Opernring 8, 1015 Wien, 02 22/5 12 53 17–18, Fax 5 13 91 89, Mo–Fr 9–17 Uhr.

Schweiz
Löwenstr. 25, 8001 Zürich, Tel. 01/2 21 01 05, Fax 2 12 05 16, Mo–Fr 9–17 Uhr.

Allgemeine Informationen

Reisedokumente

Für Einreise mit dem Flugzeug genügt der Personalausweis, doch sollte der Reisepaß mitgeführt werden (falls z. B. ein Dokument bei der Hotelrezeption liegt, kann man trotzdem Schecks einlösen oder Auto leihen). Für Personen unter 16 Jahren genügt der Kinderausweis (ab 12 Jahren mit Lichtbild) oder ein Eintrag im Elternpaß. Für Bahn- oder PKW-Anreise ist schon wegen der Durchreiseländer der gültige Reisepaß erforderlich. Mitgeführte Fahrzeuge werden zur Ausfuhrkontrolle im Paß vermerkt.
Vom *Transit durch das ehem. Jugoslawien* ist zur Zeit abzuraten. Alternativrouten über Österreich, Ungarn, Rumänien, Bulgarien bzw. per Schiff von Italien.
Als *Krankenversicherung* sollte man sich den Anspruchsausweis der Krankenkasse ausstellen lassen sowie zusätzlich eine Auslandskrankenversicherung, eine *Reisegepäckversicherung*, im Falle der Anreise per Fähre auch eine *Seetransportversicherung* abschließen.
Kfz-Papiere: Neben Führerschein und Fahrzeugschein ist auch die Internationale Grüne Versicherungskarte empfehlenswert, da sie bei Unfällen und Verkehrskontrollen oft verlangt wird. Wegen der niedrigen Deckungssummen werden *Kurzkasko-* und *Insassenunfallversicherung* dringend empfohlen.

Geld

Die *Einfuhr* ist bis zu 100 000 Drs (Griechische Drachmen), die *Ausfuhr* bis zu 20 000 Drs gestattet, jeweils nur in Noten bis zu 5000 Drs. Die Ein- und Ausfuhr ausländischer Zahlungsmittel ist nicht beschränkt; übersteigen die Beträge den Gegenwert von 1000 US-Dollar, so müssen sie deklariert werden. *Umtauschbelege* sind für die Ausreise aufzubewahren.
In Deutschland sollte vor Reiseantritt nur eine geringe Summe umgetauscht werden, in Griechenland ist der Kurs entschieden günstiger. Paß oder Personalausweis muß vorgelegt werden. *Hotels* verlangen manchmal, *Wechselstuben* immer einen Aufpreis (erfragen), *Banken* dürfen keine Gebühren verlangen (Bargeld wird generell zum niedrigeren Kurs eingetauscht); Eurocheques in Griechischen Drachmen (G Drs) ausstellen, Höchstbetrag 1995: 45 000 G Drs. *Postämter* tauschen ebenfalls Bargeld (Scheine) und Eurocheques (oft die bessere Wahl: meistens wird man rasch, immer gebührenfrei bedient).
Tip: Im Flughafen Athen und Iraklion tauschen mehrere Banken zum Tageskurs, hier auch vor dem Abflug nach

Deutschland *Rücktausch* (Griech. Drachmen in DM) möglich.

Kreditkarten werden in Hotels, bei Leihwagenfirmen und in vielen Geschäften akzeptiert.

An *Geldautomaten* kann man mit der EC-Karte kein Bargeld abheben.

Zollbestimmungen

Reisebedarf für den persönlichen Gebrauch darf abgabefrei eingeführt werden. *Richtmengen* für den Privatreisenden: 800 Zigaretten, 400 Zigarillos, 200 Zigarren, 1 kg Tabak, 10 l Spirituosen, 20 l Zwischenerzeugnisse, 90 l Wein (davon max. 60 l Schaumwein), 110 l Bier. Geschenke im Wert bis zu 123 000 Drs sind zollfrei.

Die Einfuhr von Waren aus Drittländern und dem Duty-free-Shop (gilt als Drittland) ist begrenzt: 2 l Wein, 1 l Spirituosen und 200 Zigaretten.

Windsurfbrett, Tauchgerät sowie eine zweite Film- oder Fotokamera müssen an der Grenze vom Zoll in den Reiseausweis eingetragen werden. Für wertvollere Gegenstände ist Deklaration erforderlich. Es kann eine Zollgarantie in Höhe des Gegenwertes oder Eintragung im Paß verlangt werden.

Die Ausfuhr antiker Gegenstände – gekauft oder gefunden – ist verboten.

Tourismusämter im Land

Die griechische Zentrale für Fremdenverkehr (griechisch EOT = Ellenikos Organismos Tourismou) unterhält in den größeren Orten Kretas Büros, die allerdings wechselnde und unterschiedliche Öffnungszeiten haben. Die EOT-Büros sind am jeweiligen Ort angegeben, hier nur das größte:

In Iraklion liegt die EOT-Zentrale schräg gegenüber vom Archäologischen Museum, Odos Xanthoudidou 1, Tel. 081/22 82 25, Fax 22 66 20. Öffnungszeit: Mo–Fr 8–14.30 Uhr.

Die Touristenpolizei versucht mit Auskünften zu helfen, besitzt jedoch selten aktuelle Informationen.

Notrufnummern und Adressen

Polizeinotruf 100
Unfallrettung 151 (unter dieser Tel.-Nr. verbindet die griechische Telekom (OTE) Anrufer zur nächsten Ambulanz). Die Touristenpolizei in Athen ist unter Tel. 01/171 Tag und Nacht erreichbar.

ADAC Notrufstation für Griechenland wird vom ADAC zusammen mit dem griechischen Automobilclub ELPA in Athen betrieben, ganzjährig unter Tel. 01/7 77 56 44. Die Mitarbeiter sprechen deutsch.
ADAC-Notrufzentrale rund um die Uhr: München 00 49 89/22 22 22.
ADAC-Ambulanzdienst rund um die Uhr: München 00 49 89/76 76 76.
Pannenhilfe leistet der griechische Automobilclub ELPA, der rund um die Uhr unter der Rufnummer 104 erreichbar ist.
ADAC-Partnerclub
Automobil- und Touring-Club von Griechenland (ELPA), 11527 Athen, 2–4 Messogion-Str., Tel. 01/7 79 16 15–19, Fax 7 78 66 42.

Honorarkonsulate
Deutschland: Papalexandrou 16, 71202 Iraklion, Tel. 081/22 62 88. Daskalojianni 64, 73100 Chania, Tel. 08 21/5 79 44.
Österreich und Schweiz: Dedalou 36, Iraklion, Tel. 081/22 33 79.

Botschaften
Deutschland: Karaoli Dimitriou 3, 10675 Athen, Tel. 01/7 28 51 11, Fax 7 25 12 05, Mo–Fr 9–12 Uhr.
Österreich: Leoforos Alexandras 26, 10683 Athen, Tel. 01/8 21 10 36, Fax 8 21 98 23, Mo–Fr 10–12 Uhr.
Schweiz: Iassiou 2, 11521 Athen, Tel. 01/7 23 03 64–6, Fax 7 24 92 09, Mo–Fr 10–12 Uhr.

Besondere Verkehrsbestimmungen

In Griechenland herrscht Rechtsverkehr. Gurtpflicht für Autofahrer, Helmpflicht für Motorradfahrer.
Höchstgeschwindigkeit: In Orten 50 km/h; außerorts für PKW, Wohnmobile und PKW mit Anhänger 90 km/h, auf Schnellstraßen 110 km/h.
Promillegrenze 0,5.

Anreise

Auto

Für einen längeren Aufenthalt empfiehlt sich die Mitnahme eines Autos allemal. Wegen der Kriegsereignisse im ehemaligen Jugoslawien fällt allerdings der direkte Landweg aus, die Ausweichroute über Ungarn, Rumänien und Bulgarien ist ebenfalls nicht zu empfehlen. Die angenehmste Möglichkeit bietet die Anreise über Italien (Venedig, Triest, Ancona) und Weiterfahrt mit einer Fähre direkt nach Iraklion.

Der ADAC stellt seinen Mitgliedern auf Anfrage die günstigste Streckenführung zum jeweiligen Urlaubsziel zusammen.

Die Mitnahme von **Kraftstoff** in Kanistern auf Fährschiffen ist aus Sicherheitsgründen nicht erlaubt. Ebenso ist das Mitführen von Reservekraftstoff sowie das Auffüllen von Kanistern an Tankstellen verboten.

Die Versorgung mit bleifreiem Superbenzin (unleaded) ist flächendeckend.

Wichtig für die Touren-Planung innerhalb Kretas: Viele Straßen sind Staubpisten, die nach Winterregen ausgewaschen und holprig sind. Im Binnenland sind auch die asphaltierten Straßen kurvenreich, daher höchstens als Tagespensum 100 km einplanen. Auf Bergstraßen vor Kurven hupen.

Flugzeug

Charterflüge gehen nach Iraklion und Chania (März bis Ende Oktober). Es gibt Pauschalangebote mit Hotel- oder Appartement-Aufenthalt und Campingflüge inkl. Flughafensteuer bei Rückflug von Kreta.

Wichtig: Nach Direktflug ohne Zwischenlandung (Non-stop) fragen.

Linienflüge: Ganz besonders zu griechischen Feiertagen (Ostern, Mariä Entschlafung am 15. 8.) rechtzeitig vorbuchen. Sondertarife bei Lufthansa und Olympic Airways möglich; zusätzliche Flughafensteuer bei Abflug von Kreta.

Nachteil: In Athen muß der Flughafen gewechselt werden, bei Flügen mit Olympic Airways liegt er direkt neben dem Ankunftterminal, bei allen anderen Fluggesellschaften muß man vom Ost-Terminal (International Airport) per Bus oder Taxi zum West-Terminal.

Bei **Weiterreise per Fähre:** Bus Nr. 19 (Abfahrt vor Ost-Terminal) fährt über West-Terminal (Zusteigemöglichkeit) nach Piräus.

Fähren

Mehrere Reedereien bieten Fährverbindungen ab Piräus nach Iraklion und Chania an, empfehlenswert sind ANEK und Minoan Lines (moderne Schiffe, beide Linien in der Hand kretischer Kleinaktionäre). ANEK-Fährschiffe fahren auch

ab Triest und Ancona über Korfu nach Igoumenitsa und Patras. Minoan Lines ab Venedig, Ancona und Brindisi nach Igoumenitsa und Patras.

Ferner gibt es wöchentlich mehrere Fährverbindungen griechischer und italienischer Reedereien **direkt von Italien nach Kreta.** Z. B. Marlines (Ancona – Iraklion – Kusadasi) und Adriatica (Venedig – Patras – Iraklion).

Prospekte mit Fährverbindungen und Preisen bei GZF [s. S. 130] und ADAC, ferner bei Seetours international, Seilerstraße 33, 60313 Frankfurt/Main, Tel. 069/1 33 32 62, sowie in Reisebüros.

Bank, Post, Telefon

Bank

Banken sind Mo–Do 8–14 und Fr 8–13.30 Uhr geöffnet. Während der Saison in großen Städten manchmal auch nachmittags.

Post

Postämter sind 9–14 Uhr geöffnet, in größeren Städten meistens auch nachmittags. Für Telegramme und Telefonate ist nicht die Post, sondern OTE [s. u.] zuständig.

Telefon

Eigene (halbstaatliche) Telefonämter (OTE), während der Saison 7–20 Uhr geöffnet. Beim OTE telefoniert man am preiswertesten (wählt selbst in Kabine, zahlt nach dem Gespräch am Schalter). – Telefonzellen nehmen Münzen zu 10 und 20 Drs an. An Kiosken und in OTE-Büros sind auch Telefonkarten zu 1000 Drs für die Kartentelefone erhältlich. Billig telefoniert man zwischen 22 und 6 Uhr.

Die **Vorwahl** in Kreta für Deutschland ist 00 49, für Österreich 00 43 und für die Schweiz 00 41. Die Vorwahl für Griechenland aus Deutschland, Österreich und der Schweiz ist 00 30.

OTE-Adressen

Iraklion: am El Grecopark
Rethimnon: Kountourioti-Str. 28 (östl. Stadtpark)
Chania: (seit 1994) Anarafseos-Str. 10
Sitia: Kapetan-Sifi-Str. 22
Ierapetra: Nikiforou-Foka-Str. (nahe Platia Eleftheriou)

Einkaufen

Öffnungszeiten der Geschäfte: Fast alle
Geschäfte haben am frühen Nachmittag
(von ca. 13 bis 17 Uhr) geschlossen.

EOMMECH

Die Organisation kleinerer und mittlerer
Kunsthandwerksbetriebe (EOMMECH)
unterhält in den drei großen Städten Aus-
stellungsräume, in denen sich potentielle
Käufer über das Angebot kretischer
Kunsthandwerker informieren können
(kein Verkauf).
Iraklion: Odos Zografou. – Rethimnon:
Dimitrakaki-Str. (südl. Platia Martiron,
nahe Stadtpark). – Chania: Platia So-
phokles Venizelou.
Öffnungszeiten: tgl. außer So 9–14,
Di, Do und Fr auch 18–20.30 Uhr.

Antiquitäten

Kreta besitzt mit den Werken der minoischen Zeit einen weltweit einzigartigen
Schatz an Antiquitäten. Es ist selbstverständlich, daß deren Ausfuhr streng verboten ist. Schon das Aufsammeln von
Scherben bringt Ärger. Also: nie ›unter
der Hand‹ Antiquitäten kaufen. Es gibt
wunderschöne Nachbildungen minoischer Keramik und Idole.
Interessant sind ›antike‹ (50–200 Jahre
alte) Textilien, Stickerei- und Webarbeiten. **Textilien**, die für *Klöster und Kirchen* (z. T. von Nonnen) hergestellt wurden, sind praktisch im Handel nicht zu
bekommen. Die Museen und Klöster zeigen mit Gold-, Silber-, Seidenfäden und
Haar gestickte Epitaphien (Bilder des
aufgebahrten Christus), liturgische Gewänder u. a. m.
Andere, noch gehandelte Stücke, gehörten zum *häuslichen Alltag*. Sie wurden
von Mädchen ab dem zehnten Lebens-
jahr für ›Prika‹, die Aussteuer, angefertigt: Bettüberwürfe oder Vorhänge
(z. B. für das Brautbett), Decken und
Handtücher. Auch diese sind inzwischen
großenteils von Museen angekauft, selten und teuer. Die *Webarbeiten* bestehen
fast immer aus Wolle und besitzen Strei-
fen, abstrakte Ornamente oder Tier-,
Pflanzen- und menschliche Motive. Die
Stickarbeiten sind meist nur als Bordüren
ausgeführt.

Iraklion: *Eleni Kastrinojanni*, Odos
Xanthoudidou (beim Archäolog. Muse-

um). – *Eva Grimm*, Odos 25. Avgoustou
96 (nahe Morosini-Brunnen). –
Kermezi, Agiou Titou 10.
Agios Nikolaos: *Galatia*, Roussou
Koundourou 8–10. – *Chez Sonia*,
Roussou Koundourou 21.

Neue Webarbeiten und Stickereien
werden in den Dörfern Anogia [Nr. 6]
und Axos [Nr. 8], auf der Lassithi-Hochebene [Nr. 27] und in Kritsa [Nr. 31] hergestellt und verkauft, **Häkelarbeiten**
u. a. in Fodele [Nr. 10].
Natürlich gehören auch alte **Ikonen** zu
den Antiquitäten, die nicht oder nur unter
Sonderbedingungen ausgeführt werden
dürfen. Das Malen einer Ikone ist eine religiöse Tätigkeit, so durften Heiligenbil-
der früher ausschließlich von Mönchen
und Priestermönchen nach genau vorge-
schriebenen Regeln angefertigt werden.
Heute werden auf Kreta neue sowie Ikonen des 19. Jh. angeboten, deren Ausfuhr
erlaubt ist.

Iraklion: *Eva Grimm* (alte und neue
Ikonen), Odos 25. Avgoustou 96. –
Icons Studio, Idomeneos-Str. 10. –
Georgios Manusakis, Werkstatt und
Verkauf, Chandakos-Str. 22 u. 23.
Moni Toplou [Nr. 37]: Gute neue Ikonen
im Shop beim Klostereingang.
Rethimnon: *Andreas Theodorakis*,
Souliou-Str. 15, Werkstatt und Verkauf.
Chania: Shop im Nonnenkloster Chry-
sopigi [Nr. 53].

Bücher

Auf Kreta wird natürlich viel deutsch-
und englischsprachige Literatur zu speziellen Inselthemen (Geschichte, Botanik
etc. sowie Werke kretischer Dichter) angeboten, die auch in Deutschland erhältlich ist. Dennoch lohnt sich der Besuch
der Buchhandlungen: es gibt immer wieder Neues zu entdecken. Die Lektüre der
Werke von Kazantzakis und Prevelakis
gehört eigentlich zum Kreta-Urlaub.
Lohnend sind – soweit vorhanden – die
Museumskataloge, speziell vom Archäologischen Museum Iraklion.

Deutschsprachige Bücher in
Iraklion: *International Bookstore*,
Kouvidis/-Manouras, Odos Dedalou 6. –
Buchhandlung *Monokeros*, Idomeneos-
Str. 2.
Rethimnon: *Press*, Joulianou-Peticha-
ki-Str. (am venezianischen Hafen).
Chania: *Kaikalis*, Platia Eleftheriou
Venizelou (am Hafen).

Holzschnitzarbeiten

Schnitzarbeiten aus Olivenholz gibt es in vielen Souvenirgeschäften (Schalen, Löffel etc.)

Keramik

In den Dörfern Margarites und Thrapsano [Nr. 42, 24] lebt die jahrtausendealte Töpfertradition weiter. Leider werden aus praktischen Gründen heute nur noch selten große Vorratsgefäße (Pithoi) hergestellt, dafür haben sich die Töpfer auf kleinere kunsthandwerkliche Ware spezialisiert.

Wer einen typischen Pithos aus Margarites im Garten oder Haus haben möchte, kann ihn über einen deutschen **Importeur** beziehen:

Steffen Jacobs, Bergwinkelhof/Monigottsöd, 94110 Wegscheid, Tel. 0 85 92/16 06, Fax 86 28. Weitere Verkaufsstelle des gleichen Importeurs: Hirtenweg 11, 82069 Hohenschäftlarn.

Kleinkeramik
Iraklion: mehrere *Boutiquen* in Nebengassen beim Morosini-Platz.
Agios Nikolaos: *Ceramica*, Konstantinou Paleologou 28, gute Kopien minoischer Keramik.
Sitia: *Jannis Katedzakis*, Odos Kornarou 148. – *Lagia*, Galanakis-Str. 14 a.
Rethimnon: mehrere kleine Läden in der Altstadt.
Chania: *Emmanuil Bolanakis*, Leoforos Soudas 84.

Komboloï

Kette mit großen oder kleinen Holz-, Glas- oder Plastikperlen, einem Rosenkranz ähnlich. Er ist der klassische ›Zeitvertrieb für die Finger‹, wohlgemerkt nur der Männer, denn eine Frau hat dafür keine Zeit. Er soll von der arabischen Perlenschnur abstammen (die 99 Perlen stehen für 99 Namen Allahs, den 100. kennt nur Allah selbst). Niemand kennt die Herkunft des Komboloï, er bleibt – neben Tavlispiel und Zigarette – liebstes Spielzeug der Männer im Kafenion. Es gibt ihn in allen Größen und Materialien in Andenkengeschäften; traditionell muß die Perlenanzahl ungerade sein, häufig sind es 33, eine Perle dient der Zusammenführung der Schnur.

Lebensmittel und Spirituosen

Wer Kreta bereist, sieht, daß die Insel rein landwirtschaftlich geprägt ist. Wichtigste Produkte sind: Olivenöl und eingelegte Oliven sowie Tafeltrauben, Wein und Sultaninen – sie sind auch die wichtigsten Ausfuhrprodukte und daher ebenso in Deutschland erhältlich.

Zum Mitbringen geeignet:

Brote aus Salzteig
Auf Kreta heißt das aus Salzteig (meist in Form eines Kranzes) gebackene Brot ›paradosíako psomí‹, Geschenkbrot. Das Brautpaar bekommt es zur Hochzeit, die Braut als Mitgift (bis vor zwei Generationen schenkte man auch in Deutschland Brautpaaren Brot und Salz mit dem Spruch »Brot und Salz im Haus, geh Euch niemals aus«). Heute sind die hübschen, mit Blumen und Rosetten verzierten Brotkränze beliebte Souvenirs.
Iraklion: Marktgasse (Odos 1866).
Chania: Markthalle; seltener auf den Märkten in Timbaki und Mires.

Honig
Honig läßt sich im Handgepäck mitnehmen, er hat ein ganz besonderes Aroma: schmeckt nach Kräutern, Sommer und Gebirge.

Kräuter
Auf Kreta wachsen ungemein viele Kräuter, die teils in der Küche, besonders häufig jedoch als Heilmittel verwendet werden. Auf Märkten angeboten.
Iraklion: Marktgasse (Odos 1866).
Rethimnon: Kräuterladen von *Panajoti Kondojannis*, Odos Souliou 58, berühmt für Heilkräuter. Hier gibt es das seltene (endemische) Heilkraut Diktamon und den ›Bergtee‹, der bei Erkältungskrankheiten hilft.

Spirituosen
Eine schöne Erinnerung an Ferientage: der (zwar nicht auf Kreta hergestellte) Weinbrand **Metaxa**. Er besitzt das Aroma von Pomeranzen und wird in drei Varianten angeboten: mit sieben, fünf und drei Sternen. Empfehlenswert: Fünf Sterne.
Ferner **Ouzo**, der typische Anisschnaps, den man mit Wasser verdünnt oder pur als Aperitif und Digestif trinkt. **Raki** wird im Handel nicht verkauft [vgl. Nr. 58]. Die Mitnahme von **Wein** empfiehlt sich weniger; der Wein, der abends bei Kerzenlicht am Hafen so köstlich

mundete, enttäuscht in Deutschland häufig.

Leder

Wer den großen Schaf- und Ziegenherden auf Straßen und Wanderwegen begegnete, weiß, daß Leder eines der wichtigsten kretischen Produkte sein muß. Es wird in ordentlicher Verarbeitung in jedem Ort angeboten. Handtaschen, Rucksäcke, Koffer, Gürtel, Schuhe, etc. Man darf keine Feintäschnerarbeit erwarten.

Iraklion: im Zentrum mehrere Boutiquen.
Rethimnon: *Manolis Botonakis*, Arkadiou-Str. 52; außerdem viele Läden in der Altstadt.
Chania: ›*Ledergasse*‹ Odos Skridlof, ein Geschäft neben dem anderen, auch Maßanfertigung von Schuhen möglich.

Messer

Seit Jahrhunderten fertigen die Kreter aus dem Horn der Widder und Ziegenböcke Griffe für Jagdmesser. Heute kommen die Stahlklingen aus Solingen oder Fernost, die Griffe werden in den Werkstätten vor Ort gefertigt und verkauft.

Chania: *Apostolos Partikos*, Odos Sifaka 14 (neben EOT-Information), Werkstatt und Laden. – *Macheradika*, Odos Karaoli Dimitriou.

Musik

Kretische Volksmusik wird auf CD, Kassetten und (seltener) auf Langspielplatten in vielen Orten angeboten. Selten handelt es sich um Tonträger mit reiner Instrumentalmusik, meistens sind von Lyra (Kniegeige) und Laute begleitete Lieder mit aufgenommen. Liedsänger genießen auf Kreta große Verehrung, ihre Konzerte sind immer ausverkauft. Natürlich gibt es auch Kompositionen von Mikis Theodorakis, dessen Vorfahren Kreter waren, in vielen Einspielungen zu hören und zu kaufen, u. a. die Filmmusik zu ›Alexis Sorbas‹.

Iraklion: *Aerakis Record Shop*, Odos Dedalou.
Sitia: *Manolis Dermitzakis*, Eleftherios-Venizelos-Str. 26. Herr Dermitzakis ist der Sohn des verstorbenen, sehr bekannten Lyraspielers und Sängers ›Dermitzojannis‹.

Musikinstrumente
In **Rethimnon** stellt *Emmanuel Stagakis* (Odos Dimakopoulo 6, nahe Platia Martiron) die klassischen kretischen Musikinstrumente her: Lyra und Laouto.

Schmuck

Interessant ist der nach antiken Vorbildern gearbeitete Gold- und Silberschmuck. Speziell die ›Biene von Malia‹ [s. S. 31] wird in vielen Größen und Materialien angeboten. Am schönsten natürlich eine genaue Kopie des Originals in Gold (Tip: Die Kugel im Körbchen muß frei beweglich sein, die Originalbiene ist 4,8 cm breit.)

Iraklion: alle bedeutenden Juweliere an der Odos Dikeossinis. – Silberschmuck auch bei *Eva Grimm*, Odos 25. Avgoustou 96.

Schwämme

gehören zu den typischen Souvenirs, obwohl südlich von Kreta vorwiegend die Männer von Kalymnos dem harten Job als Schwammfischer nachgehen.

Iraklion: *Sponges Factory*, Odos 25. Avgoustou 20. Naturschwämme in allen Größen.

Essen und Trinken

Auf Kreta ist alles einfach, ganz besonders die Küche. Brot, Oliven, Käse, Wasser und Wein – das war und ist die Grundnahrung der Bauern. Wer ›feine‹ Küche sucht, ist auf Kreta am falschen Platz, und wer bei einer langen Wanderung eine Quelle findet oder zur Wasserflasche greift, womöglich sogar von Hirten oder Bauern zu Käse, Oliven und einem Gläschen Wein eingeladen wird, erkennt, daß dies wahrhaft herrliche Genüsse sind!
Fleisch – meistens Lammbraten – gab es bis zur Nachkriegszeit nur zu den Festtagen des Jahres, zu denen allerdings auch Ankunft und Bewirtung eines Gastes gehörten.
Durch den starken Tourismus gleichen sich heute in vielen Orten die Speisenangebote, sogar Fast-food-Lokale, Pizzerias o. ä. sind in allen Küstenorten zu finden. Die meisten Lokale haben ihre Speisenangebote auf großen Tafeln mehrsprachig vor dem Lokal angeschrieben und besitzen Speisekarten in griechisch, eng-

lisch und deutsch; dennoch hat kein Wirt etwas dagegen, wenn man nach guter alter Sitte erst einmal an der Theke oder in der Küche die Gerichte anschaut, ehe man sie bestellt.

Essen

Frühstück – proïnó – in unserem Sinn ist erst durch den Tourismus in Mode gekommen, den meisten Kretern genügt ein Täßchen ›griechischer‹ Kaffee – ellinikós kafés. Der Grieche trinkt ihn:

skétto – ungesüßt
métrio – leicht gesüßt, oder
glikó – schrecklich süß
dipló – doppelte Portion
me gála – mit Milch
frappé – kalt
sestó – heiß

Wenn Sie sich erinnern, daß Sie dieses Getränk in der Türkei als ›türkischen Kaffee‹ bekamen – vergessen Sie es! In puncto Türken ist die Vergangenheit noch nah.

Mittags ißt man im *Estiatório*-Restaurant, in einer *Psárotaverna*-Fischrestaurant oder in einer *Tavérna*. Das Estiatório gilt als besseres Restaurant, was nicht bedeutet, daß es in unserem Sinn ›gediegen‹ eingerichtet ist. Zu den für Deutsche überraschendsten Merkmalen griechischer Restaurants, Kafenía und Tavernen gehört ihre ›Ungemütlichkeit‹: kahle, oft grün getünchte Wände, Neonleuchten, wackelige Tische, die im Vergleich zu den Stühlen zu hoch sind.

Typisch griechische **Gerichte**, die häufig auf der Speisekarte stehen:

Mussaká – Auflauf aus Kartoffel- und Auberginenscheiben mit Hackfleisch
Pastítsio – Makkaroni-Hackfleisch-Auflauf
Dolmádes – mit Reis oder Hackfleisch gefüllte Weinblätter
Jemistés – gefüllte Paprika oder Tomaten
Stifádo – mit Zwiebeln geschmortes Rindfleisch
Suvláki – Fleischspieß, dieser sollte aus *Arnáki* – Lammfleisch, bestehen (Rindfleisch ist oft zäh).

Häufig gibt es neuerdings Tellergerichte; in guten Restaurants (mit echtem Tischtuch und Servietten) muß man Fleisch und Gemüse einzeln bestellen.

Salat: Koriátiki – Bauernsalat aus Gurken, Tomaten, Oliven, Zwiebelringen und Féta (weißem Schafskäse).
Bei **Fischbestellung** (Psárja) wichtig: nicht nur zeigen, sondern auch wiegen lassen, oder den genauen Portionspreis erfragen. Fisch ist teuer, kommt oft nicht vom Fischerboot nebenan, sondern tiefgefroren aus Fernost.
Zum Besteck kommt **Psomí – Brot**, das zusammen mit dem Besteck als Couvert berechnet wird.
Kalí órexi! – Guten Appetit!
In kleinen Dörfern gibt es oft nur ein Kafeníon, das Getränke zur Verfügung hat, manchmal macht die Wirtin auch ein Omelett.
Was man unbedingt probieren sollte:
Ja-úrti me méli – Joghurt mit Honig.
Der **Joghurt** mit 10% Fett, zusammen mit dem Inselhonig ist er eine Delikatesse – und an heißen Tagen ein ideales Mittagessen.

Trinken

Als Aperitif und auch nach der Mahlzeit:
Oúzo – Anisschnaps, den man mit *neró* – Wasser verdünnen kann (wird milchig).

Bei den Getränken fällt die Auswahl leichter als bei uns, denn speziell am Abend wird man sich nach einem **bíra – Bier** wohl für **krasí – Wein** entscheiden, der auf Kreta reichlich gekeltert wird und preiswert ist. Retsína – geharzter Wein, ist selten. Landwein wird in der Taverne meistens offen in kleinen Glaskaraffen serviert, man trinkt ihn aus einfachen Gläsern ohne Stil.

áspro krasí – Weißwein
mávro krasí – Rotwein
Flaschenweine von der Insel: ›Minos Palace‹ und ›Myrto‹.
Jiá sas! – Zum Wohl!

Feste und Feiern

Feiertage

1. Januar Neujahr
6. Januar Epiphanie (Dreikönigstag; Geschäfte sind geöffnet)
25. März Nationalfeiertag (1821 Beginn des Freiheitskampfes; Mariä Verkündigung)
1. Mai Tag der Arbeit und Frühlingsfest, man bindet Blumenkränze und hängt sie an die Haustüren

15. August Mariä Entschlafung
(Koimisis)
28. September Nationalfeiertag
(›Ochi-Tag‹, 1940 sagte an diesem Tag
die griechische Regierung ›Nein‹ zum
Ultimatum Mussolinis; italienische
Truppen fielen in Griechenland ein)
8. November Kretischer Nationalfeiertag [s. Arkadi, Nr. 43]
25. Dezember Weihnachten

Patroziniumsfeste

Zu den genannten Feiertagen kommen
die vielen Heiligen- und Märtyrer-Ge-
denktage, die in allen jeweiligen Patro-
natskirchen und Klöstern gefeiert werden. Die Gläubigen kommen vielfach bereits am Vorabend zum Vespergottesdienst und übernachten im Umkreis oder
im Kloster. Auf den Hauptgottesdienst
des nächsten Tages folgt immer ein fröh-
liches Volksfest mit gutem Essen, Musik
und Tanz. Leider sieht man bei diesen
Festen kaum noch alte Trachten.

Bedeutende Patroziniumsfeste sind:

7. Januar Fest Johannes des Täufers
(Prodromos = Vorgänger)
23. April Heiliger Georg. Ihm sind auf
Kreta besonders viele Kirchen geweiht.
Er gilt auch als Schutzpatron der Bauern
8. Mai Johannes der Theologe
21. Mai Konstantin und Helena
24. Juni Geburt Johannes des Täufers.
Sonnwendfest, auf den Bergen viele
Feuer. Hirten benachbarter Regionen
feiern bei Lyraspiel und Gesang
29. Juni Petrus und Paulus
6. August Verklärung Christi. U. a. Fei-
er auf dem Jouchtas [Nr. 4], die ersten
Trauben werden zur Kapelle gebracht
15. August Mariä Entschlafung (offizieller Feiertag). In zahlreichen Klöstern
großer Festtag, z. B. Kloster Gonias
[Nr. 56], Moni Chryssoskalitissa
[Nr. 62]
25. August Titustag. Große Prozession
in Iraklion [Nr. 1] zu Ehren des Schutz-
patrons und ersten Bischofs der Insel
29. August Enthauptung Johannes des
Täufers, zweitägiges Fest auf der Halbinsel Rodopou
31. August Fest der Gürtelspende Mariens. Wird besonders auf der Lassithi-
Hochebene [Nr. 27] gefeiert
14. September Kreuzaufrichtung, wird
vorwiegend im Gebirge gefeiert, so auf
dem Psiloritis (Ida) und dem Afendis
Stavromenos (Thripti-Berge)

7. Oktober Johannes der Eremit, Fest
und Prozession von Moni Gouverneto
[Nr. 52] zur Höhle, in welcher der Eremit lebte
11. November Heiliger Minas, Schutzpatron Iraklions, wird in einer Prozession geehrt (Große und Kleine Minaskirche in Iraklion [Nr. 1])
6. Dezember Heiliger Nikolaus,
Schutzpatron der Häfen und Kinder, besonders gefeiert in Agios Nikolaos
[Nr. 29]

Ostern

Obwohl der Ostertermin der Ostkirche
ebenso festgelegt wird wie in der westlichen Christenheit (erster Sonntag nach
dem Frühlingsvollmond), differieren die
Termine häufig, da die Ostkirche die
Gregorianische Kalenderreform nicht
mitvollzogen hat. Ostern fällt aus diesem
Grund *nie* in den März, *meistens* in den
April und nur *selten* in den Monat Mai.

Ostertermine: 14. April 1996 – 27. April
1997 – 19. April 1998 – 11. April 1999.
Das Osterfest ist das **bedeutendste Fest
Griechenlands** und hat den Stellenwert,
den bei uns Weihnachten besitzt. Jeder
Grieche versucht, zu den Feiern in seinem Heimatort zu sein, viele Auslands-
griechen kommen zu Besuch nach Kreta.

Klima und Reisezeit

Von November bis März ist es auf Kreta
kühl und oft regnerisch, viele Hotels haben geschlossen, andere heizen nicht. Ein
Winterreiseziel für Wärmebedürftige ist
Kreta daher nicht, obwohl die Prospekte
viele Sonnentage versprechen. Tatsäch-
lich kann man am Mirabello-Golf oder
im südlichen Ierapetra Weihnachten bei
Sonnenschein verbringen – nur muß man
sich dann warm anziehen, und Baden im
Meer gehört vor Ende April zu den hero-
ischen Leistungen.
Wie häufig im Leben, kommt es auch hier
auf die Zielsetzung an. Wer z. B. einen
echten **Wanderurlaub** plant, sollte die
Frühlingsmonate März/April bevorzu-
gen, wenn alle Hänge grün sind und überall Wildblumen blühen. Allerdings sind
manche Schluchten wegen des Wasser-
stands dann noch unpassierbar, so ist die
berühmte Samaria-Schlucht von November bis Ende April geschlossen. Nicht zu
heiß ist meistens auch der September bis
in die erste Oktoberwoche. Danach kön-

nen Regenfälle die Wanderung unterbrechen, dennoch ist auch der Oktober noch ein guter Wandermonat.

Mai und September sind ideale Monate für **Studienreisende**, die ein großes Besichtigungsprogramm absolvieren wollen. Es ist selten zu heiß, und nach der Besichtigung kann man sich im Meer erfrischen.

Wer dagegen einen reinen **Badeurlaub** plant, sollte die Zeitspanne zwischen Ende Mai und Ende September wählen: das Meer besitzt angenehme Temperaturen (ab Juni bis Ende September zwischen 22 und 24 Grad), die Lufttemperatur liegt normalerweise zwischen 24 und 30 Grad. Im Binnenland kann es sehr heiß sein, an der Küste weht jedoch meistens ein erfrischender Wind. Übrigens: In Griechenland ist Nacktbaden verboten, ›oben ohne‹ wird dagegen in vielen Touristenorten mittlerweile geduldet.

Monat	Luft (°C) min./max.	Wasser (°C)	Sonnen- std./Tag
Januar	8,8 / 15,8	16	3,4
Februar	8,9 / 16,2	15	4,7
März	9,7 / 17,2	16	5,7
April	11,9 / 20,3	16	8,1
Mai	14,6 / 23,4	19	10,3
Juni	18,9 / 27,1	22	11,6
Juli	21,5 / 29,3	24	12,7
August	21,9 / 29,3	25	11,7
September	19,4 / 27,0	24	9,7
Oktober	16,5 / 24,3	23	6,5
November	13,8 / 20,8	20	5,7
Dezember	10,7 / 17,7	17	4,0

Klöster und Kirchen

Eigentlich eine Selbstverständlichkeit, aber nicht jeder beachtet sie: Kirchen und Klöster betritt man in angemessener Kleidung, nicht in Shorts und Bikini-Tops. Dagegen werden lange Hosen bei Frauen neuerdings geduldet.

Öffnungszeiten: Bisher waren die meisten **Klöster** von morgens 7 Uhr bis zur Mittagszeit und – nach einer langen Mittagspause – wieder abends bis 18 Uhr geöffnet. Durch die ständig abnehmende Zahl der Mönche und Nonnen haben viele Klöster die Besuchszeiten eingeschränkt, nur die lange Siestazeit ist geblieben. Wenn nicht gesondert vermerkt, öffnet ein Kloster um 8 Uhr morgens, Mittagspause wird von ca. 12.30 bis 16 Uhr gehalten.

Schwieriger ist es, in die **Kirchen und Kapellen** zu kommen, denn sie sind seit einigen Jahren nur zu den Messen oder Patronatstagen geöffnet. Fast immer weiß aber jemand in der Nähe Rat, wo und wie der Schlüssel (to klidí) zu bekommen ist. Aus diesem Grund sollte man nicht zu viele Kirchen auf sein tägliches Besichtigungsprogramm setzen. Im vorliegenden Führer wurden aus der Vielzahl sehenswerter Kirchen und Kapellen einige besonders interessante ausgewählt.

Sprachführer

Das heutige Neugriechisch ist vorwiegend aus der Volkssprache Dimotiki hervorgegangen, besitzt jedoch viele Formen der Hochsprache Katharevoussa. Erst seit 1974 ist die Volkssprache auch offizielle Staatssprache.

Humanisten, die sich auf deutschen Gymnasien jahrelang mit dem Erlernen des Altgriechischen plagten, sind oft enttäuscht, weil sie ihr Wissen nicht verwenden können. Doch die Buchstaben und viele Worte haben sich nicht verändert, das Hauptproblem ist eine ganz andere Aussprache und Betonung.

So gibt es gleich fünf Schreibweisen für die Aussprache von I/i, nämlich I/ι, H/η, EI/Eι, OI/oι und Y/υ. Noch wichtiger als die richtige Aussprache ist die Betonung, so kann z. B. ›Trapeza‹ ein Tisch oder ein Geldinstitut (Bank) sein, je nach Betonung (trápeza = Bank; trapéza = Tisch).

Tip: Wenn man bei Straßennamen etc. die Betonung nicht kennt, dann hilft es, mehrmals den Namen anders zu betonen – dies hat fast immer Erfolg.

In Urlaubsorten kann man sich überall auf Deutsch und Englisch verständigen, auf dem Land helfen einige griechische Sätze sehr. Grußworte, Fragen und Dank sollte man formulieren können. Jeder Kreter freut sich, wenn man Interesse an der Landessprache zeigt.

Guten Morgen, *guten Tag*	kalí méra
Guten Tag Euch oder *Ihnen*	kalí méra sas
Guten Abend	kalí spéra
Gute Nacht	kalí níchta
bitte	parakaló
danke (sehr)	efcharistó (polí)
wo ist?	pu íne?
Hotel	xenodochío

Kirche ...	eklisía …	Z	ζ	Síta	s; in Eigen-
Hafen	limáni				namen oft z
Straße	odós, drómos	H	η	Íta	i
Bank	trápeza	Θ	ϑ	Thíta	th
Post	tachidromío	I	ι	Jóta	i
Arzt	jatrós	K	κ	Káppa	k
Krankenhaus	nosokomío	Λ	λ	Lámda	l
Apotheke	farmakío	M	μ	Mí	m
Toilette	tualéta	N	ν	Ní	n
in Ordnung, o. k.	endáksi	Ξ	ξ	Ksí	x
ja	ne	O	ο	Ómikron	o
nein	óchi	Π	π	Pí	p
macht nichts	den pirási	P	ρ	Ró	r
wann fährt?	ti óra févji?	Σ	σ, ς	Sígma	s
Bus	leoforío	T	τ	Táf	t
Auto	avtokínoto	Y	υ	Ípsilon	i; y in Eigen-
morgens	proï				namen
nachmittags	apójevma	Φ	φ	Fí	f
wer hat den		X	χ	Chí	ch; h in
Schlüssel?	pjos échi to klidí?				Eigen-
Priester	papás				namen
was ist los?	ti jínete?	Ψ	ψ	Psí	ps
was ist das?	ti íne avtó?	Ω	ω	Ómega	o
welche Kirche					
ist dies?	ti eklisía íne avtí?				

geschlossen	klistó	AI	αι	Álfa-Jota	ai und e
geöffnet	aníkti	EI	ει	Épsilon-	ei und i
Deutschland	jermanía			Jóta	
ich bin Deutscher	íme jermanós	ΓΓ	γγ	Gámma-	ng; gg in
Deutsche	jermanída			Gámma	Eigennamen
Österreich, -er	avstría, avstríakos	ΜΠ	μπ	Mí-Pí	b; mp in
Schweiz, -er	elvetía, elvetós				Eigennamen
		NT	ντ	Ní-Táf	d; nt in
					Eigennamen

Buchstabenkombinationen

AI	αι	Álfa-Jota	ai und e
EI	ει	Épsilon-Jóta	ei und i
ΓΓ	γγ	Gámma-Gámma	ng; gg in Eigennamen
ΜΠ	μπ	Mí-Pí	b; mp in Eigennamen
NT	ντ	Ní-Táf	d; nt in Eigennamen
OI	οι	Ómikron-Jóta	i; io in Eigennamen
OY	ου	Ómikron-Ípsilon	ou
TZ	τζ	Táf-Síta	ts

Zahlen:

eins	éna
zwei	thío
drei	tría
vier	tésseres
fünf	pénde
sechs	éxi
sieben	eptá
acht	ochtó
neun	enéa
zehn	déka

Vielleicht macht es Ihnen Freude, in griechischen Buchstaben geschriebene Eigennamen und Geschäftsbezeichnungen entziffern zu können. Deshalb zum Schluß das griechische **Alphabet**:

Groß-, Klein-

buchstabe		Name	Umschrift
A	α	Álpha	a
B	β	Wíta	w und v in Ortsnamen
Γ	γ	Gámma	j/g
Δ	δ	Délta	d
E	ε	Épsilon	e

Uhrzeit

Die Uhrzeit in Griechenland ist der deutschen um eine Stunde voraus. Beginn und Ende von Sommer- und Winterzeit zur gleichen Zeit wie in Deutschland.

Unterkunft

Hotels

Hotels sind bei den entsprechenden Orten angegeben. Die Griechische Zentrale für Fremdenverkehr legt die Kategorien und Preise nach Klassen (L, A–D) fest (L-Klasse entspricht einem Fünf-Sterne-Hotel, A-Klasse = 4 Sterne, D-Klasse = 1 Stern).

Zimmer werden nahezu in jedem Ort vermietet, dagegen stehen bisher nur wenige **Ferienwohnungen** zur Verfügung. Da Kreta zur Zeit ständig wachsende Touristenzahlen aufweist, empfiehlt sich für Individualreisende die Vorausbuchung, speziell für Hotels am Strand. Abseits der Strände lassen sich in der Vor- und Nachsaison fast immer Zimmer (mit und ohne Frühstück) finden.

Preise: Hotels und Ferienappartements sind bei Pauschalreiseveranstaltern am günstigsten; die meisten Hotels bieten Zimmer mit Halbpension an. Der Preis für ein Doppelzimmer mit Halbpension im Drei-Sterne-Hotel variiert je nach Lage (Seeblick) und Saison zwischen 90 DM (Mitte Oktober bis Mitte Mai) und 150 DM (Ende Mai bis Anfang Oktober).

Ein privat vermietetes Doppelzimmer mit Dusche (inkl. Frühstück) kostet in der Nebensaison ca. 40–50 DM.

Camping

Die meisten Campingplätze Kretas haben eine solide, durchschnittliche Sanitärausstattung. In der Hauptsaison ist eine Voranmeldung auf jeden Fall ratsam. Wildes Campen ist nicht erlaubt. Empfehlenswert ist die Mitnahme der Camping Card International (CCI), die mitunter als Grundlage für Preisreduzierungen dient. Sie gilt ein Jahr und kann bei den ADAC-Geschäftsstellen beantragt werden. Der jährlich erscheinende ADAC Camping-Führer verzeichnet eine Auswahl geprüfter Plätze, die Griechische Zentrale für Fremdenverkehr [s. S. 130] schickt auf Anfrage eine Campingplatz-Liste zu.

Verkehrsmittel im Land

Öffentliche Verkehrsmittel

Busse verkehren relativ regelmäßig und verbinden alle größeren Orte miteinander. Fahrpläne und Preise bei den örtlichen Touristen-Informationsbüros und an den Busbahnhöfen. Tickets werden vor der Abfahrt am Busbahnhof gekauft, in kleineren Orten beim Busfahrer (keine Kreditkarten).

Schwieriger ist – weil die Strecke oft nur einmal am Tag befahren wird – ein **Tagesausflug** per Bus zu Dörfern im Binnenland. Hierfür sollte man ein Taxi oder einen Mietwagen nehmen.

Taxi

Kreter fahren leidenschaftlich gern Taxi, in größeren Städten sind Taxis daher oft schwierig zu bekommen. Die Preise für bestimmte Strecken, z. B. Flughafen – Iraklion, werden behördlich festgelegt (Tabelle im Taxi zeigen lassen). Innerhalb der Städte auf Einschalten des Taxameters achten. Bei weiteren Strecken inklusive Besichtigung unbedingt vor Fahrtbeginn Preis für Hin- und Rückfahrt plus Wartezeit aushandeln.

Die **Preise** liegen geringfügig unter dem deutschen Preisniveau.

Mietwagen

Leihwagen werden relativ preiswert in allen Touristenorten angeboten, oft herrscht bei den Verleihern starker Konkurrenzdruck (Handeln möglich). Für Ausflüge vom Ferienort sind die Wagen durchaus empfehlenswert (natürlich vor Abfahrt überprüfen). Für längere Rundfahrten ist ein (etwas teurerer) Leihwagen internationaler Firmen (AVIS, Europcar, Hertz) vorzuziehen, weil diese auf Kreta zahlreiche Servicestationen unterhalten und bei Pannen oder Unfällen rascher Hilfe leisten bzw. Ersatzwagen stellen.

Da viele Nebenstrecken nicht asphaltiert und z. T. sehr holperig sind, den Wagentyp entsprechend auswählen.

Preise: pro Tag ab 85 DM. Bei internationalen Verleihern unbedingt in Deutschland (Österreich, Schweiz) Auto vorbestellen (Kreditkarte erwünscht).

Schiff, Motorboot

Von Iraklion und Chania aus werden ein- bis zweitägige **Schiffsreisen** zur Kykladeninsel Santorin angeboten. Für begeisterte Seereisende lohnend, doch der Aufenthalt auf dem wunderschönen und hochinteressanten Santorin ist immer zu kurz!

Empfehlenswert sind **Motorbootausflüge** zu abgelegenen Badestränden und vorgelagerten Inseln. Da auf letzteren – mit Ausnahme von Spinalonga [Nr. 30] – wenig zu sehen ist und die Strände per Auto kaum erreichbar sind, bieten die Küstenfahrten außer Badefreuden herrliche Blicke übers Meer auf Kaps, Steilufer und weiße Dörfer. Kreta zeigt sich wie in der Schilderung Homers als »Insel im weinfarbenen Meer«.

Glossar

Akathistos-Hymnos ›nicht-sitzend‹ (also stehend) gesungener Marienhymnus; 626 von Patriarch Sergios in Konstantinopel gedichtet, als Dank für die Rettung vor arabischer Eroberung durch Maria. Der Hymnus umfaßt 24 Strophen

Apostelkommunion wichtiges Thema byzantinischer Ikonographie. Bedeutet die Einsetzung der Kommunion: von zwei Seiten schreiten je sechs Apostel zum Altar. Als Fresko stets im Altarraum

Aquädukt wörtlich (latein.) ›Wasserführung‹. Überirdische, auf Stützbogen oder Pfeilern lagernde Wasserleitung

Bema Altarraum der byzantinischen Kirche, darf nur vom Priester betreten werden

endemisch ausschließlich in dieser Landschaft (Land, Insel) vorkommend

Epitaphios liturgisches, reich besticktes Tuch mit dem Bild des toten Christus

Glyptik Steinschneidekunst

Hierarchen Kirchenväter

Idol Götterbild

Ikonographie wörtlich ›Bildbeschreibung‹ (von altgriech. Eikon = Bild, graphein = schreiben); Bildthematik

Ikonostase wörtlich ›Bilderwand‹, trennt den Altar- vom Laienraum. Im Griechischen ›Templon‹ genannt

Katholikon Klosterkirche

Kernos Opferstein bzw. Steinaltar mit Vertiefungen für Opfergaben

Kreuzkuppelkirche Kirche über dem Grundriß eines gleichschenkligen Kreuzes mit Kuppel über der Mitte

Larnax, Larnakes Tonkiste(n) für Bestattung von Knochen

Megaron Hauptraum eines Hauses, bei den Griechen zunächst Hausform

Metope wörtlich (altgriech.) ›Leerfeld‹; ein Teil des dorischen Tempelfrieses. Nach der Renaissance auch an Profanbauten verwendet

Narthex Vorhalle einer Kirche im Westen, manche Kirchen, wie z. B. die Klosterkirche Valsamonero, besitzen einen äußeren und einen inneren Narthex (Exonarthex und Esonarthex)

Nekropole (altgriech.) ›Totenstadt‹; Friedhof

Odigitria ›Wegführerin‹; einer der vielen Beinamen der Gottesmutter. Jedem Beinamen entspricht eine bestimmte Ikonendarstellung

Orea Pyli ›schöne Pforte‹; Name für die Mitteltür der Ikonostase. Sie wird bei Gottesdienst geöffnet, so daß die Gläubigen Priester und Altar sehen und gleichsam Einblick ins Paradies nehmen können

Osmanen Turkstamm, der sich nach seinem Anführer Osman benannte. Sie beherrschten vom 13. bis 20. Jh. das ›Osmanische Reich‹, das vom Balkan über Syrien, Palästina, Ägypten bis Algerien reichte. Auf Kreta stets schlicht ›Türken‹ genannt

Panagia Gottesmutter, wörtlich (griech.) ›Allheilige‹

Pantokrator Christus als Weltenherrscher

Pithos großes Vorratsgefäß aus Ton (Plural Pithoi)

Polythyron ›vieltürig‹; typisches Element minoischer Architektur. Durch von Pfeilern getrennte Falt- oder Flügeltüren ließ sich der Raum erweitern

Propylon Torbau

Rhyton Gefäß für Flüssigkeitsspenden, häufig in Trichterform. Es besitzt ein kleines Loch, das bis zur Opferung mit dem Finger verschlossen werden kann

Tambour wörtlich (franz.) ›Trommel‹; Unterbau einer Kuppel

Templon griechische Bezeichnung für Ikonostase

Trikonchos wörtlich (altgriech.) ›drei Nischen‹. Im Kirchenbau drei halbrunde Apsiden im Ostteil der Kirche, auch als Kleeblattform bezeichnet

Votivgaben Opfergaben, meist als Dank für Heilung oder Erfüllung einer Bitte

Register

Register

Bildnachweis

Norbert Dinkel, München: 127 – *Franz Marc Frei/laif:* 15 unten, 71, 84, 87 – *Rainer Hacken-berg/laif:* 16 Mitte, 17 oben, 35, 43 Mitte, 54/55, 57, 59, 68/69, 72, 73, 94, 97 unten, 99, 104, 108, 109, 111 oben – *Gerold Jung, Ottobrunn:* 12/13 unten, 13 oben, 15 oben, 38 unten, 70, 111 unten – *Knut Liese, Ottobrunn:* 12 unten links, 14 (3), 16 oben, 17 unten, 18, 19 oben, 20, 21 (2), 22 oben, 27, 31 unten, 32 unten, 33, 37, 39, 41, 43 oben (2), 43 unten (2), 45 (2), 48 (2), 51, 52, 56, 60, 61 (2), 62, 65 (2), 67 (2), 75 (2), 77, 78, 79, 80, 81, 83 (2), 90, 91, 95, 96, 97 oben, 101 (2), 102/103, 105, 106, 107, 110, 112, 113, 114/115, 115 unten, 117, 118 unten, 119, 121, 123 oben, 128, 129, Umschlag-Rückseite – *Eckhart Matthäus, Augsburg:* 25 – *Gregor M. Schmid, Gilching:* 29 – *Wilkin Spitta, Loham/Mariaposching:* 3, 23, 30, 31 oben, 32 oben, 38 oben, 58, 116, 125 – *Erica Wünsche, Fischbachau:* 19 unten, 53, 85, 89, 118 oben, 123 unten